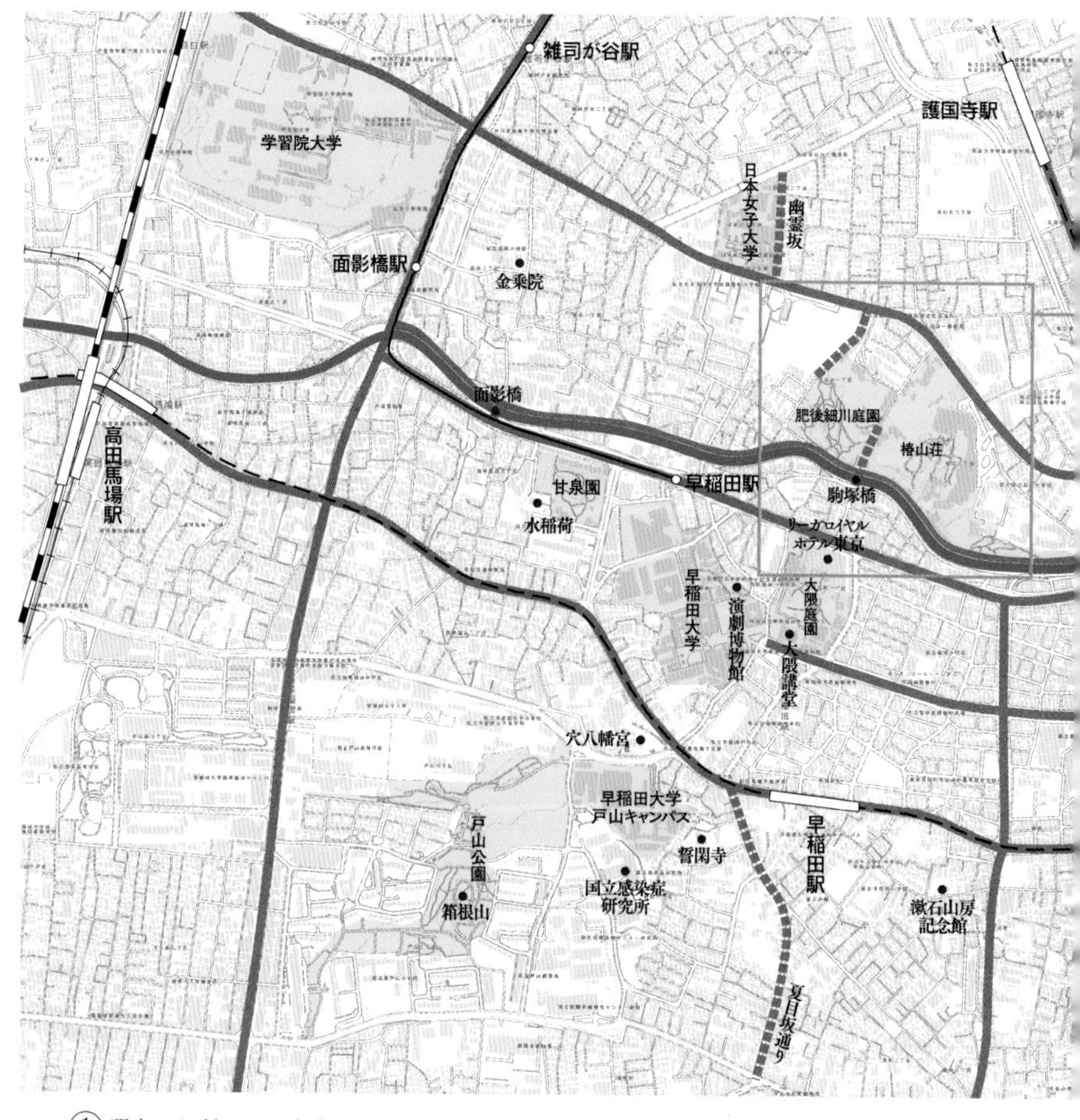

①現在の早稲田・目白台・高田馬場界隈。国土地理院地図を改変 ……………〈地図01参照・P2〉

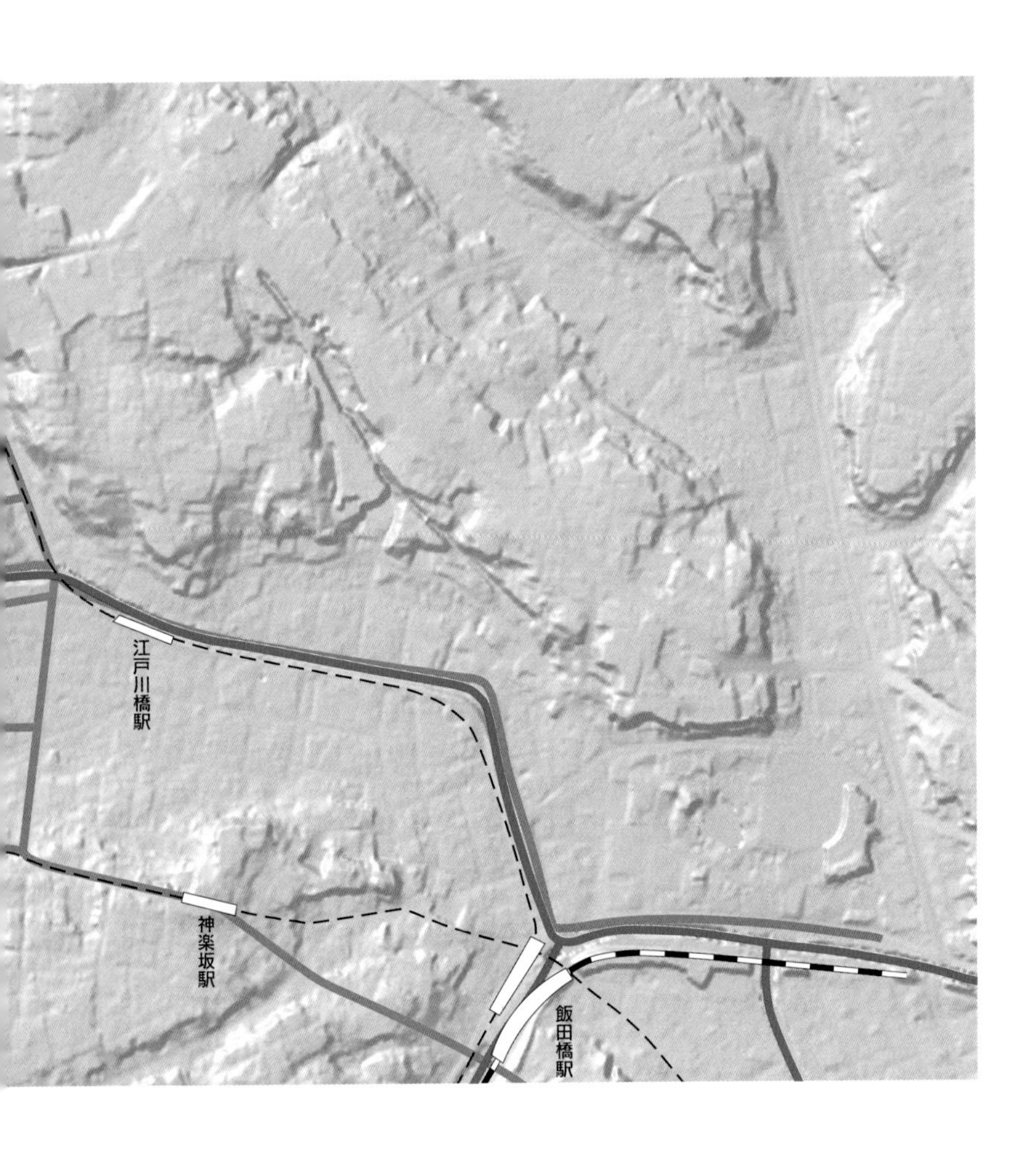
江戸川橋駅
神楽坂駅
飯田橋駅

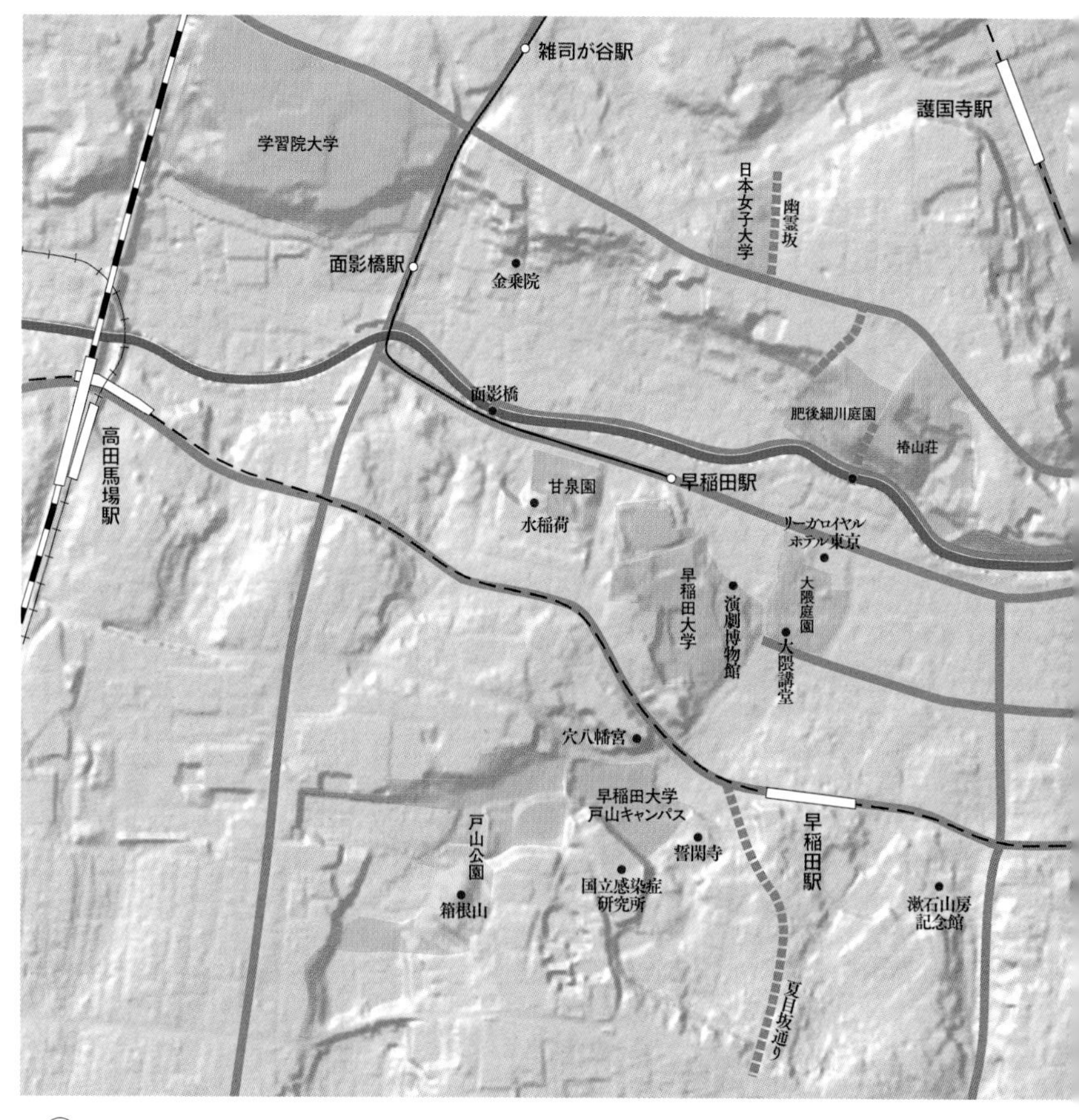

②早稲田・目白台・高田馬場界隈の起伏図。国土地理院地図を改変…………〈地図02参照・P56〉

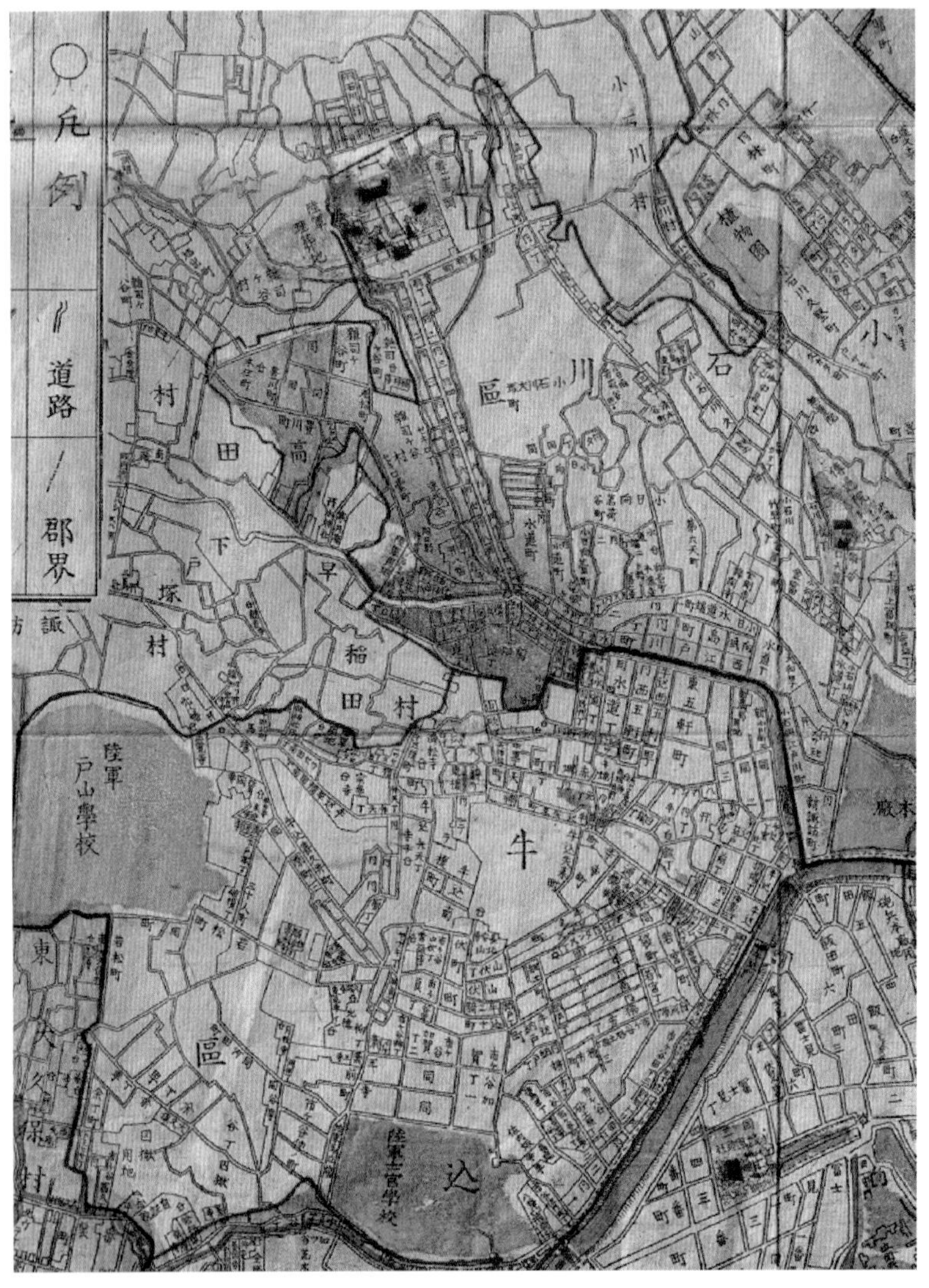

③『明細改正東京新図』1886年（明治19年）……〈図01参照・P24〉

④〈左頁〉『神田上水々元絵図』（年代不明）……〈図05参照・P42〉

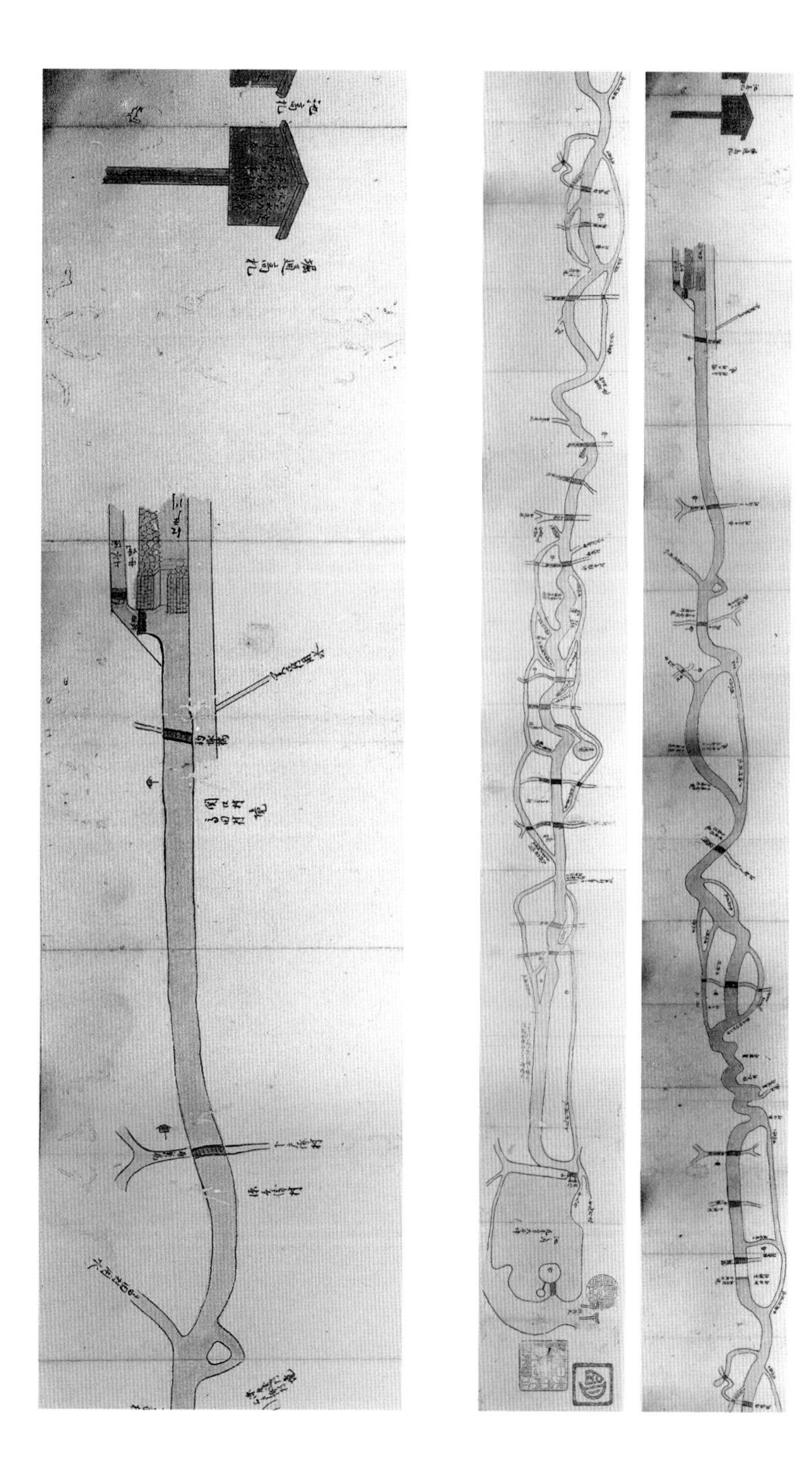

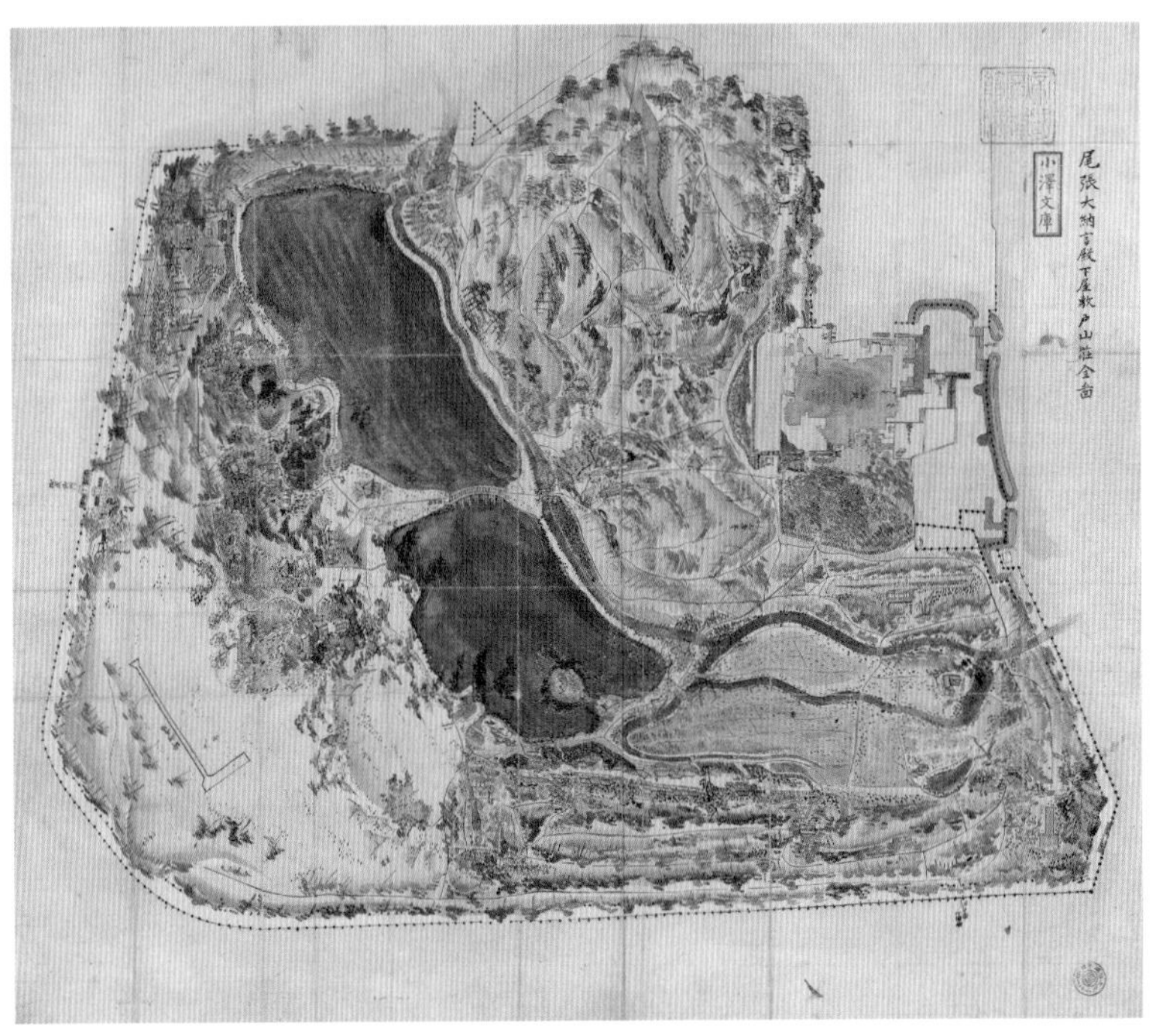

⑤戸山荘・尾張藩下屋敷の全図『尾張大納言殿下屋敷戸山荘全圖』1789–1801 年（寛政年間）
〈図14参照・P81〉

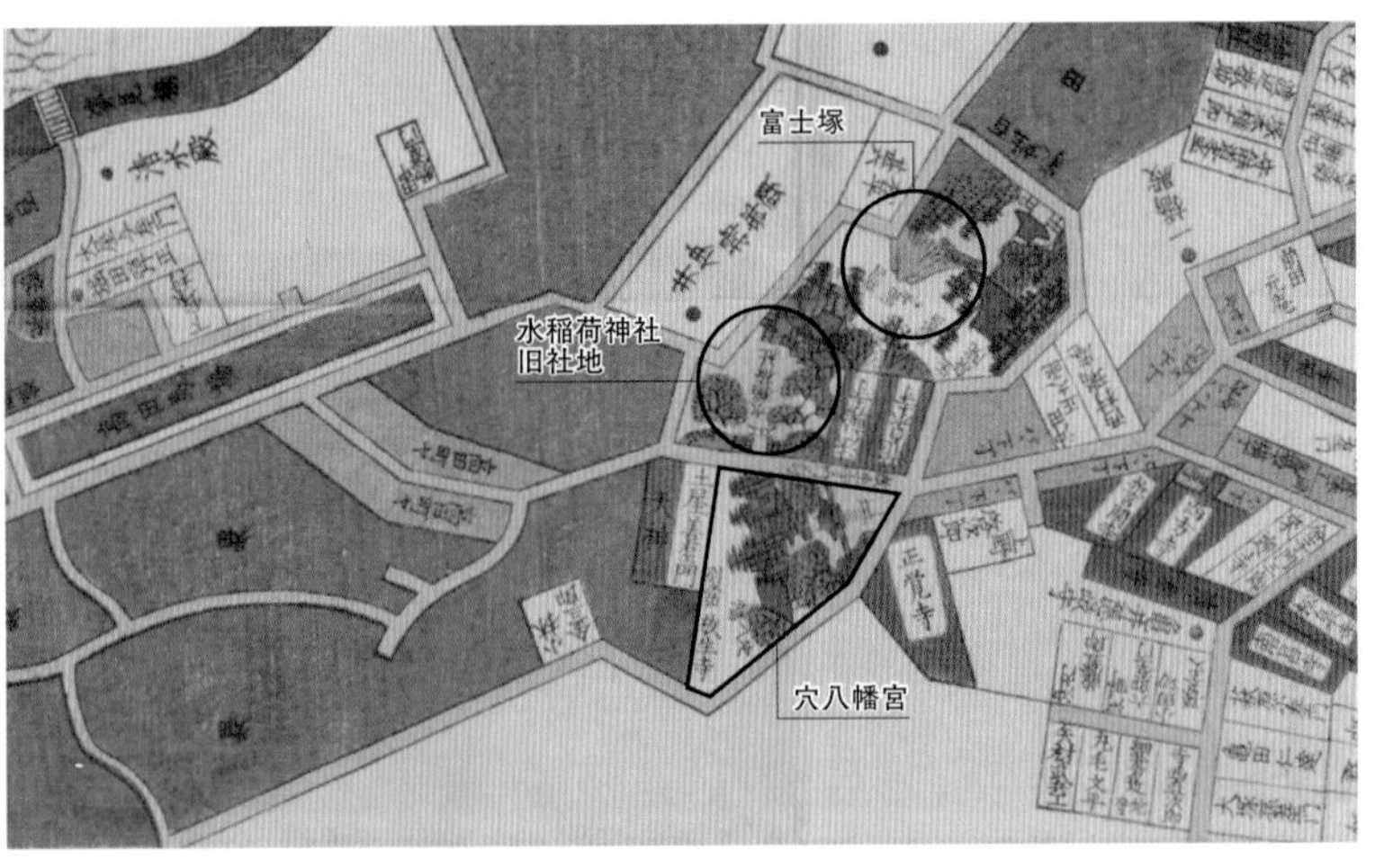

⑥「大久保絵図」『江戸切絵図』1854 年（嘉永 7 年）
〈図20参照・P90〉

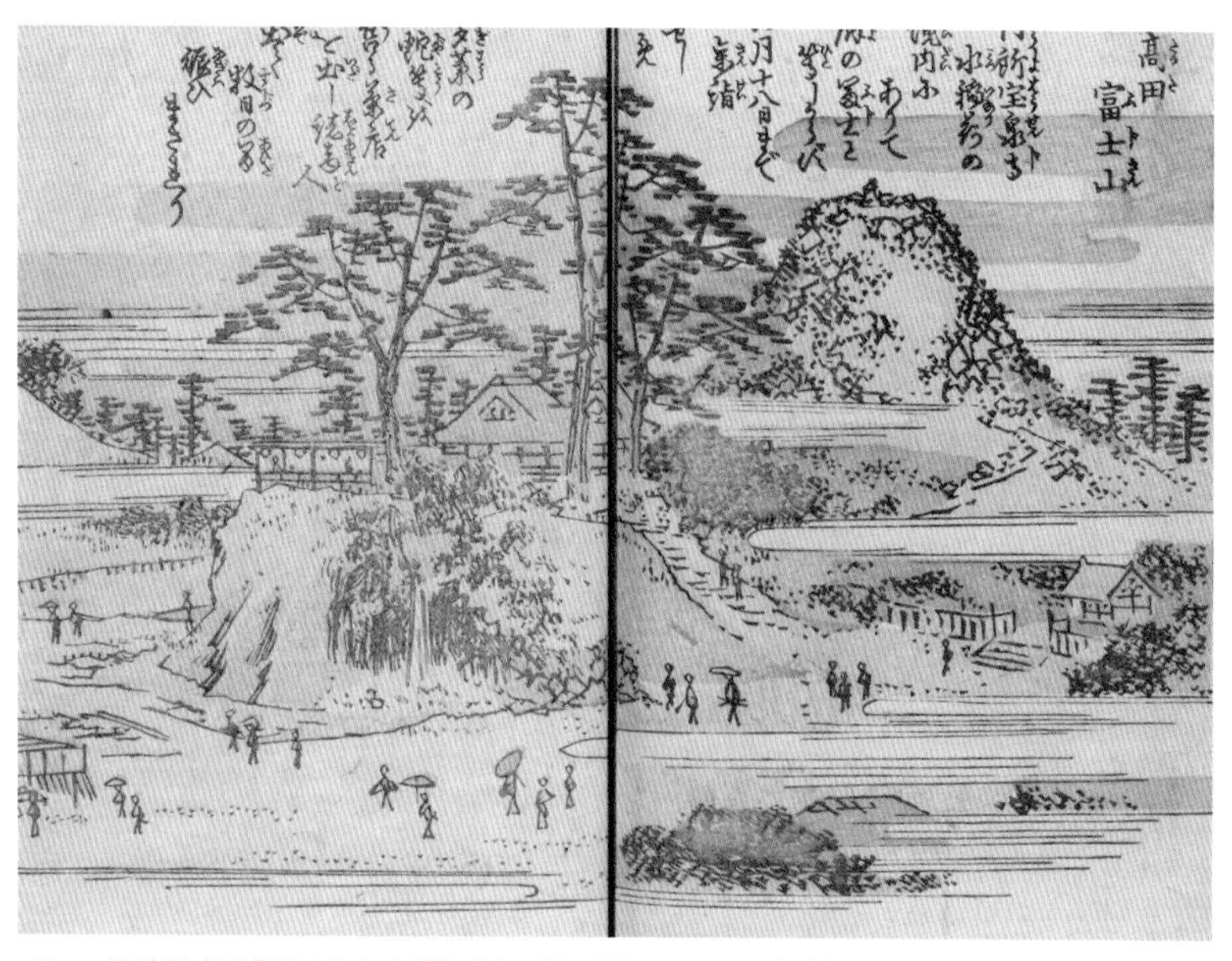

⑦ 二代歌川広重「高田富士山」『絵本江戸土産』1850–1857 年（嘉永 3–安政 4 年）………………………………………………………………〈図21参照・P91〉

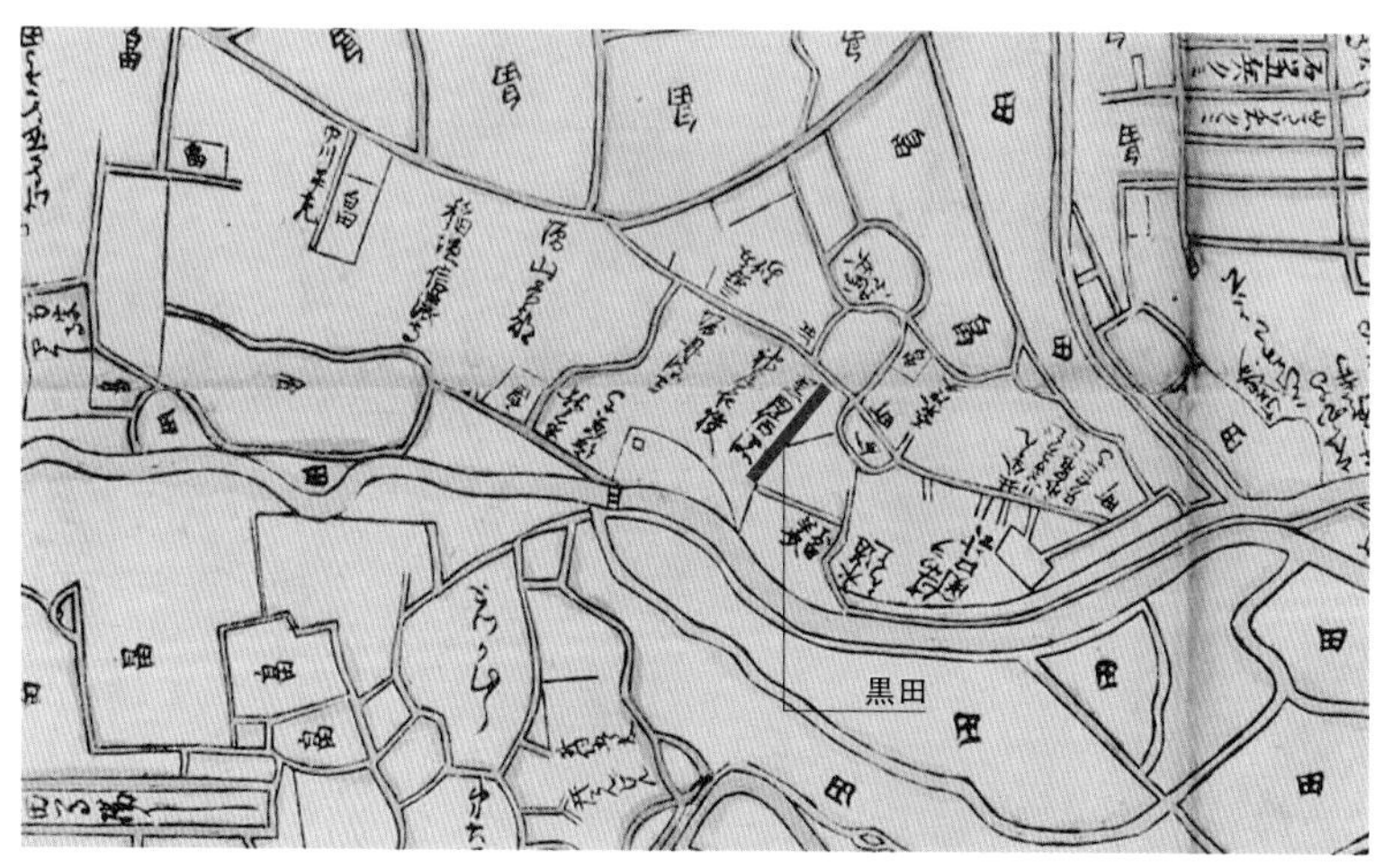

⑧ 明暦の大火後の椿山の近郊『新改御江戸大〔絵図〕』1684 年（天和 4 年）…〈図32参照・P110〉

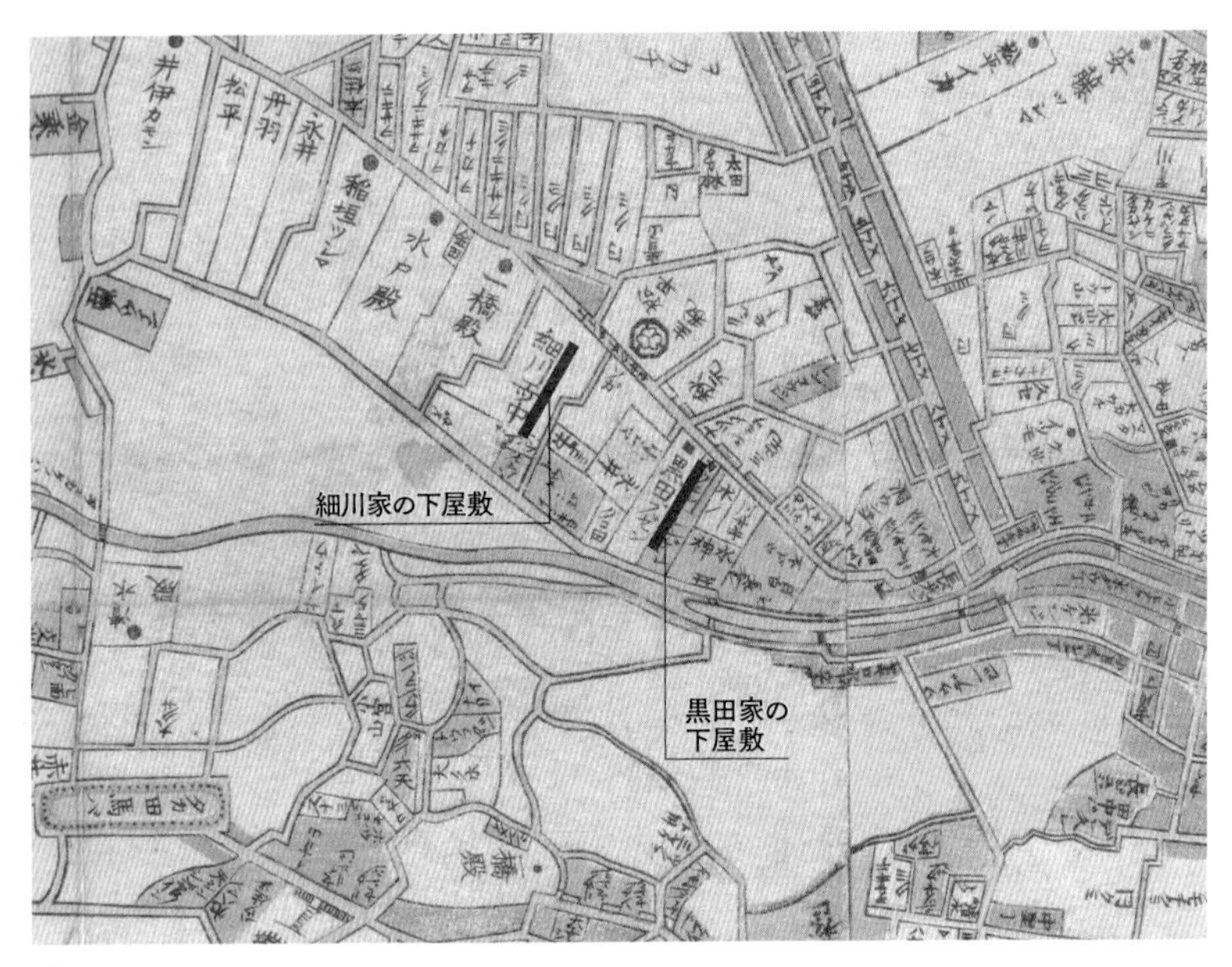

⑨ 19 世紀中頃の椿山の近郊『安政改正御江戸大絵図』1858 年（安政 5 年） … 〈図33参照・P111〉

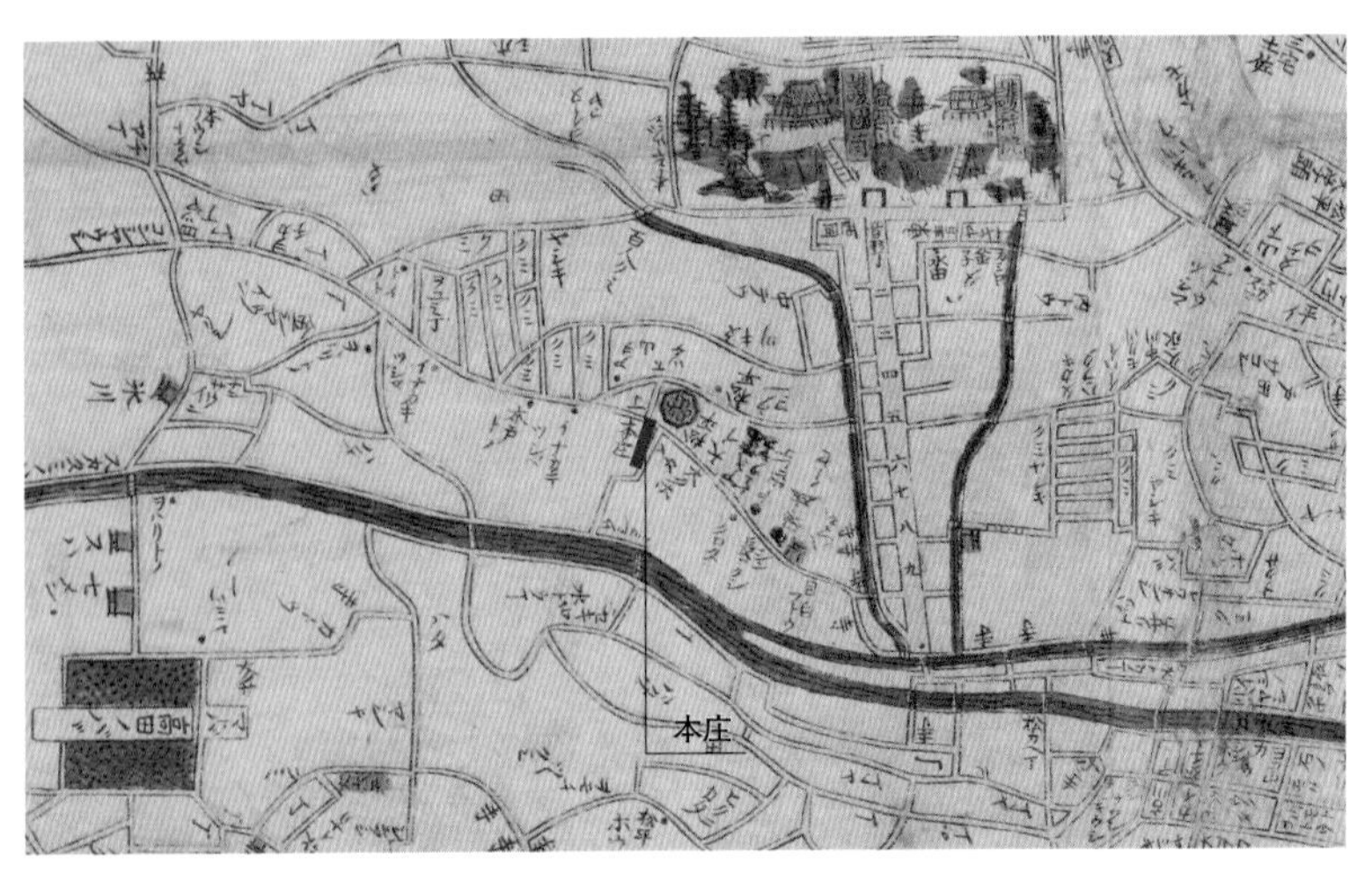

⑩『文政改正御江戸大絵図』1833 年（天保 4 年） …………………………………… 〈図34参照・P112〉

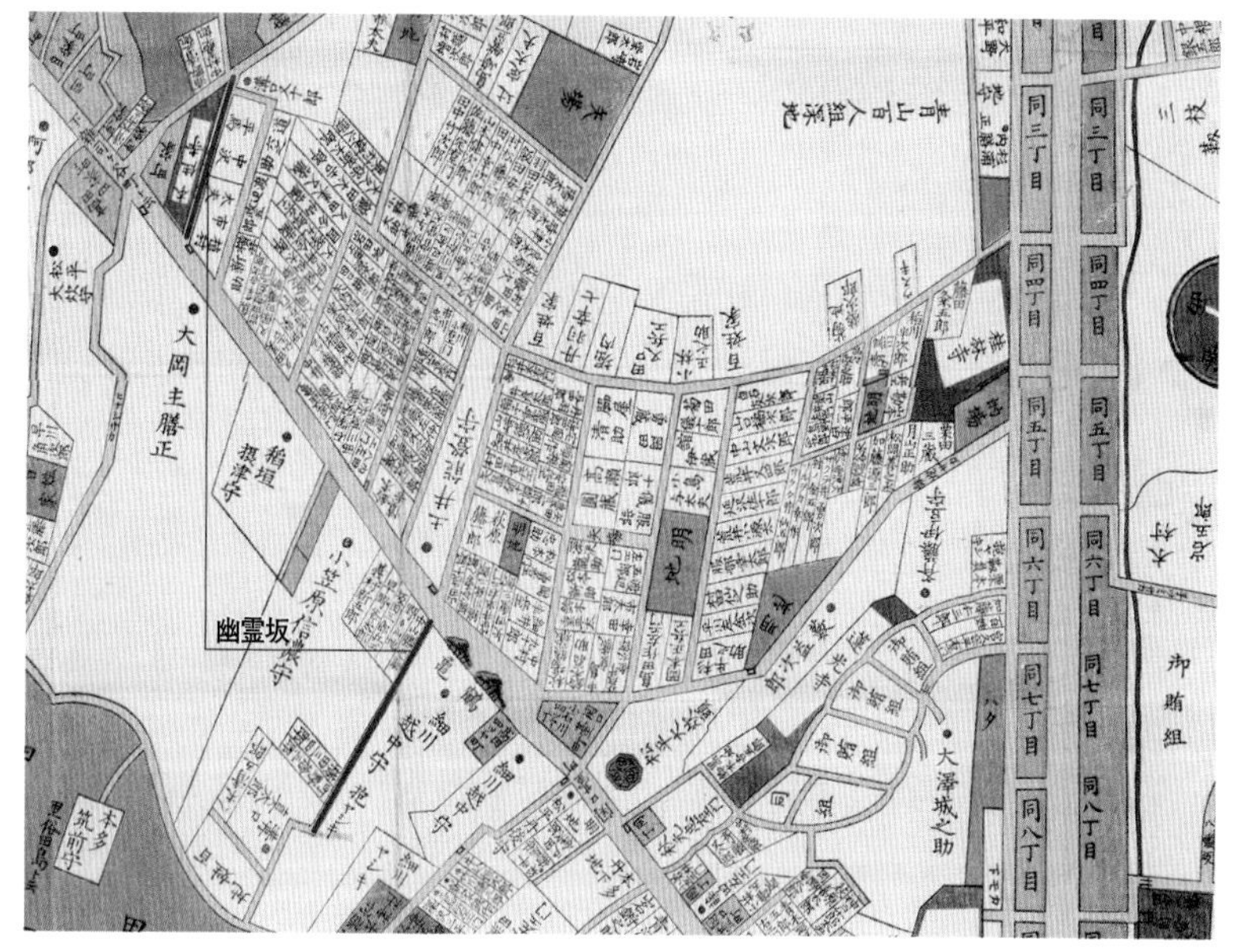

⑪ 2つの幽霊坂(現・文京区)「雑司ヶ谷音羽絵図」『江戸切絵図』1853年(嘉永6年) ……………〈図46参照・P145〉

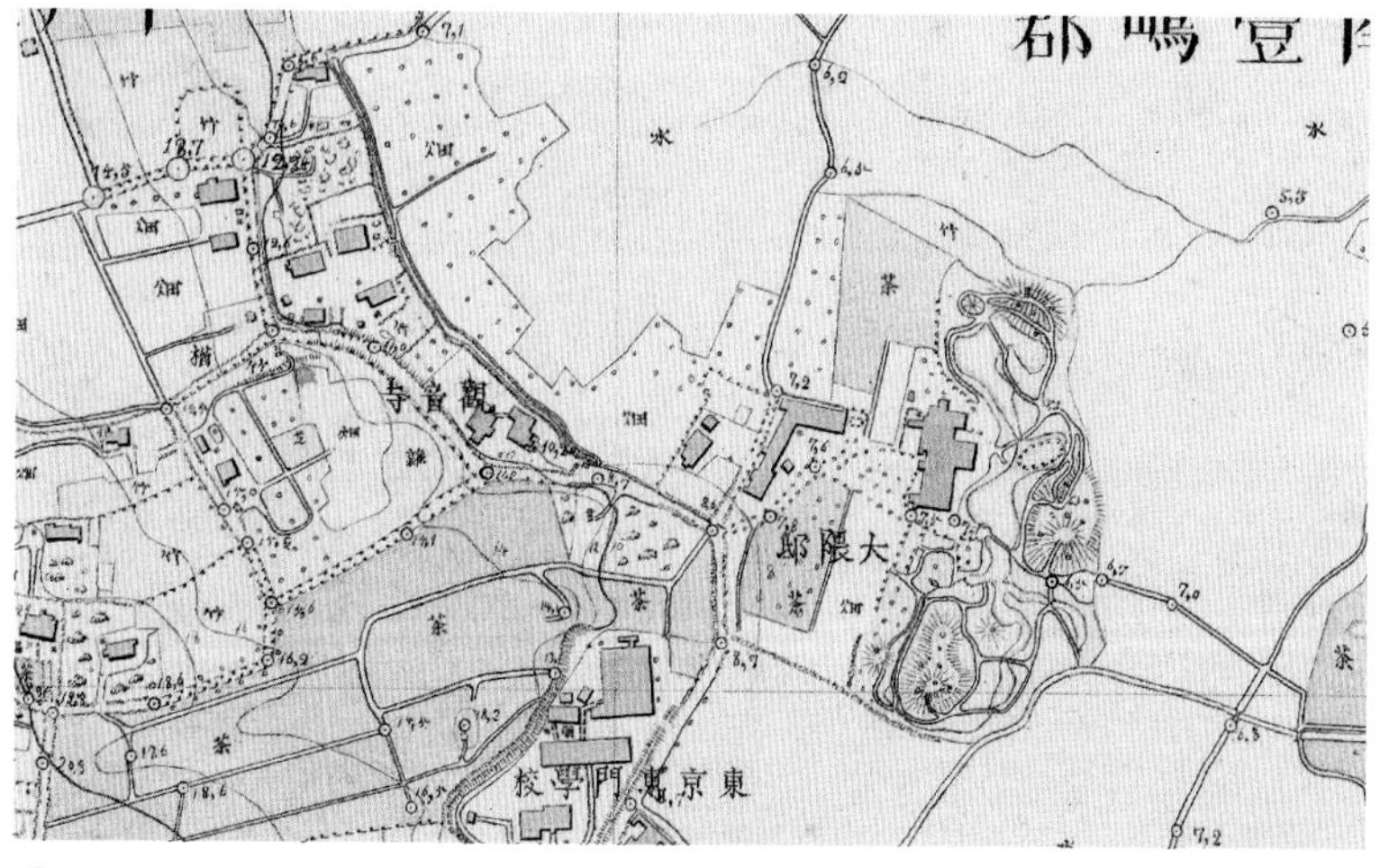

⑫ 大隈邸と東京専門学校『東京図測量原図』1883年(明治16年) ……………〈図55参照・P166〉

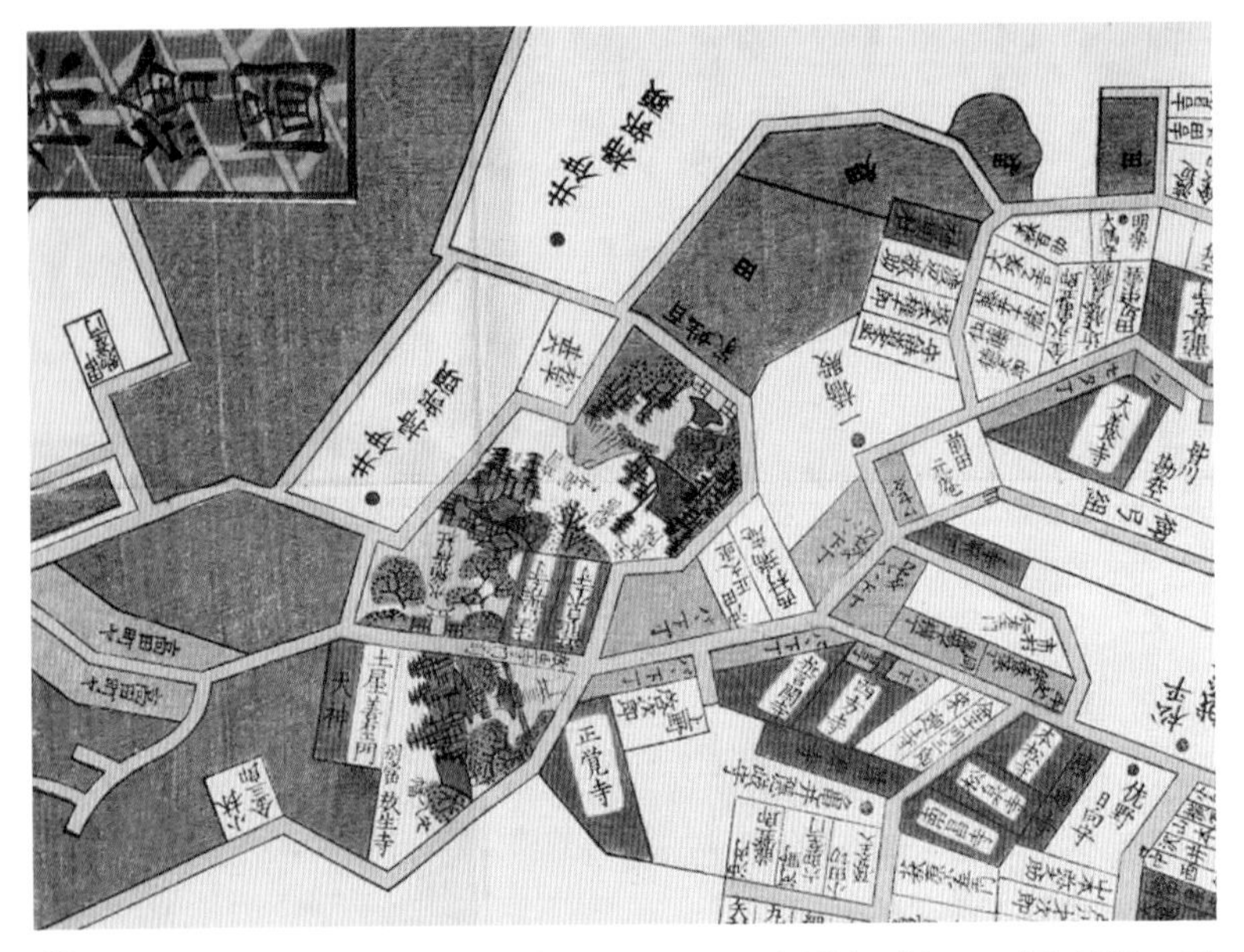

⑬ 2ヶ所の井伊家の敷地「大久保絵図」『江戸切絵図』1854年(嘉永7年) ………〈図56参照・P168〉

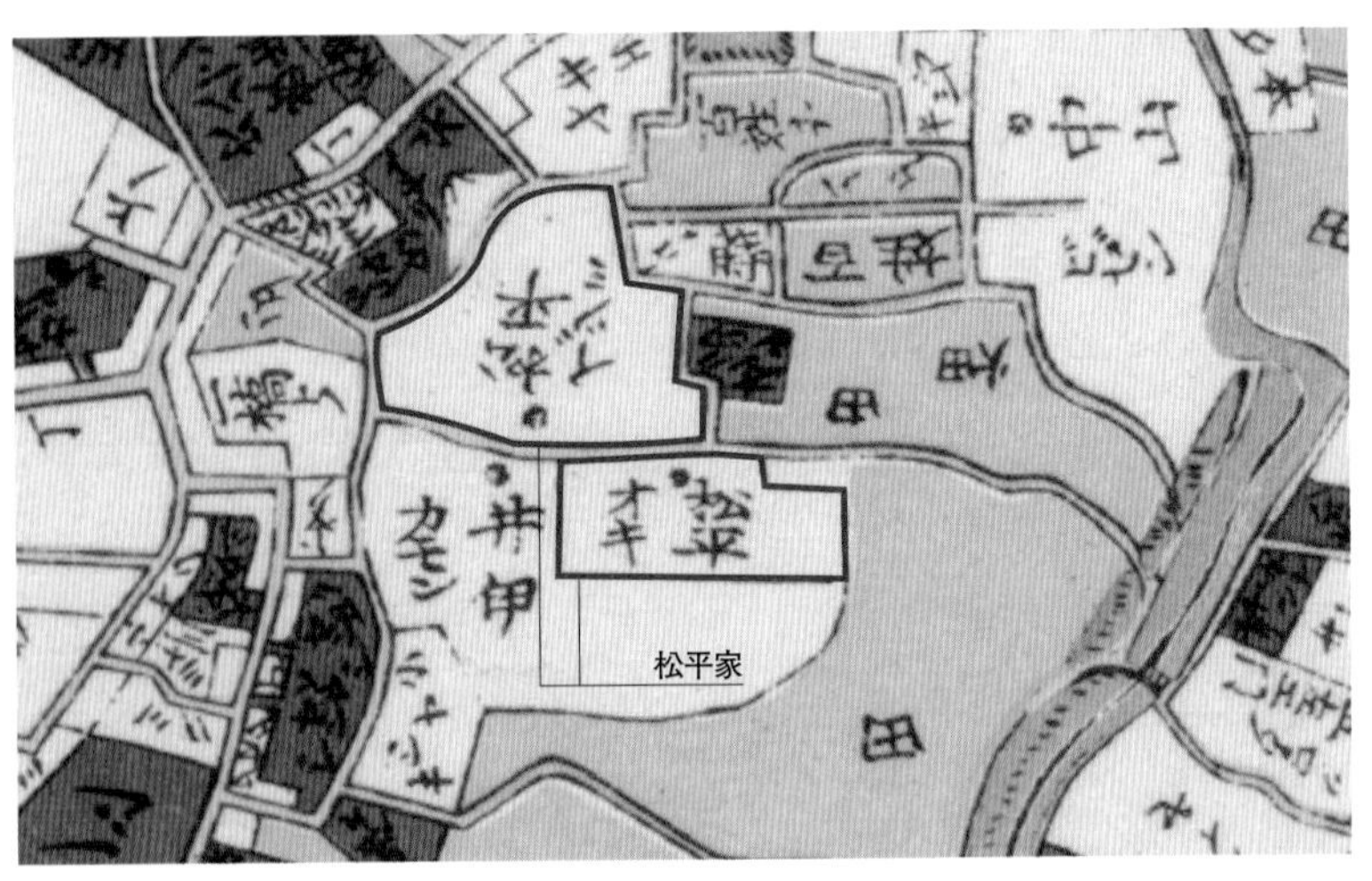

⑭ 早稲田の近郊『安政江戸図』1859年(安政6年) ……………………………〈図57参照・P169〉

読書案内

陣内秀信

世界広しと言えども、東京ほどその都市景観が大きく変貌を見せたところはないだろう。震災と戦災の二度にわたるカタストロフィーを体験。だがその度に不死鳥のように蘇り、戦後の高度成長期、そして八〇年代後半のバブル時代の再開発の到来。後に成熟社会に入り、落ち着きを見せ始めたと思いきや、また近年、都心の各地で大規模再開発が進められ、日々その景観が変化している。

一方で、豊かな時代を迎え社会に余裕が生まれた段階から、人々の意識が大きく変化してきたのもまた確かだ。現在の東京の都市空間の中に江戸から引き継がれた歴史、記憶を探り出し、その文化的アイデンティティを描く試みは、早くも一九七〇年代の後半から始まり、大衆的な支持を得て、一九八五・六年頃に江戸東京ブームをも生み出した。学問的には江戸東京学が誕生し、その成果が江戸東京博物館にも結実した。

その後も、東京の都市の歴史や土地の記憶を論ずる様々な試みがなされてきた。

私の長年の親しき友人、カーロリ氏が東京への思いを込めて執筆した本書は、この四〇年ほどの間に展開した多様な学問・文化領域にまたがる江戸東京論の系譜のなかに、大きな一石を投ずる極めて重要な著作である。先ずは対象となるエリアの設定が新鮮だ。これまであまり論じられることのなかった西北の地、早稲田とその周辺を舞台としたことに卓抜なるセンスが感じられる。都市・江戸の周縁部に過ぎなかったこの地域だが、実は、古代・中世、近世、近代の様々な面白い要素が基層の部分に人知れず眠っている。イタリア人である著者カーロリ氏は、異文化への好奇心と新鮮な眼差しで、このエリアに潜む場所の歴史、土地の記憶を次々に掘り起こし、しかも方法論を大切にする外国人研究者らしい自由な構想力によって、江戸東京論の大きな枠組みのなかにそれを位置づけ、固有の意味を読み取ったのだ。早稲田という限定された地域の「ミクロヒストリー」を論じつつ、それを江戸東京の「マクロヒストリー」という大文字の歴史と生き生きと連動させる知的で巧妙な仕掛けが組み込まれているのが凄い。

カーロリ氏は、早稲田大学との深い国際交流の環境に身を置き、東京の西北の地、この早稲田周辺に長期滞在して、折りに触れて散策し、人々と出会った。その貴重な体験のすべてが活かされ、本書のユニークな構想が生まれたのである。

〈空間〉と〈時間〉を自在に組み合わせ、そこに政治から文化まで諸テーマが織り込まれ、興味深い方法で本書は組み立てられている。城下町江戸から近代首都東京への政治・社会の変遷を時間軸で追いつつ、それが早稲田とその周辺地域の形成、変化にいかに作用し、独特のトポスが生まれたかが論じられる。過去の文学作品に描かれた土地のイメージも重ねられる。

膨大な文献史料、そして何よりも古地図、絵画史料を駆使し、同時に実際の町を歩き、立ち止まって観察しながら、現代の東京に江戸や明治の気配を感じ取る記述が魅力的だ。東京の山の手の特徴である丘、坂、川、橋が織りなすダイナミックな地形、寺社、富士塚、墓地、庭園などの自然と密着した異界、それら全てと結びついた風景の多様な変化を、著者は臨場感をもって描き出す。自身が町歩きをこよなく愛することがよく伝わる。

古い建物から歴史が語れるイタリアと異なり、建替えの多い東京は、それ故に、土地の記憶や空間のアイデンティティを独自の方法で受け継ぎつつ変貌を続けるという、ユニークな都市でもある。そのことを熟知するカーロリ氏だけに、彼女の手になる東京の都市空間の本質の探究への眼差し、その記述法には、我々の学ぶべき点が数多い。

これまで眠っていた早稲田とその周辺の歴史・文化のトポスを魅力的に描いた本書は、単なるローカルな地誌なのではなく、日本の都市を叙述する上での普遍性をもつ雛形と言えるのである。

まえがき

ローザ・カーロリ

本書は、研究書、日記、新聞記事、記録文書といった多岐にわたる史料を渉猟し、様々な時代の地図や図版・絵画史料を照らし合わせながら、かつて江戸と呼ばれていた東京という空間を散策し続けてきた長年にわたる成果である。

この書物を執筆した経緯を説明するには、まず私自身の人生と研究について語らねばならないだろう。どんな研究者にも言えることだろうが、私の人生と研究は、分かち難く結びついているからである。

初めて私が日本にやってきたとき、私は若い女子大学生だった。そのとき三ヶ月のあいだ、私は相模原のホストファミリー宅に身を寄せていた。その後、この家族は私の日本の家族となった。

それ以来、幾度となく私は東京に舞い戻ってきた。その際、多くの日本の人々と同じように、私はこの街を見てまわるのに地下鉄を利用していた。この習慣は、長いあいだ続いた。

当時の私にとって、「東京」という街は、一つの巨大な都市のように映っていた。どこまでいっても手の届かない街であるかのように感じられたのである。

それ以前であれば、いつでも、どこにいても、方向感覚を失うことはなかった。どちらの方向が北か南か、東と西はどちらに当たるのか、いつでも私にははっきり分かっていた。それが、いつも大きな自信だった。自分がどこにいるのか、いつでも理解できたし、自分がどんな空間にいるのか分かっていたからである。

しかしながら、東京の地下鉄を降りて地上をめざし、駅を出てみると、東西南北の方角を確認するのに、つまり自分がどこにいるのかを確認するのに、ひどく時間がかかってしまうのだった。

地下鉄の駅の一つ一つが、小宇宙（ミクロコスモ）の中心であるかのようだった。東京という都市空間は、地下鉄の地図のうえに描き出された、まさに無限にひろがる小宇宙の集積のようにみえた。しかも、一つ一つの小宇宙は、まったく無関係な特徴を持ちながら、それらが延々と連なっているように感じられた。私にとって東京は、謎めいた捉えどころのない都市であって理解を超えていたために、ここではなかなか自分の居場所を見つけ出すことができなかった。

二〇〇一年、私は人生の大きな転機を迎えた。その五年前から仕事をしていたヴェネツィアに引っ越すことになったのである。このことは、私の人生に重大な変化をもたらした。生まれ育った町であり、最愛の家族と古くからの親友たちがいるローマを離れたから、ということだけが理由ではなかった。

人生の転機となったもう一つの理由は、ローマを離れてヴェネツィアで暮らすということは、「陸の上の町」を捨てて、「水の上の町」に移り住むことを意味していたからである。

ローマでは、私は自分の運転で車を走らせることを愛して止まなかったが、ヴェネツィアでは自転車やローラースケートさえも禁止されていた。

ヴェネツィアでの新たな生活に慣れ、生まれ故郷であるローマへの悲痛なノスタルジーを抱き続けるのを抑えるには、数年の時間が必要だった。自分の愛車を思い出さないようになるには、さらに長い年月がかかった。

しかし、こうした苦い経験は、私にとても大切なことを教えてくれた。私がヴェネツィアという町に感謝しているのは、なんと言っても、この町が「歩くこと」を教えてくれたからである。

これは、私の人生にとっても、そして精神的な面でも、まさしく革命的といえる出来事だった。というのも、ひたすら歩き続けるうちに、それまではまったく気づかなかった「時間」と「空間」との新たな関係性を発見することができたからである。「歩く」という営みにより、暮らしの中で、時間が流れる速度を緩めることができるようになり、また身の周りにある空間との間に、新たな関係性を築くことができるようになった。

ヴェネツィアで「歩く」ことを身につけた私は、研究のために、一年に一度は訪れていた東京でも、歩くようになった。時間の許すかぎり、昼夜を問わず、何百時間もの時間を私は東京の町歩きに費やした。そうするうちに、私は東西南北の方角が理解できるようになった。

そして、東京という都市は、「地下鉄の地図上にひろがった、お互いに無関係な特徴をもった小宇宙の連なり」などではないことが、少しずつだが理解できるようになった。実際に町を歩いてみるだけで、ある小宇宙とべつの小宇宙が繋がって見えることに気づくようになったのである。ある小宇宙からべつの小宇宙へ足を延ばしてみることで、この類例のない、東京という都市空間についての理解を徐々に深めることができた。

東京という都市の散策を始めたとき、町歩きは、個人的な密かな楽しみや喜びでしかなかった。これが、研究への新たな興味関心になってゆくとは、私自身も想像すらしていなかった。

私は東京やこの町の歴史についての書物を読み漁るようになり、また東京の現在の地図や古地図を調べるようになっていった。そして、東京の町歩きを続けながら、この「歩く」という行為の意味を理解し始めたのである。

私は、書物から得た知識を確かめるために、書物の舞台を実際に歩き回ることをこよなく愛している。歩みを進めながら新たな発見をし、疑問が生まれ、ふたたび書物に向かう。あるいはその疑問の答えを求めて、また別の書物を探しはじめる。その過程で、「歩く」という行為には、異なる場所や離れている場所を結びつけるといった第一義的な意味からはじまって、幾つかの意味が含まれていることを理解するようになった。

「walk ＝ウォーク」という動詞は、日本語では「歩く」あるいは「歩む」になるが、この「歩」という漢字は「止まる」と「少し」を意味する部分からできている。

この漢字の成り立ちそのものが、ある目的地に到着するためには、時には、歩みを止めてみることも必要だと示唆しているとも言えるだろう。

歩みの途中でしばらく足を止めてみれば、観察の目が些細な物事へもおよぶようになり、そのことが、どこにでもある背景のなかに埋もれている価値を際立たせる。そして、この些細な物事が、特定の文脈のなかで帯びている、新たな意味を見出すことができるようになるのである。以前には見逃していたものを探し当てようとするかのように、私は同じ経路を幾度も幾度も辿っていった。

こうした営みによって、はじめて私が理解したのは、「ウォーク」という行為には、空間的な移動という側面だけでなく、過去と現在を繋ぐ時間的な継続や蓄積といった意味も潜んでいるということである。それぞれの空間のなかには、時間がつくりだす幾重にも重なる層が刻まれているからである。

「歩」という文字の部首である「止」という漢字は、「足」あるいは「趾（あし・あと）」の象形からきている。歩を進めるとき、地面を力強く踏みつける足は、それが地面から離れるときに足跡を残す。「止」が意味するのは、その足跡である。つまり、「止」を部首にもつ「歩」という漢字は、今いる地点と離れた地点とを繋いでいるだけでなく、遠く離れている過去の時点と現在をも繋いでいることを意味しているとも考えられるだろう。

実際に散策を繰り返すなかで、私は「歩く」という営みが、空間的かつ時間的な側面をあわせ持った行為であることに気づかされた。空間のなかに地層となって堆積しているのは、連続する時間がつくりだす幾重にも重なった「足跡」だとも言えるだろう。

ハイパーモダニティーの時間的・空間的な裂け目には、ぬぐい去ることが困難な、そして時には思いがけない過去の痕跡が隠されているものである。

英国の人文地理学者であるポール・ウェイリー（Paul Waley）が述べたように、中心も境界も存在しない東京という都市の場合、自分自身の手で中心や境界を定め、思うがままに都市の地図を描き出すことを許してくれる。空間的な側面と時間的な側面という異なる二つの相が絶え間なく交差しているのが、東京という都市の比類ない特質なのだろう。

そしてこの特徴こそが、都市の歴史的背景を把握し、歴史が形作ってきた都市空間の意味を読み解くために、重要な手がかりになる。東京という都市が抱えているこうした内なる交錯に目を向けてみると、この都市が織りなす上辺(うわべ)の雑然とした姿から解放されて、街はより洗練された論理を獲得し、よそから訪れた人々にとっても、ある種の親しみやすさを見せるようになってくる。

江戸・東京という都市空間には、四〇〇年あまりの歴史がある。この都市が位置しているのは、地質学的にみても、深刻な自然現象が頻発する世界でもっとも不安定な地域の一つである。それにも関わらず、江戸時代には、この都市は世界最大の街といわれ、高い人口密度を維持したまま、現在でも変わらず世界最大級の都市圏であり続けている。そのうえ、江戸・東京の都市空間は、都市の誕生以来、国の近代化の原動力としての役割を変わることなく果たしている。

一九世紀後半になると、日本はめざましい近代化を推進することになった。徳川幕府が置かれた江戸には、軍事的エリートが集結するようになり、日本各地から届けられる商品の流通は激増したうえ、商人、職人、漁師、石工、運搬人、駕篭者、船頭、役者や遊女などで構成されていた人々の群れが、都市に押し寄せてきた。こうしたことが、江戸の発展を可能にする前提条件になっていた。

日本史学者であるエリーゼ・ティプトン（Elise Tipton）は、「日本近代史の専門家のなかで、近代化の過程を形づくった江戸時代の条件を看過する者など一人としていない」と述べている。それと同じように、江戸時代の条件を理解するためには、江戸の歴史を度外視することもまたできないのである。

私はこれまでに、招聘研究員として、幾度となく早稲田大学を訪れてきた。日本滞在中には、過去から現在へと受け継がれてきた江戸時代の痕跡が、予想を超えて色濃く残っている早稲田の小宇宙を身をもって体験していた。そして、私は江戸・東京の歴史をはじめは単なる趣味として調べはじめた。

しかし、ある時ふと気づいてみると、東京の時空間をあたかも過去と現在とが織りなすある種の史料と見做（みな）している自分を発見することになった。とはいえ、こうして眺めることになった史料は、その頃まで参照してきた史料とは異なっているし、恐らくそれを「読み解く」ための眼鏡(レンズ)も、その頃まで活用してきたものとは異なるはずだと推測できた。

それ以来、この史料を分析する手法をなんとか身につけようとして、一九八〇年代から学問として発展した「江戸・東京学」の様々な研究の成果を参照するようになった。東京という都市への新たな見方、考え方を模索していくこの学問に、多大な貢献をされた一人が陣内秀信先生だった。私が東京に滞在している機会を利用して、陣内氏には、谷中、目黒、佃島、築地などへご一緒させていただいた。

東京という都市から聞こえてくる声に耳を傾け続けているうちに、この都市に対する知覚が少しずつ研ぎ澄まされてくるのに気づかされるようになった。陣内氏に御教示頂いたことは数えきれないが、その中でも、とりわけ過去の痕跡を読み解く感覚を磨いてくれたものの一つに、「地形の意味」という視点がある。

本書で光を当てた、東京のなかの早稲田界隈という空間は、現在は新宿区と豊島区と文京区が交差するあたりに位置し、神田川沿いの低地にまたがり、坂と台地に囲まれている。こうした空間の意味を読み解くのに相応しい眼鏡(レンズ)を陣内氏のおかげで習得できるようになってきたのである。

今日、「早稲田」という地名から私たちが思い浮かべる地域は、この地名がもともと指していた地域とはいささか異なっている。江戸時代の地図を調べるうちに、私は早稲田という地名の由来も考えるようになった。そこで思い当たったのは、早稲田という地名は、この場所に田園がひろがっていたことを意味しているが、だとすれば稲が栽培されていたこの土地は、低地であるということだった。

誰もが意識しているわけではないだろうが、現在の早稲田通りから、早稲田大学の正門を通って、大隈庭園やリーガロイヤルホテル東京（旧リーガロイヤルホテル早稲田）の方向を向かうと、坂道を下ってゆくことになる。かつて大隈庭園は、ここ範囲の敷地全体におよんでいた。

現在の大学の正門、大隈庭園、リーガロイヤルホテル東京は、どれもこの低地にあり、この低地は神田川沿いまで続いている。そして、これらの全てが、わずか三、四分ほどの徒歩圏内におさまっているのである。

リーガロイヤルホテル東京を背にして、その入り口付近に立ってみると、そこから新目白通りの向こう側に、神田川沿いまで一直線に続く小道が目に入る。そこには神田川に架かる橋があり、その先には木々が生い茂る高台が続いている。この狭い平坦な土地に、今ある建物がなかったとしたら、ここに田園がひろがっていたことを想像するのは難しくないだろう。

この地域は、近くに神田川があり、雨の多い季節には川が氾濫することがあった。したがって、ここでは成熟の早い米、つまり雨季を待たずに収穫できる早稲（わせ）を栽培する必要性があった。こうした理由から、この地域は早稲田と名づけられていた。

一八八二年、大隈重信がこの地に設立した東京専門学校の周囲には、田園がひろがっていた。今日、早稲田大学となっている、かつての専門学校の中心部は、現在の大学の正門付近、つまり早稲田の低地にあった。この田園に囲まれた東京専門学校を写した一枚の美しい写真が、現在でも残されている。

私は、しばしば早稲田を訪れ、その度に大学の正門近くにあるゲストハウスに滞在していた。したがって、私の町歩きはここから始まることが多かった。

昼間は自分の研究に没頭し、夜になると、早稲田界隈が描かれている書物や地図を調べることが続いた。書物を広げて新たな発見をすると、そそくさと靴を履いては、書物や地図で知ったことを自分の目で確認するために飛び出していった。

日が暮れてからの町歩きにも、どれほど出掛けたことだろう。今でも私は、この界隈に戻ってくるのが楽しみである。それほどこの場所との深い縁を感じている。

外国人はもちろん、日本の友人や同僚や学生たちを連れて、幾度となくこの界隈を散策した。彼らの案内役を買ってでること、とりわけこの驚きに溢れた場所に、初めて足を踏み入れる日本人を案内することは、いつでも私を誇らし気な気持ちにさせてくれた。

東京は、もはや私の手の届かない都市でも、捉えどころのない都市でもなかった。東京という街は、いつの間にか「私の東京」になっていたのである。


本書で描かれているのは、江戸の昔から「早稲田」と呼ばれていた地域一帯である。私が述べているのが、どこからどこまでの空間なのかを理解するには、かつての早稲田界隈にコンパスを当て、円を描いてみれば良いだろう。

「江戸・東京」についての書物を見てみると、一般的にいって取り上げられている地域にある「偏り」がある。たとえば、こうした書物のなかでしばしば描かれるのは、「下町」、「山の手」、「寺社町」、「町人が住む商業地区」、歌舞伎町のような「繁華街」、吉原のような「花街」といった地域、あるいは、浅草、銀座、神楽坂、日本橋といった特定の地区である。しかし、本書で取り上げた早稲田界隈は、これらの範疇には、普通は当てはまらない地域だといえる。

この早稲田界隈の空間を「地形の意味」という観点から考察し直してみると、この地域は、行政的な観点や都市計画・建築的観点からだけではなく、地形的にも一貫性や統一性が欠如していることが分かる。

建築物の建て替えが繰り返され、都市空間の表層に現れる景観に変化があっても、土地の頑固な記憶を保存してきた東京と同じように、過去の歴史、生活圏、社会的階層にもとづく空間的な住み分け、文化的多様性、都市形成の発展などは、坂、台地、低地、川の流れなどを備えたこの早稲田という小宇宙にも色濃く影を落としている。

この界隈を散策してみると、容易に理解できることがある。それは、五分や一〇分も歩けば、ある小宇宙からべつの小宇宙へと、移動できてしまうということである。とはいえ、早稲田大学周辺に通ってくる多くの人々は、たとえ遠そうに思える場所でも、五分や一〇分も歩けば辿り着けてしまう、ということに気づくことはないだろう。

しかし、神田川も椿山（水神社、関口芭蕉庵、椿山荘、肥後細川庭園などがある）も、甘泉園公園も水稲荷神社（江戸市中最古の富士塚である高田富士がある）も、本物の「高田の馬場」（江戸時代の高田の馬場は、現在の高田馬場駅付近にはなかった。長さ約六五〇m、幅約五五mの馬場があったのは、現在の住所で西早稲田三丁目一番地である）も、尾張藩徳川家の下屋敷跡（尾張藩の下屋敷は、現在の早稲田大学戸山キャンパスまで続いていた。近くには「箱根山」とよばれる築山が残されているが、これは尾張藩主が広大な屋敷の敷地のなかに建造したものである）も、実際には目と鼻の先にある。

この界隈の散策は、私にとって新たな発見の連続だった。今でもこの界隈に足を向けると、新たにたくさんのことに気づかされる。絶えることなく、私に驚きと大きな感動を与えてくれるのである。こうした魅力溢れる場所を発見する喜びと興奮を分かち合えないものだろうか、それが日本の読者に向けて本書を出版しようと考えた、そもそもの動機だった。

私が、江戸・東京の歴史について何かを書こうと思いたったのは、一〇年の歳月をかけて、紫式部の「源氏物語」のイタリア語訳――それは原文からの初めての翻訳だった――を完成させたローマ大学名誉教授マリア・テレサ・オルシ（Maria Teresa Orsi）先生の記念論文集への寄稿がきっかけだった。

オルシ先生は、私と同じように早稲田大学と深い繋がりを持っていた。だから、彼女に敬意を表して、早稲田の低地と高台のあいだの道を行き来しながら、東京の西北にあるこの早稲田界隈の歴史を書き留めた小文が、論集には相応しいのではないかと考えたのだった。

しかしながら、興味の赴くままに様々な分野の書物を読み耽り、古地図や現在の地図を照らし合わせ、ここ数年のあいだの散策をふまえて知りえたことを文章にしてみると、思いのほか筆が進んでしまい、記念論文集にはその一部しか収録することができなかった。

論集に発表した拙論が一部となっている原著『Tokyo segreta――Storie di Waseda e dintorni――』の執筆にあたっては、地図や図像・絵画史料を補足し、またミクロヒストリーとマクロヒストリーとを関連づけることができる、より広い歴史的背景のなかで、早稲田界隈の小宇宙を描き出そうと試みた。江戸・東京および日本の歴史について、専門的な知識のない読者にも、関心をもって頂けるように心掛けたつもりである。

また、このような限定された地域の歴史に注意を傾けることで、ミクロヒストリーとマクロヒストリーが相互にどう対話し、どのように影響し合っているかを際立たせることになるだろう。こうしたアプローチは、ひいては日本の近代化の過程および日本という宇宙とその世界観全体への理解を深めるための助けにもなるだろうと思っている。

本書は、二〇一二年にイタリアで出版した拙著を底本としながら、日本の読者の興味を掻き立てられるように、大幅な加筆、修正を加えたものである。イタリア語の原著のなかで漢字を用いて書き入れた地名は、そのまま日本語版である本書にも記されている。地名こそが、それぞれの場所にまつわる歴史的な記憶、あるいは集団のなかの記憶や個人的な記憶を呼び起こすためである。

日本語を解さない外国人の場合と違って、漢字の知識を持つ日本の読者は、漢字で記された地名を目にし、その語源を想像してみるだけで、それぞれの場所に刻み込まれている歴史の記憶を訪ねることができるだろう。そこで出会うことができるのは、東京というメガロポリスにいながら、今日にも残されている江戸時代の痕跡と記憶である。

そして私は、今度は日本語で本書を書き始めた。しかし、すぐに気づかされたのは、この作業には、気の遠くなるような時間がかかること、そして私の日本語能力では、どうにも覚束ないということだった。

そこで私は、大内紀彦氏とフィリッポ・ドルネッティ氏の二人に翻訳を依頼することにした。これは偶然の選択ではなかった。イタリア語と日本語に精通していて、細心の注意と情熱をもって翻訳にあたってくれるだろう、ということだけが彼らを選んだ理由ではなかった。彼らを指名したのは、私自身と同じように、彼らが二人ともヴェネツィアと東京に深い縁を持っていたからだった。

おそらく私たち三人が共有している、こうした絆があるからこそ、訳者の二人は、私が書き記したことの意味はもちろん、本書で描きだした様々な場所と私自身を結びつけているある感情をも敏感に感じ取り、それを言葉として紡ぎだすことができた。そして、私が抱いている「私の東京」との関係性、この関係性を二人は的確に描き出しているはずである。彼らのこうした訳業に対して、私は心から感謝の念を抱いている。

最後になるが、私を初めて早稲田に招いて下さった河原宏先生（一九二八―二〇一二）に、本書を捧げたいと思う。現在の私が、日本についての知見をいくらかでも広げることができたとしたら、それは先生に負うところが大きいからである。

【付記】

東京に舞い戻ってくるたびに、本書で描いた界隈の散策を続けている。ある時、この辺りを徘徊していてふと気づいたことがある。この地域特有の豊かな歴史を思い起こさせてくれる、名所旧跡を示す案内板があまりに目に留まらないということである。実際のところ、浅草や谷中や神楽坂のような、東京都内の良く知られている歴史散策ルートとは違って、早稲田界隈で暮らす人々やここを訪れる人々にとって、この地域の過去の痕跡を把握することは、かならずしも容易であるとはいえないだろう。

歴史性に富む名所のすぐ脇を通りすぎながら、その魅力や美しさに気づかずにいる人々を目にするたびに、私はとても残念な気持ちになったものだ。この界隈の歴史的・

文化的な遺産がもっと評価されるように、地域の行政や住民たちが、その価値を解説する案内板や標識を設置するなど、さらなる努力をすることが必要なのではないだろうか。

そして、こうした取り組みは、文化的な観光事業を推し進めるだけでなく、とりわけこの界隈の歴史的・文化的価値に対する、住民とこの地を訪れる人々の意識を向上されることにも貢献するだろう。というのも、歴史資源の活用こそが、地域の維持と振興には必要であるし、地域の住みやすさにとっても、こうした資源が、重要な意味をもっているからである。

文化・歴史遺産の「記憶」を再生することは、地域住民の文化的な関心を呼び覚ますのに不可欠であり、居住する空間をより意識的に生き、地域と共存する文化を創造し、都市空間における新たな持続可能な生活を生み出すためにも重要なのである。

あるイタリア人研究者の指摘によれば、地域に対する感情や地域に根ざしたアイデンティティの感情は、その土地で幸せに生活できるかどうか、その場所でずっと暮らしていけるかどうか、そして、他者と一緒に仕事ができるのか、あるいは孤立してしまうのかどうか、ということも大いに関係しているということである。

地域というものは、たんに生活し仕事をするための場所ではない。そこが豊かな土地であるかどうかは、その土地にどれほどの価値が息づいているのかに懸かっている。地域とは、その場所に生き生活した人々の歴史であり、自然に対する人間の介入や先祖の習慣の痕跡である。そして土地の価値は、歴史、環境、風景、宗教、民間伝承、さらには食文化といった、ありとあらゆる過去の蓄積が創りあげている。

つまり、過去についての記憶や意識が、その地域に生きることに意味を与えており、また、そのことが地域のコミュニティを巻き込み、地域が活性化することによってはじめて、将来における地域の保全が約束されるのである。

こうした意味で、早稲田界隈の歴史の再発見と活性化を促すために、自治体と地域が積極的な取り組みを積み重ねていくことは、とても意義のあることである。それは、歴史、文化、社会、環境、地域のアイデンティティにいたるまで、様々な遺産の価値に対する知識を深め、認識を新たにすることにもなり、未来の世代に対して、貴重な公共財産を保護しようという意識を高めることにもなるだろう。

〈目次〉

序論

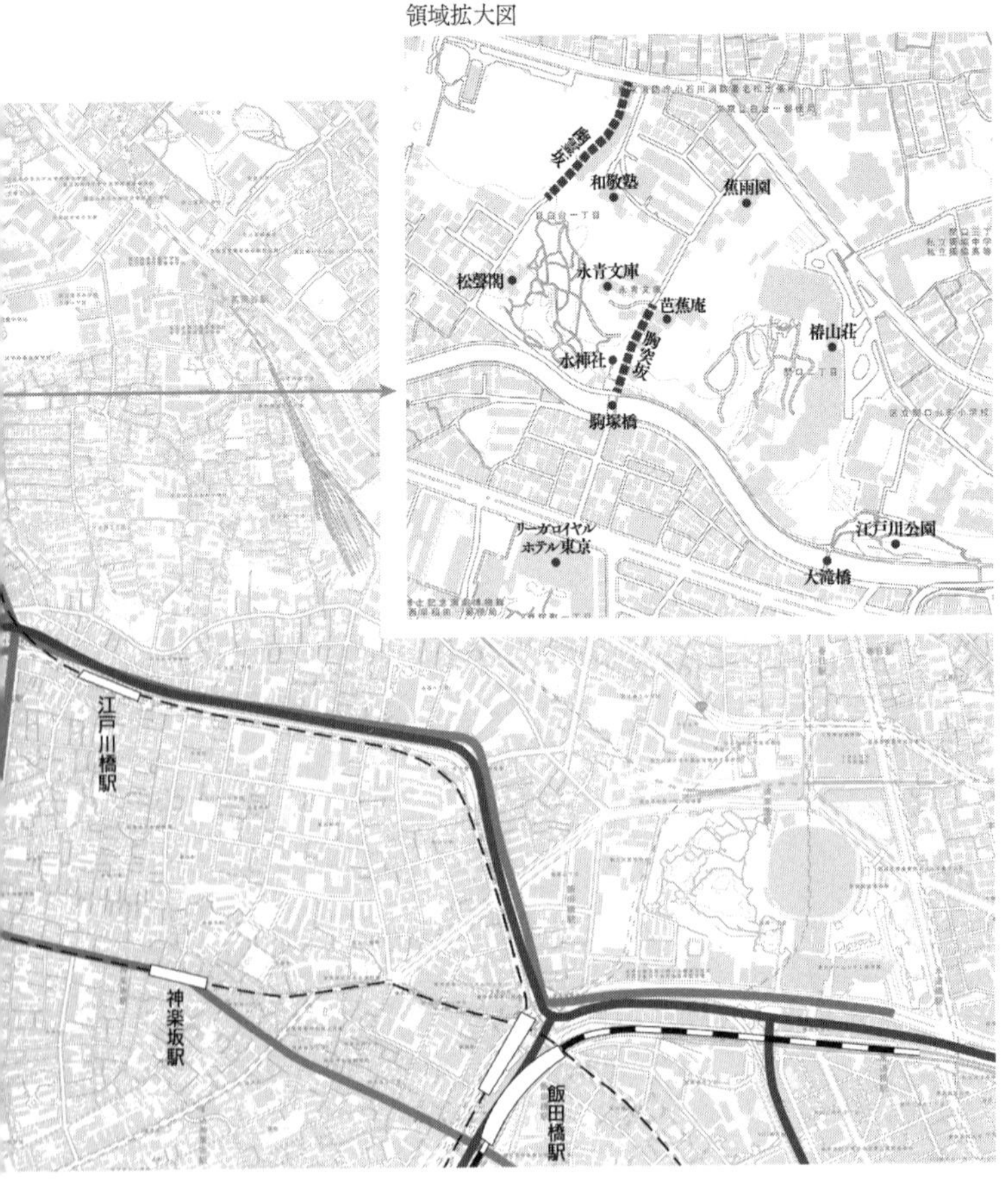

〔地図01〕現在の早稲田・目白台・高田馬場界隈。国土地理院地図を改変。

本書で語られる歴史物語の舞台は、東京の西北に位置する早稲田とその界隈である〔地図01・口絵①〕。一八八二年（明治一五年）、大隈重信は、この地に、後に名門大学となる「東京専門学校」（現在の早稲田大学）を設立した。大隈が設立した学校の周辺には、当時は、茗荷畑や早稲田田圃からなるのどかな田園風景がひろがっていて、江戸時代（一六〇三―一八六七）の痕跡がそこかしこに残っていた。その景観は、あたかも始まったばかりの近代化の影響を免れている

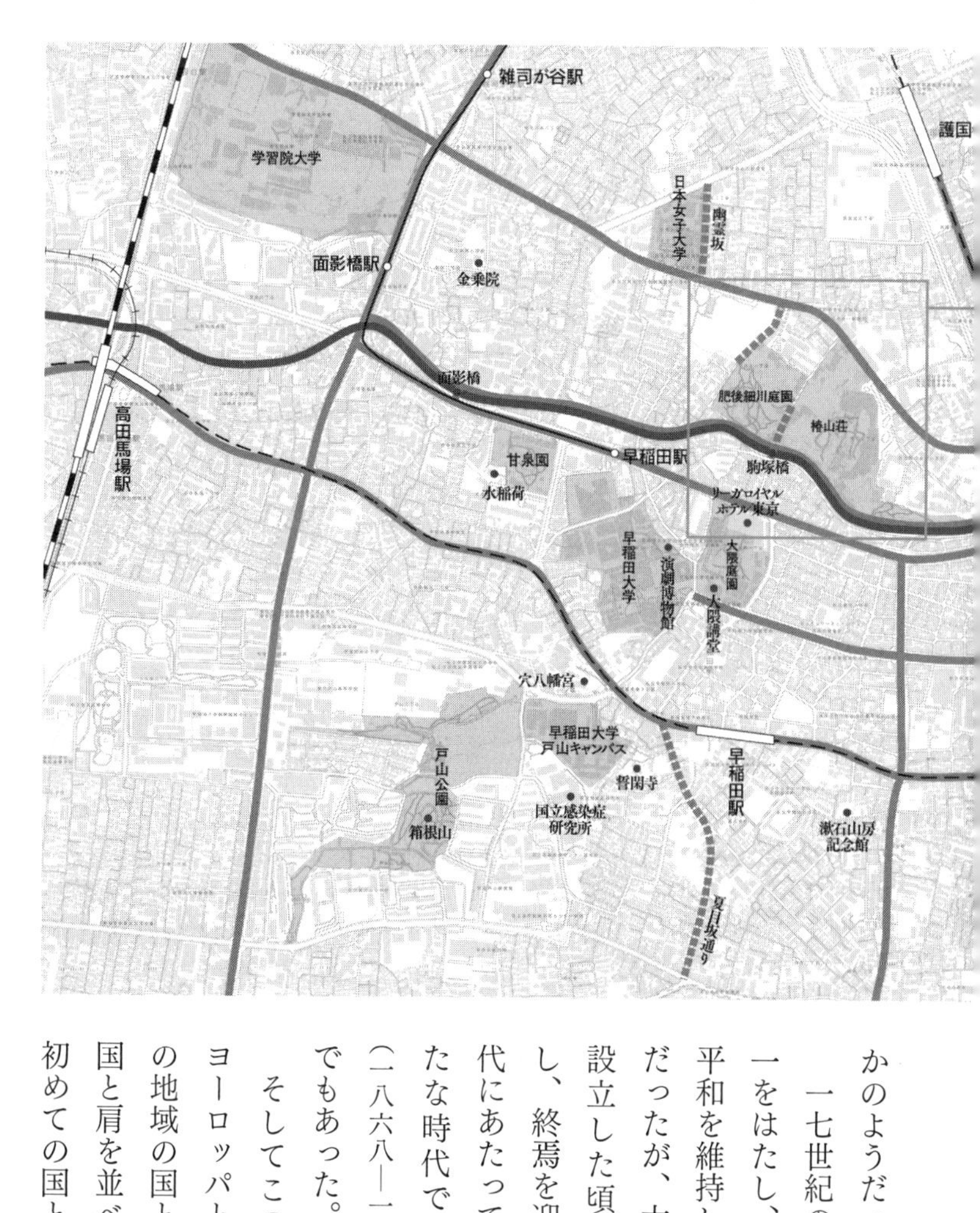

かのようだった。

一七世紀のはじめに天下統一をはたし、以来、相対的な平和を維持してきた徳川幕府だったが、大隈が専門学校を設立した頃は、幕府が崩壊し、終焉を迎えようとする時代にあたっていた。それは新たな時代である、明治時代(一八六八—一九一二)の幕開けでもあった。

そしてこの時代、日本は、ヨーロッパと北アメリカ以外の地域の国としては、先進諸国と肩を並べることができる初めての国となっていく。日本は、西洋の列強に匹敵する水準の近代化と産業化を推し進めていくことになるのである。

「封建日本」と「近代日本」のあいだの分水嶺と見なされている一八六八年（明治元年）は、新しい東の首都となり、東京（とうけい）ともよばれた東京が、千年以上ものあいだ帝国の都であった京都の役割を奪い取り、時代を画すことになる年だった。天災や人災を食い止め、世界の様々な場所で生き残ってきた都市がもつ、数千年にもおよぶ歴史を思い起こしたり、あるいは奈良や京都や福岡といった日本の他の都市とくらべてみても、江戸・東京の歴史は、相対的に短いものだった。

一五九〇年、徳川家康は、江戸に本拠地を置き、それ以前に築かれていた城を居城として陣取った。同年八月のはじめに、家康が公式に江戸に進出したとき、江戸は、城下町が建設されることになる東京湾に注ぐ河川に沿って、わずかに二、三〇〇戸の家しかない小さな集落だったという。そして、その一三年後の一六〇三年、家康は「征夷大将軍」に任ぜられて、江戸幕府を開いたのだった。

江戸は、封建制度下の日本に数多く存在していた、軍事目的などで建設された二五〇ほどの町や都市とおなじような規模にとどまる可能性があった。江戸時代の中期には、一〇万人ほどの人口を抱えていた名古屋や金沢といった都市を、江戸が上回るかもしれないといった程度の見立がされていた。それに反して、それから約一世紀ほどの短い間に、江戸の人口は、出稼ぎ人などの一時的な居住者を含めて、約一〇〇万人に達した。この町は、瞬く間に当時では世界最大といわれる巨大都市に成長したのである。

社会は身分制によって秩序立てられ、職業によって区別され、個人は生まれながらに受け継いだすべての条件によって規制されていた。また、居住地から離れるときや、お遍路巡りに出かける場合でさえ、許可を得なくてはならないという、社会的な「不流動性」と「不移動性」は、参勤交代という桁外れのダイナミズムによって、様々な点で大きく様変わりすることになった。

一六四〇年代以降になると、日本は国境を閉鎖し、諸外国との交易を「四つの口」（長崎、対馬、松前と薩摩／琉球）だけに制限した。当時の日本において、人々の流動性のダイナミズムを支えていたのは、参勤交代の機能だった。

江戸幕府の連続性を保護し、大名との儀礼的な同盟関係を堅固にするために、徳川の将軍が考案したこの統治制度は、江戸の発展はもとより、全国の人々の生活領域にも多大な影響をおよぼした。

しかし、この制度がもたらした結末のうちの幾つかの要素は、はじめから見越されていたわけではなかった。というのも徳川政権を長期存続させるために考え出された参勤交代の制度は、長期的にみると、幕藩体制の衰退を進めることになったと言えるからである。

家康の時代の二六〇家あまりの諸大名には、隔年で江戸居住が義務づけられた。しかも、その正室や嫡男は事実上の人質として江戸の藩邸に住まわせられていた。このことが、全国各地の藩から江戸に向かう激しい人々の移動の要因の一つとなっていた。

江戸では、大名は、幕府から屋敷用地を拝領し、そこで大勢の家臣団や従者などに囲まれつつ、豪奢な屋敷を建て、それを維持しなければならなかった。さらに火災が頻発したので、焼失した屋敷を再建することも多かった。

江戸初期の段階では、各大名はそれぞれ一軒ずつ屋敷を構えていたが、一六五七年（明暦三年）の明暦の大火以降は、それが二軒から三軒へと増加してゆき、一〇軒もの屋敷を所有する大名もいたほどだった。

一六七〇年（寛文一〇年）―一六七三年（寛文一三年）には、江戸の範囲は、およそ六三㎢におよんでいた。そのうちの江戸の約七割に相当する四四㎢を武家地が占めており、そこに江戸の人口の約半数が暮らしていた。

江戸の武家屋敷地区に居住していたのは、裕福で贅沢なエリートたちだった。彼らは何一つ生産せず消費ばかりしていたが、江戸という町が、富、流通する商品、そして多様な活動にいそしむ人々を増大させるのに一役買っていた。また江戸が消費の中心地となることを期待して、それに貢献もしていた。


プリンストン大学で教鞭をとる日本史家のコンスタンチン・ヴァポリスの推定によると、一八世紀の初頭には、参勤交代の制度により、当時の江戸の人口の約二五〜三〇％に相当する、およそ二五万〜三〇万人の人々が、江戸に通じる交通網のなかで移動を強いられていた。彼は、「流通量という点でも、また国内で行われる地理的な移動という点においても、参勤交代は、世界の歴史のなかでおよそ類をみない制度である」と述べている［ヴァポリス　二〇一〇］。

こうした制度の影響もあり、当初、城下町として組織され、発展していった江戸は、短期間のうちに城下町としての枠組を越えて、巨大かつ人口密度の高い都市空間となったのである。

江戸時代に生まれた豊かな文学や絵画作品には、大名の豪奢で長々と続く行列が、江戸に到着する様子から、江戸の町人たちが携わっていた様々な活動の様子まで、お遍路さんや人々が都市にある寺社に詣でる様子から、身分の違う者たちの叶わぬ恋まで、そして、銭湯の湯船のなかや町中にある井戸の周りで囁かれた噂話から、人々の欲望を満たすためにつくられた、遊郭のなかだけでは収まらない強い性的な願望にいたるまで、活き活きとして熱狂に包まれた江戸市民の生活の様子が表れている。

二世紀半にわたって続き、日本社会を特徴づけていたこのダイナミズムは、参勤交代が中断された一八六二年（文久二年）の後、図らずも衰えていくことになった。

参勤交代の制度の下で、大名は屋敷を維持し、かつ旅費を負担しており、このことが、商業活動を活性化させていた。しかし、その一方で、この制度は、藩の財政を枯渇させ、農業を優先した社会経済的な制度との矛盾を生みだすことにもなった。

「士農工商」という社会階級における農民の地位は、江戸時代における農業の重要性を示していた。しかしながら、商業活動の発展は、身分制度の末端にいた町人に富を与え、武士の側からの商人への依存をますます強めることになった。

結局のところ、参勤交代は、江戸時代の産業経済の発展に寄与したが、それと同時に、武士階級と幕府の危機の前提にもなっていた。

社会と経済の両面で、こうした危機の前兆が顕著になってきたのは、日本に開国を迫ったペリー艦隊をはじめとして、欧米諸国の大型船が次々と来航し、幕府が欧米諸国と不平等条約を締結することになる幕末期のことだった。

一八六二年になり、参勤交代の制度は実質的に中断された。これは藩主の重荷になっていた経済的負担を軽減するためだけではなく、海岸の警備を強化して日本全体の軍備の増強をはかるためでもあった。当時は、外部からの攻撃をもっとも受け易いのが海岸地域だったからである。

参勤交代の制度化は、江戸の急激な発展や人口増加の「原動力」だったが、この制度の廃止は、都市の思いがけない衰退をもたらした。

大名たちが大挙して出身地に帰還したことにより、江戸にある武家屋敷はもぬけの殻となった。武士の居住区からは、人々の姿が消え、大規模な人口流出がおきた。

参勤交代が無効となってから七年以内には、当時で一〇〇万人を超えていた江戸の総人口の約半数が、この町を離れていったといわれている。アメリカの日本史学者のヘンリー・(二世)スミスによれば、とりわけそれが顕著だった一八六二年には一〇万人が、幕府が滅亡して明治維新が開始された一八六八年のはじめまでには五万人が、さらにこの年の末までには、三〇万人以上の人々が、江戸を離れたと推定されている[Henry D. SMITH II　一九八六]。

こうした大規模な人口流出により、都市の経済は急速かつ著しく減退してゆき、無数の失業者を生みだすことになった。都市の発展は、江戸に滞在していた武士階級の存在と、密接に結びついていたからである。

都市の再生は、一八六八年九月三日(慶応四年七月一七日に相当)に、明治天皇が発した詔勅により、天皇がこの都市で政務を執ることを宣言したことで決定づけられた。そして、都は江戸に遷都され、江戸は東京と改称されたのである。

前述のスミスによれば、一八六八年の冬から翌年にかけて、東京の人口は約六五万人となり、最低値を記録していたが、その後、都市の人口はふたたび東京一極集中へと向かい始めることになる。しかし、東京の人口が江戸時代の水準を回復するには、一八九〇年を待たねばならなかった［同書］。

中央集権国家の基礎が確立する新都として東京が選択されたのは、明治維新から半年以上の後、つまり大阪遷都案を撤回して以降のことである。

事実上、幕末から明治初年にかけて、様々な遷都についての意見が出された。維新直後、大久保利通（一八三〇―一八七八）が「遷都の地は浪華（なにわ）（大阪）」にするべきであるという「大阪遷都論」を明治政府へ提出していた。

しかし、この構想が崩れ去って「江戸遷都論」が選択された理由には、旧武家屋敷の跡地等の遺産を活用して、首都機能をこの地に移転できること、東日本の開発や広大な関東平野の活用が可能になること、そして江戸が交通の要としても大阪にくらべて優位であることなどがあった。

また、たとえこの時代の過渡期に、大阪に遷都していたとしても、大阪の商業活動には損失にはならなかっただろうが、かりに東京に遷都していなければ、この街がたどっていた衰退から復興をとげることはなかったということも考えられた。

一八六八年に東京が新都に選ばれていなかったとしたら、この町はどのような都市になっていただろうか。そう想像するのは難しい。しかし、おそらく東京は、今日、私たちが知っている巨大都市ではなく、おそらく金沢のような、人々を魅了してやまない観光都市になっていたことだろう。

日本史上における一八六八年は、東京という都市を一変させる年だった。二つの時代の分岐点としてこの年を位置づけるのは、――この都市には、その後も拭い去ることのできない大きな変化があったが――、時代区分という手法によって、歴史学者が、歴史の連続性よりも断絶性に重きを置いて、時代の解明に努めようとするためでもある。

一八六八年は、日本の歴史におけるもっとも重要な過渡期だが、別の時代の移行期と同じように、江戸から明治へという時代のなかの急激な変化と、長期的な時間のなかでの緩やかな変化という点で、この年を特徴づけることができる。そして、この時、江戸という過去から明治へと、多くの遺産が受け継がれた。

明治時代に顕著になった近代化の波は、実際には、すでに江戸時代にも、社会経済的あるいは文化的な変化として如実に現れていた。

　しかし、甚大な変化が起こるのは、封建制度という足かせによって阻まれていた。上述のように、日本は、明治時代を通じて、ヨーロッパや北アメリカの国々と同じ水準の近代化と産業化を成し遂げた初めての国となった。それと同時に、日本はアジアのなかでもっとも西洋化した国家になった。


　日本の近代化を象徴する中心都市になった東京には、それ以前の江戸の歴史の痕跡を示すものがたくさん残っていた。徳川一五代将軍の居城であった江戸城は、明治元年の一〇月の東京遷都後には皇居となった。また明治新政府の多くの省庁や役所、外国の公使館、兵器製造所や陸軍士官学校などが、武家屋敷の跡地に置かれることになった。

　さらに、江戸時代を通じて、旧加賀藩前田家の上屋敷が置かれていた敷地には、一八七七年（明治一〇年）、帝国大学（後の東京帝国大学）が設立された。今でも東京大学の本郷キャンパスの南西部に残されている「赤門」は、一八二七年（文政一〇年）、徳川将軍家斉（いえなり）の娘溶姫（ようひめ）が、加賀藩藩主前田斉泰に嫁した際に建造した御守殿門であり、現在では東京大学の俗称にもなっている。

ここで思い起こすのは、新都の人口には、江戸時代にこの町に移り住み、この地に留まり続けていた約五〇万人の町人のほかに、一八六九年（明治二年）に新たに華族となり、一八七一年（明治四年）の皇族華族取扱規則により、東京での居住を命ぜられた旧大名も含まれていたことである。

陣内秀信は、「都市の基本的な枠組をこわさずに、昔からあるそれぞれの地区のなかに変化を持ち込むことにより、この都市空間は封建的な都市から、近代的な首都へと変貌を遂げた。東京は、連続的かつ有機的な変化を繰り返して、成長・発展してきたのであり、大仕掛けな外科手術はほとんど必要なかった」、あるいは、「東京は明治維新を迎え、それまでの城下町としての幾重の殻で固めた閉鎖系の都市を開放系のそれに切り替えはしたものの、過去の都市形態をほぼ踏襲しながら、むしろ個々の敷地における中身の置換を巧みに繰り返して、しなやかに柔軟な形で近代化を達成したといえる」と述べている［陣内秀信　一九八五］。

新たに首都となった東京の近代化には、建築の世界では、鹿鳴館をはじめ東京で数多くの洋館を設計した、イギリス人建築家のジョサイア・コンドル（一八五二―一九二〇）、銀座煉瓦街などの設計で知られるアイルランド人のトーマス・ウォートルス（一八四二—一八九八）、旧司法省庁舎と最高裁判所を設計したドイツ人のヘルマン・エンデ（一八二九—一九〇七）など、多数のお雇い外国人が貢献した。これらの事業には、西欧化に基づいた「文明開化」というスローガンが反映されていた。

しかし、こうして東京が近代化していく過程には、江戸から連なる伝統が、「襞（ひだ）」のように幾重にも織り込まれていた。そこで想起されるのが「和魂洋才」というスローガンである。つまり、西洋文化という「才」に憧れを抱き、その摂取に努めながらも、日本文化という「魂」を放棄することなく、「和」と「洋」の融合・調和を図ろうとする政治的な側面と同時に、日本国民のアイデンティティを保持するねらいがそこにはあった。

明治政府が、日本の歴史的・文化的な遺産を守る必要性を理解するのに、さほど時間はかからなかった。一八七一年（明治四年）、政府は、最初の文化財関連法令と見なされる「古器旧物保存方」という太政官布告を発布した。その後、内務省は宝物の散逸を防止するために、全国の主要な古社寺に保存金を交付するようになった。

この時代には、西洋の様々な建築様式に基づいた豪華絢爛な邸宅が建設された。運河の周りにはヴェネツィアン・ゴシック様式の館が建てられた。そして、銀座と丸の内を、ロンドンのミニチュアのような姿に変えようとする計画までが存在していた。

近代化の波は、街路や大通り広場や公園を建設させ、公共の空間にまで侵入し、都市の姿を急速に変えていった。それにも関わらず、江戸から連なる遺産や過去の痕跡は、東京という都市の「襞」のなかで生き残ったのである。こうした東京という都市の特質を巧みに評して、イギリスの作家・写真ジャーナリストであるステファン・マンスフィールドは、「西洋化されても、頑固なまでに日本的なままの都市」と述べている［Stephen MANSFIELD 二〇〇九］。

東京という都市は、自然災害のリスクが高い地域にあった。また壊滅的な被害を被った震災と戦災により、建築物の多くが焼失した。加えて、オリンピックなどがあった戦後の高度成長期の建設ラッシュや、「バブル経済」時代の不動産投機において、建設と破壊が繰り返された東京には、一〇〇年以上の歴史をもつ建物は、わずかしか残されていない。したがって、東京では、他の多くの都市のように、時代を超えて生き残ってきた建物やモニュメントを観察することで、都市の過去の歴史や記憶に思いを馳せることは困難である。

だとしたら、東京という都市の歴史の痕跡を探るには、建築物やモニュメントのような「大きな建築」よりも、地域の形態――そこでは、それぞれの時代に応じた、社会・地理的な多様性が形作られてきたはずである――のなかに残されているものを観察してみる方が、はるかに有効だろう。

たとえば、都市のなかに無数にある坂は、かつては支配階級が住む「山の手」を庶民階級が住む「下町」から区別し、隔てるものだった。

河川や運河といった水の流れは――今では、その上をはしる幹線道路網に隠されていて、ほとんど目にすることはできないが――江戸の発展には必須の役割を果たしていた。そうした都市の構造のなかで、下町の生活は営まれてきた。だからこそ、坂や川といった地形は、おそらく建築物やモニュメント以上に、この唯一無二にして、巨大な都市「東京」の過去の遺産を雄弁に物語ることができるはずである。

わずか四世紀ほどの江戸・東京の歴史のなかで、この都市は多くの災難に見舞われたため、現在まで生き延びてきた史料は、断片的なものにすぎない。しかしながら、この都市空間の歴史は、様々な研究者によって、時には詳細に検討され、部分的に復元され、描写されてきた。とりわけ一九八〇年代以降になると、「江戸・東京学」という新たな学問分野が注目を浴びるようになった。

江戸東京博物館の創設に関わった文化史家の小木新造は、この新たな学を「江戸から今日までの都市形成発展と、文化変容の過程を一貫した視座からとらえ、その連続性や非連続性と、江戸東京の都市としての特性を学際的に研究する開かれた学」と定義している［小木新造　二〇〇五］。

陣内秀信は、著書『東京の空間人類学』のなかで、「東京では、変化に富む立地条件と、その上に江戸以来つくられた都市の構造とが歴史的、伝統的な空間の骨格を根底において形づくっているのであり、それと都市の中身を構成する新旧織り混ぜた様々な要素とが巧みに混淆し、世界にも類烈のないユニークな都市空間を生み出しているといえる」と述べている。つまり「江戸・東京学」という学問分野の名称が示すように、東京という都市のいかなる側面に言及するにせよ、江戸から注意を逸らすことはできないのである。

たしかに、首都としての名称と機能の変更をはじめ、一八六八年という年は、江戸・東京という都市の歴史において大きな分岐点ではあった。しかし、「江戸」から「東京」に受け継がれている、数えきれない痕跡に目を向けてみると、この歴史的分岐点という断絶としての意味は希薄になるだろう。

また、江戸を想像してみることなしに、現在の東京という都市空間を理解するのは困難である。歴史の長い時間のなかで東京という町を観察しなおしてみれば、この都市のどんな片隅にも、過去の歴史の連続性が浮かび上がるはずである。

本書で光を当てたのは、東京の西北に位置し、以前は早稲田低地がひろがっていた地域とその界隈である。大隈重信がこの地に設立した専門学校は、現在は名称を変えて早稲田大学となっている。

ここで描き出されているのは、わずかな散歩の範囲でたどり着ける場所ばかりだが、そうした狭い地域の内側でさえ、いつでも行政的、都市空間的、社会的な一貫性や統一性が見出せるとは限らない。私は折に触れてこの地域の散策を続けながら、早稲田という時空間において、特定の場所のミクロなレベルの活動とマクロなレベルの出来事のあいだに、いかなる歴史的、文化的、政治的な交錯があったのかを辿ってみたのである。

こうした探索を繰り返すなかで知り得たものの多くは、良く知られた人物たちの足跡だった。歴史に名を刻むことができるのは、概してこうした人物たちである。それに引きかえ、どのような人々が豪奢な屋敷のなかを行き来していたのか、この地の寺社を訪れていたのはどのような人々だったのか、様々な事象から影響を受けた都市の変遷が反映されているはずのこの小宇宙（ミクロコスモ）のなかで、どのような人々が活躍していたのか、こうしたことを探し当てることは容易ではなかった。名もなき人々の爪痕は、普通は、真っ先に時間の流れによって掻き消されてしまうものである。

本書の目的は、人々の好奇心を刺激し、今いる場所から幾重にも枝分かれする次の場所へ、さらには遠く離れた時空間へと、読者を発見あるいは再発見の旅に誘う（いざなう）ことである。そして、その旅の道連れとなるのは、過去を懐かしがる感傷（ノスタルジー）よりも、むしろ現在に受け継がれた過去の痕跡に対する責任と敬意の感情であって欲しい、というのが筆者の切なる願いである。

第一章

井の頭から江戸の井戸まで

——神田川と水都としての江戸の発展

神田川と早稲田――早稲が植えられた田

一八八二年、大隈重信（一八三八―一九二二）は、早稲田の地に、後に早稲田大学となる専門学校を創立した。それと同じ頃、大隈と同年齢で政敵であった山県有朋（一八三八―一九二二）は、日本陸軍の実質的な創設者として、その名を轟かせていた。

この時代、本書に登場する人物たちはというと、肥後熊本新田藩の細川家と上総久留里藩の黒田家の両旧大名は、新たな身分制度のもとで華族となっていた。また一八八二年当時、永井荷風（一八七九―一九五九）は三歳で、夏目漱石（一八六七―一九一六）は一五歳だった。松尾芭蕉（一六四四―一六九四）は、はるか以前に亡くなっており、もちろん、村上春樹はまだ誕生していなかった。

これらの人物たち――さほど知られていない人物たちも含め――の運命は、東京の西北に位置する、早稲田界隈で交錯することになる。彼らが織り成す物語が始まるのは、大隈重信が早稲田に東京専門学校を創立した明治初期のことである。

早稲田は、現在でいう東京都新宿区の北部、文京区、豊島区との境界付近に位置し、戸山ヶ原から神田川沿いの低地にまたがる地域である。海水面が今よりも三～五m高く、現在の東京湾より、五〇㎞近く内陸にまで海水が入り込んでいた六〇〇〇年前の時代には、椿山荘がある関口台地の斜面まで、東京湾際の入江になっていたと推測されている。

この地域は、魚や鴨、貝などの狩猟を行うには最適な場所であり、縄文人にとっては一等地といえた。それを裏付けるように、椿山荘がある文京区内には貝塚や集落などの縄文遺跡が二八ヶ所も見つかっており、肥後細川庭園内の地層からも貝の化石などが発見されている。海の存在を確かに感じさせてくれる史実と言えるだろう。縄文の昔は、早稲田の一帯は海の底だったのである。

時代が下がり、関東地方への稲作技術の伝播にともない、早稲田の地でも、小さな川が入り組んだ地形を利用した水稲栽培が行われるようになり、水田が広がっていったようである。

「早稲田」の地名の由来には諸説ある。早稲・早稲田という地名は全国各地にあり、早稲田とは、生育の早い稲の品種を植えた田という意味である。早稲田の地を流れる神田川流域では、台風などによる川の氾濫に見舞われることが多かったため、この地では、梅雨が明ける前に米が実るように、成熟の早い品種、いわ

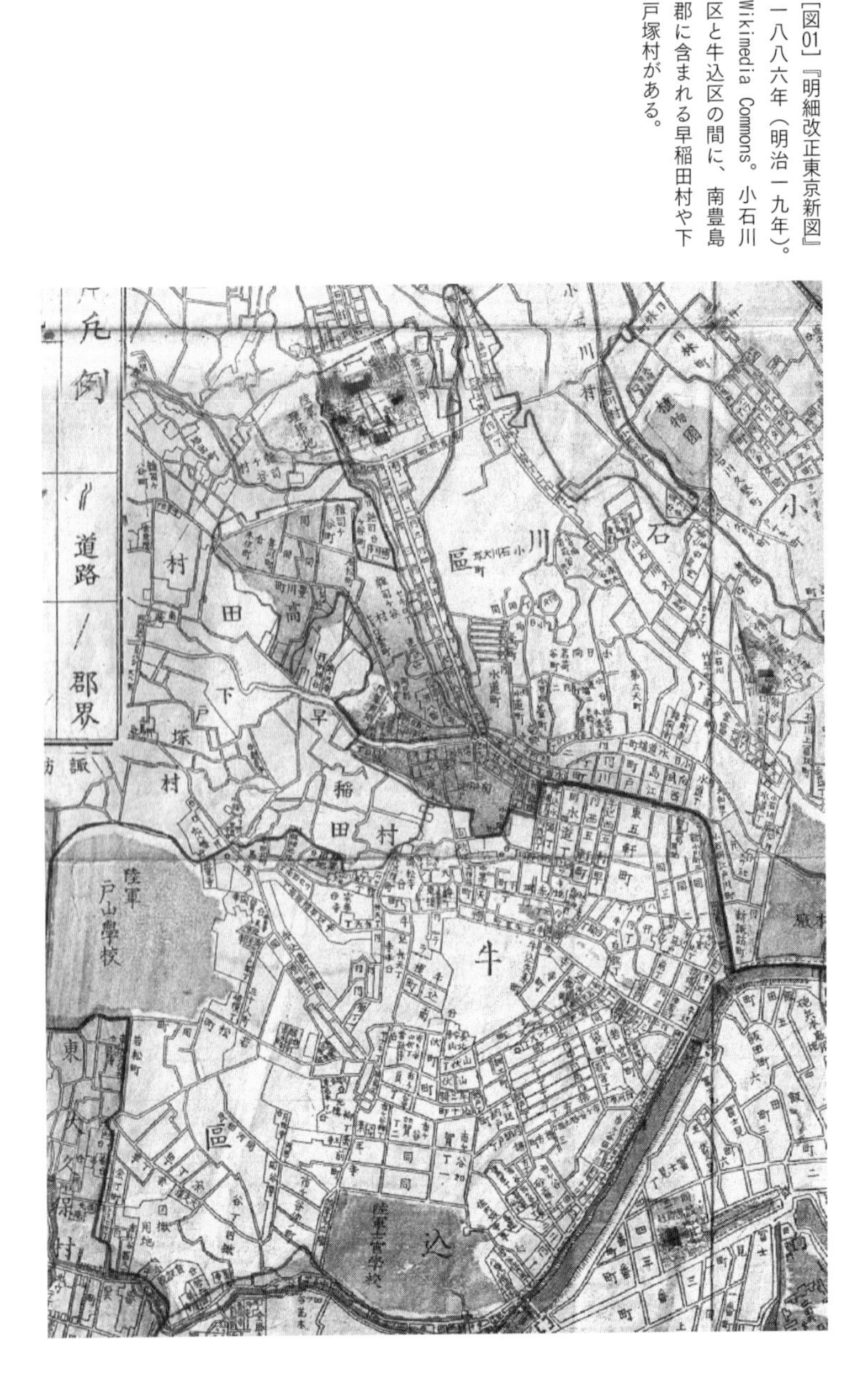

【図01】『明細改正東京新図』一八八六年（明治一九年）。Wikimedia Commons。小石川区と牛込区の間に、南豊島郡に含まれる早稲田村や下戸塚村がある。

ゆる早生稲を植えていた、というのが早稲田の地名の由来の有力な説となっている。

近世にいたり、「早稲田」は行政区域の一つとなる。江戸時代に牛込村から独立していた早稲田村は、一八七八年（明治一一年）には、「郡区町村編成法」の布告により、東京府南豊島郡の所属となった。

そして、大隈によって、早稲田の地に東京専門学校が創立されたころ、新たな地区編成の導入により、早稲田と椿山の間の野原を流れていた神田川は、部分的にではあるが、牛込区と小石川区の境界線となった。さらに一八八九年に、市制町村制が施行されて東京市が設置されたとき、早稲田村は、東京府東京市の牛込区に編入された【図01・口絵③】。

早稲田が位置するのは、目白台地の南側である。目白台地の東側、すなわち現在の椿山荘の東隣には、かつて江戸五色不動の一つに数えられていた目白不動があった。目白不動は、この地にあった真義真言宗の新長谷寺の不動尊であり、それが目白の地名の由来になったといわれている【図02】。

五色不動は、五行思想の青・黄・赤・白・黒という五色の色にまつわる名称や伝説を持つ不動尊である。三代将軍徳川家光は、この五色をもって不動の目とし、

東西南北中央の五方眼で取り囲んで江戸を守るため、五色不動を選定したとされている。目白の地名の由来とされている目白不動に、目黒不動、目赤不動、目青不動、目黄不動を加えたものが江戸五色不動である。

一九四四年に始まったいわゆる「東京大空襲」で、翌年の五月、新長谷寺は戦災により焼失した。そのため、本尊であった目白不動明王像は、一㎞ほど離れた現在の豊島区にある金乗院に移され、現在にいたっている。

早秋遊豊山長谷寺偶然成詠
偶乗秋景入山林
盡日曽無俗叓侵
巖下清流堪濯熱
況傾河朔酒杯深
春臺

目白坂

〔図02〕「目白不動堂」『江戸名所図会』一八三四―一八三六年（天保五―七年）。国立国会図書館蔵。中央には目白不動堂、左下には「目白坂」、遠景には「わせ田」や「高田」が描かれている。

普段、私たちは、「目白」という地名を聞くと、まず学習院大学のある一帯を思い浮かべるだろう。しかし、目白の地名の由来となった目白不動尊は、もともとは現在の椿山荘がある旧関口駒井町（現在の文京区関口二丁目）にあった。目白通りから椿山荘の正面玄関にいたる坂道が、今でも「目白坂」とよばれているのは、かつてこの通りが目白不動へと続く参道の一部であった名残りである。

神田川沿いにまで広がっていた早稲田田園と目白台地の間には、急激な高低差があった。現在でも早稲田の低地の北側を流れる神田川の岸から目白台にかけては、急こう配の坂道が続いている。この椿山荘周辺の一帯の高台には、昔から多くの椿が自生していた。そのため、少なくとも南北朝時代の頃から、この辺りは「椿山（つばきやま）」とよばれていた。

ところで、早稲田と目白台を隔てていて、この辺りを流れている神田川は、川の水源となる井の頭から、一五kmほど下流に位置している。「井の頭」という地

［図03］昇斎一景「関口目じろ不動」『東京名所四十八景』一八七一年（明治四年）。東京都立図書館蔵。中央左が大洗堰。

名は、江戸時代初期に鷹狩でこの地を訪れていた、三代将軍家光の命名であるという。

　この井の頭の池の水を、江戸城や市中の水道として引水したのが、江戸に設けられた最古の上水道である神田上水（神田川の上流）である。そして、この神田上水が、一時は、江戸の全ての井戸の水源になっていたといわれている。

　早稲田の北東には、関口という地名がある。後述のように、ここに設けられた大洗堰（現在の大滝橋付近）は、神田上水の水を江戸の町に行きわたらせるための重要な設備だった。神田川は、関口から水道橋や御茶の水を通って、隅田川に流れ込んでいる［図03］。

　東京都内を流れ全長が約二五kmにおよぶ神田川は、今でも、井の頭の水源から隅田川の河口域まで、全区間にわたって開渠（かいきょ）（上部に覆いのない水路のこと）である。

これは、現在の東京では、極めて稀な一例である。神田川の大部分は人工的に開削したものであり、現在の水路は原形を留めているわけではない。その原形の改造が始まったのは、江戸開府以前のことであった。

太田道灌と神田川

一五世紀のなかごろまで、その当時平川として知られていた神田川は、早稲田と目白台の間を流れ、現在の飯田橋付近、すなわち現在の日本橋川との分流地点から、南に流れを変えていた。そして、その流れは、現在の丸の内・日比谷にまで入り込んでいた日比谷入江に注いでいた。その当時、日比谷入江は遠浅で、穏やかな波が立っていたとされている［図04］。

その後、現在の一橋付近から掘削して、神田川（旧平川）を東の方向（現在の日本橋方向）につけ替えるための大規模な土木工事が行われた。この事業を考案したのは、兵術に長け江戸城をはじめとする築城でも知られる太田道灌（一四三二―一四八六）だった。道灌は、歌人としても名高い文化人であり、文武に秀でた人物として、後世にその名を残している。

〔図04〕江戸周辺の地図『長禄江戸図』一四五七―一四六〇年（長禄年間）。国立国会図書館蔵。

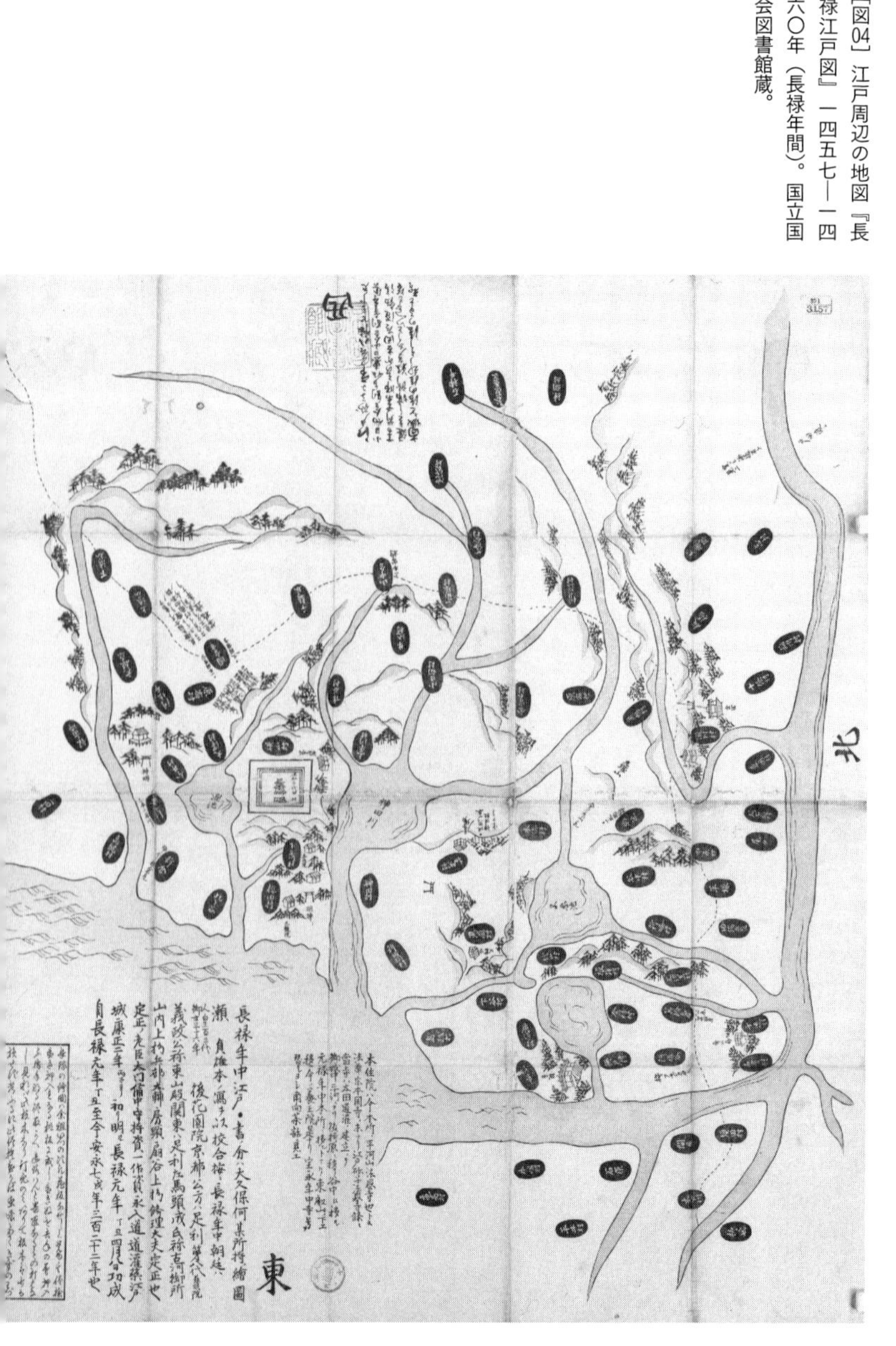

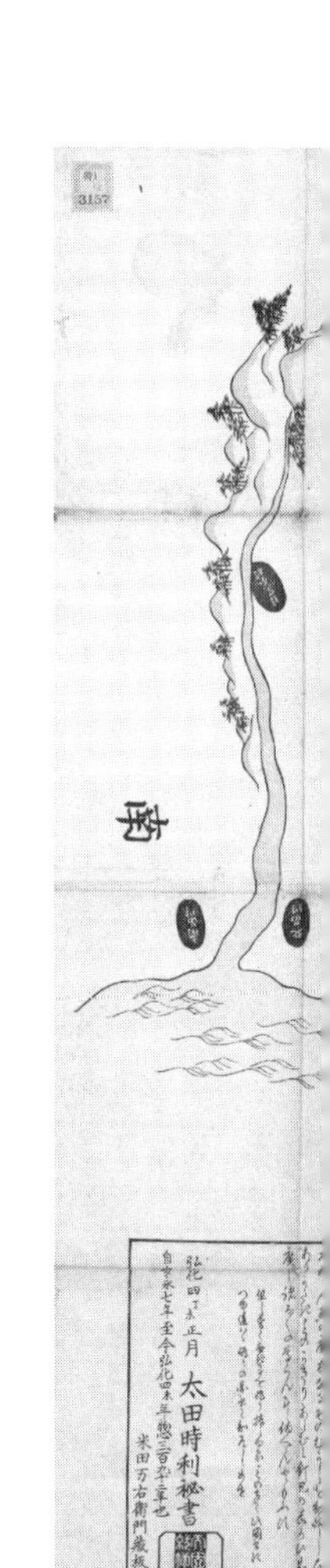

道灌の文学への傾倒を伝える挿話として、「山吹の里」伝説がある。この「山吹の里」伝説の史跡は、都内に幾つか残されている。江戸時代後期に刊行された『江戸名所図会（えどめいしょずえ）』（天権之部　巻之四）によると、この山吹の里は「高田の馬場より北の方の民家の辺り」にあったとされる。実際、神田川に架かる面影橋を北側に渡ってすぐのところに、「山吹の里の碑」という史跡が残されている。

伝説によれば、山吹の里まで鷹狩りにきた道灌は、にわか雨に降られて、近くのみすぼらしい農家に駆け込んだ。そこで雨具用に蓑を借りようとすると、家を出てきた娘は、何もいわず一輪の山吹の花を差し出した。蓑を借りることができず、花の意味を理解できなかった道灌は、驚いたまま雨の中を帰ってしまったという。

後になって道灌は、与えられた花の意味を、「七重八重　花は咲けども山吹の実の（＝蓑）ひとつだに　なきぞ悲しき」（『後拾遺集』所収）という古歌の中に見い出すことになる。道灌は、立ち寄った農家は蓑がないほど貧しかったが、娘が機転をきかせた断り方をしたことにようやく気付き、自分の無知を恥じた。これが道灌が和歌を勉強するようになった動機だといわれている。

ともあれ、太田道灌は、歌人として以上に、東京の基礎を築いた人物として人々に記憶されている。一四五七年（長禄元年）、道灌は、平川（後の神田川）の河口付近にある日比谷入江を見下ろす高台に、前年から建設にとりかかっていた城を完成させた。城の城下町は、平川の南岸地にあったらしく、そこは、かつては漁師たちが住んでいた小村だった。この土地は江戸とよばれていた。

道灌の時代の江戸が、どのような場所であったのかを想像するには、まず「江戸」の地名の由来をたどってみるのがよいだろう。「江戸」という地名は、一三世紀後半に記された書物に初めて現れるとされている。それ以前は、「江戸」のかわりに、江に臨む場所の意味する「江所（えどころ）」という言葉が使われていたという説や、アイヌ語を起源とする説もあるようである。

江戸という漢字が示すように、「江」とは「海水が陸地に入りこんだ場所」であり、「戸」は「入り口」の意味であることから、「江戸」は、「入り江の門（と）」にあたる場所を指していた。つまり、「江戸」や「江所」という名称は、現在の隅田川の出口に由来する言葉であり、もともとは、隅田川の河口付近を指している地名だった。

一四五六年に太田道灌が移り住んだのは、こうした場所だった。道灌は、一二世紀に江戸氏が建設した「江戸館（えどやかた）」の跡地に、その後一年というわずかな期間で江戸城を建てた。その場所は、平川に面した麹町台地の東端で、後に徳川家康が築いた本丸に当たっていた。

長きにわたった戦国時代を生き抜いた道灌は、一四八六年（文明一八年）に生涯を終えた。その後、戦国大名の中には、江戸城に籠居するものもいたが、道灌が築いた江戸城を次に居城と定めたのは、後に江戸幕府を開いた徳川家康であった。

徳川幕府の成立と江戸の発展

一五九〇年（天正一八年）、徳川家康（一五四二—一六一六）が、初めて江戸に足を踏み入れたとき、道灌が造りあげた江戸城は、ほぼ廃墟と化していたようである。

豊臣秀吉（一五三七—一五九八）が、関東を支配していた北条氏を小田原征伐で敗ったのち、家康はその功績を称えられて、秀吉から北条家の旧領だった関東八ヶ国を譲り受けた。家康は、新たに手に入れた領土を巡祭中に、武蔵野の平野を通って、太田道灌の手で築かれた江戸城を訪れたのである。

家康が江戸にたどり着いたとき、この村落には二、三〇〇戸の家があるだけだった。そして、おそらくこの村の城も、さほど人を惹きつけるものではなかったはずである。道灌がこの地に城を築いた後は、江戸は港町として一時的な賑わいをみせた。しかし、道灌が暗殺されて以降は、その繁栄は長続きせず、江戸の城下町は、ふたたび以前のように寂しい田舎町に戻っていた。

江戸は、日本最大の関東平野にあるものの、河川や海に囲まれ、長い年月にわたって沼沢地のまま残されていた、生産性の低い武蔵野平野の端に位置している。したがって、江戸は、敵の襲撃から家康の居城を守るという観点からは、戦略的に適した場所とは言えなかった。

こうした地域に住んでいた人々は、京都の住人から「東夷(あずまえびす)」とよばれていた。「東の野蛮人」という意味であり、江戸の西側に広がる武蔵野の広大な台地は、京都の人々の目からすると、決して暮らしたいとは思わない、荒れ果てた土地だったのである。

一四六四年(寛正五年)、太田道灌は、後土御門(ごつちみかど)天皇と時の将軍足利義政に謁見するために上洛した。その際、居城にしていた江戸城からの眺めを「わが庵(いほ)は松原つづき　海近く　富士の高嶺を　軒端(のきば)にぞ見る」と歌った。これに応じて天皇は、「武蔵野は　かる萱のみと　思いしに　かかる言葉の　花や咲くらむ」と詠んだといわれている。こう記したのは、フランスの詩人・画家で、長期間日本に滞在し、皇太子明仁親王のフランス語教師を務めたこともあるノエル・ヌエットだった［ノエル・ヌエット　一九五五］。

ともあれ、一五九〇年（天正一八年）八月、家康は公式に江戸に入城した。その後わずか数十年のあいだに、家康とその後継者たちは、この土地が持つ不利な条件を逆手にとって活用してみせた。それと同時に、道灌が築き、廃墟と化していた城を、贅を尽くして改築させた。一六一六年、家康がこの世を去った時には、江戸は早くも誰もが認める首都へと姿を変えようとしていた。

一六〇三年（慶長八年）に江戸幕府の初代将軍となる家康には、喫緊の課題の一つとして、都市における水道用水の確保があった。それゆえ家康は、江戸に入府する以前から、家臣だった大久保藤五郎（生年不詳―一六一七）に命じて、上水道に関する調査をさせたとされている。

実際のところ、江戸城付近で井戸を掘っても、それは江戸の入江を掘っていることを意味していて、湧いてくるのは海水だけだった。つまり良質の飲料水を確保するには、上水道を整備せざるを得なかったのである。

こうして、大久保藤五郎が着手した上水道の工事は、家康が江戸に幕府を開いてからも引き継がれた。こうした一大事業により、要塞として発展を続けていた江戸城への水の供給が可能になった。それだけでなく、人口が増加していた江戸市民に対しても、十分な飲料水を確保できるようになったのである。

徳川幕府の新たな首都となった江戸は、急激な人口増加を経験することになった。これに大きく寄与したのが、参勤交代の制度だった。参勤交代は、一六一五年（元和元年）に発布された「武家諸法度」で定められた、将軍が大名を統制するための制度の一つである。

序論で述べたように、参勤交代は、諸大名と一部の御家人・旗本を定期的に江戸に参勤させることを義務付けた制度である。加えて、一六三五年（寛永一二年）、三代将軍家光の時代には、「武家諸法度（寛永令）」が発布され参勤交代が制度化された。

これによって、大名は、毎年四月に、交代で江戸に参勤することが定められ、さらに大名の妻子を江戸に住まわせることが強制された。その結果、諸大名は江戸と国元に代わる代わる住むようになり、大名の妻子と多数の家臣団が、江戸に常住することになったのである。

参勤交代の制度は、江戸の発展に限らず、全国の経済、商業、交通、文化などにも多大な影響をおよぼした。その一方で、江戸に屋敷を構えたり、多数の家臣を従えて江戸と国元とのあいだを往復しなければならなかった大名にとっては、重い経済的な負担となっていた。

通常では、大名が家臣団を引き連れて行う大名行列は、数百人程度の一行だったが、なかには千人を超える人々で編成された行列もあった。

徳川宗家第一八代当主で、徳川記念財団の初代理事長を務めた徳川恒孝の著作『江戸の遺伝子』によると、加賀藩前田家の場合になると、参勤交代の行列は、最盛期で四千人近いものだったといわれている。松江藩の記録によれば、藩の総支出のうち江戸の支出は、一七七〇年（明和七年）には、二七％であったが、一八〇〇年（寛政一二年）には三〇％、一八四〇年（天保一一年）には三四％に達していたということである。

江戸に屋敷を建設して維持するには、大変な経済的な苦労があった。屋敷は、江戸幕府から与えられた土地に建てられたが、その豪華絢爛な造りは、住人の富と名声を誇示するためのものだった。

イタリア人のイエズス会宣教師だったフランチェスコ・パジオ（Francesco Pasio, 一五五四―一六一二）は、一六〇七年、江戸に滞在していた時に目にした大名屋敷の豪奢な姿について書き残している。パジオは、ポルトガル人のイエズス会士ジョアン・ロドリゲス（João Rodrigues, 一五六一？―一六三三）とともに、江戸城で二代将軍秀忠に謁見する機会にも恵まれた。マイケル・クーパー著『通辞ロドリゲス』によれば、謁見が済み、パジオが退席しようとすると、秀忠はロドリゲスを引き留めて、彼が長崎で特注で製造させた西洋時計について尋ねた。これをきっかけに、パジオは壮大な城を見て回るのを許されたといわれている。

一六〇九年には、スペイン人のロドリゴ・デ・ビベロ（Rodrigo de Vivero y Velasco, 一五六四―一六三六）も江戸を訪れている。彼はフィリピンの臨時総督に任命された後、次の赴任地である新イスパニア（メキシコ）へ赴くためにマニラを出帆した。しかし、難破して日本に漂着し、そのまま日本に一年間滞在することになったのだった。

彼の残した『日本見聞録』には、当時、およそ一五万人が住んでいたという江戸について、「市街は互に優劣なく皆一様に幅広く又長くして直なること西班牙（スペイン）

の市街に勝れり。家は木造にして二階建てなるものあり、而して外観に於ては我が家屋優良なれども、内部の美は彼遥かに勝れり。」など、江戸の印象が驚きをもって記されている。こうした外国人たちが書き記した当時の江戸には、すでに大都市としての揺るぎない姿があったといえるだろう。

その後、豪奢な造りの屋敷は急速に増えていった。当然ながら、大名たちはそうした屋敷を維持しなければならなかった。それに加えて、参勤交代による移動費用や江戸での生活費のすべてが自己負担だったので、この莫大な経済的負担が、大名たちに次第に重くのしかかるようになっていった。

江戸には、大名やその妻子、そして家臣たちだけでなく、将軍直属の家臣である旗本・御家人も居住していたため、武士階級に属する人々の数は、一貫して増え続けていた。数千人もの家臣たちが居住する武家屋敷もあったという。

加えて、江戸城の修復や大名屋敷の建設をしたり、あるいは武家の生活を支えるために、職人や商人たちが、江戸にこぞって集まってきていた。その結果、江戸の人口は激増していた。『江戸東京学事典』によれば、一七二一年の時点で、江戸の人口は、すでに一三〇万人を超えていたと推定されている。ちなみに当時ヨーロッパ第一の都市であったロンドンの人口は七〇万人に達しておらず、パリの人口も五〇万人以下だった。

江戸の人口の大多数を占めていたのは男性だった。歴史学者の北原進によると、一七三〇年頃の時点で、人口の約六三％を男性が占め、女性の比率は、わずか三七％に過ぎなかったことが分かっている。

内藤昌著『江戸と江戸城』に記されているように、寛永年間（一六二四—一六四四）にわずか一五万人だった江戸の町人の人口は、一六五七年（明暦三年）にはおよそ二八万人となった。そして、町人の人口が三五万人となった一六九五年（元禄八年）には、武家の人口は約四〇万人、寺社人口は約五万人だった。

一七二一年に実施された江戸時代で初の全国人口調査においても、当時、武家地に居住していた人口は、江戸の総人口のおよそ半数に達しており、町人地の人口は約四六％、残りの寺社地に住む人口が、およそ四％だった。

江戸の町の総人口のなかの大きな割合を占める武家の人々は、生産的な活動にはほとんど従事せず、彼ら以外の者たちが稼ぎ出していた利益、そして江戸以外の地域で生産された品々を消費していた。したがって、江戸における彼らの存在は、職人や商人だけでなく、あらゆる商品や食材を際限なく江戸の町に流入させる要因となっていた。

こうした物資の多くは、生産性に富んだ土地である「畿内」から輸送されており、この地方の商品や食材は、質の高さで全国的に知られていた。

当時、都が置かれていた京都から届けられる品々は、「下り物」とよばれていた。この「下り物」という言葉が、現在も使われている「下らない」という言葉の語源になったといわれている。高品質で知られていた京都の「下り物」に対して、「下らない」とは「下り物」ではない、つまり江戸の地回りの品物を指し、それが価値のないもの、つまらないものを指す言葉となっていった。

参勤交代という制度がもたらしたもう一つの帰結には、江戸の町が、熱気を帯び続ける消費の中心へと姿を変えたことがある。消費の中心となった江戸の町には、天婦羅屋、鰻屋、蕎麦屋、茶屋などの専門店が現れるようになった。こうした食事処では、一般庶民も飲み食いをすることができた。

アメリカ人の日本史学者であるスーザン・B・ハンレーが記しているように、一七世紀の終わり頃になると、一般庶民にとっても、一日に三回の食事――それ以前は、昼食は、「中食（ちゅうじき）」とよばれ、朝食と夕食の間にとる軽食を意味していた――が習慣になっていった。江戸の庶民もまた、外食を享受していたのである。

一八〇五年（文化二年）頃の日本橋から今川橋までの大通り（現在の中央通り）を

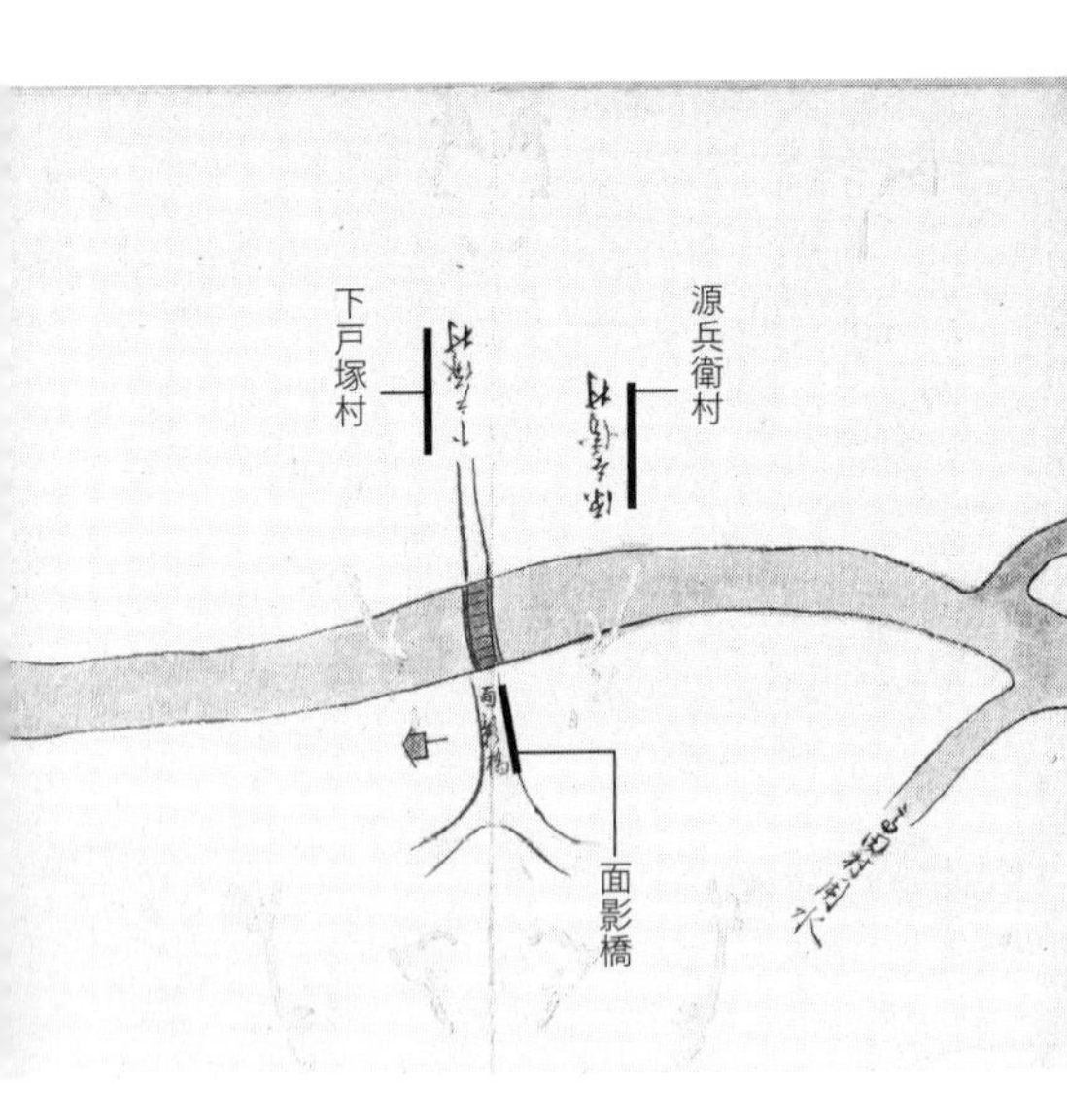

【図05】『神田上水々元絵図』（年代不明）。東京都立図書館蔵。神田上水の主水源である井の頭池から関口大洗堰までの水路。

描いた長大な絵巻に『熈代勝覧』という作品がある。ベルリン国立アジア美術館に所蔵されているこの作品は、現在では複製が制作されており、東京メトロ「三越前」駅地下コンコースに設置された壁画として公開されている。

この絵巻には、問屋や飲食店が所狭しと立ち並ぶ様子が、克明に描かれている。これを見ると、現代のファーストフード店が発明するずっと以前から、江戸の町の人々がいかに外食文化に親しんでいたかを想像することができる。この時代には、すでに江戸の町は、消費の都となっていたのである。

「水の都」としての江戸と神田上水

わずか一〇〇年ほどの間に、江戸の町は、数千人ほどしか住んでいなかった漁村から、当時のヨーロッパ最大

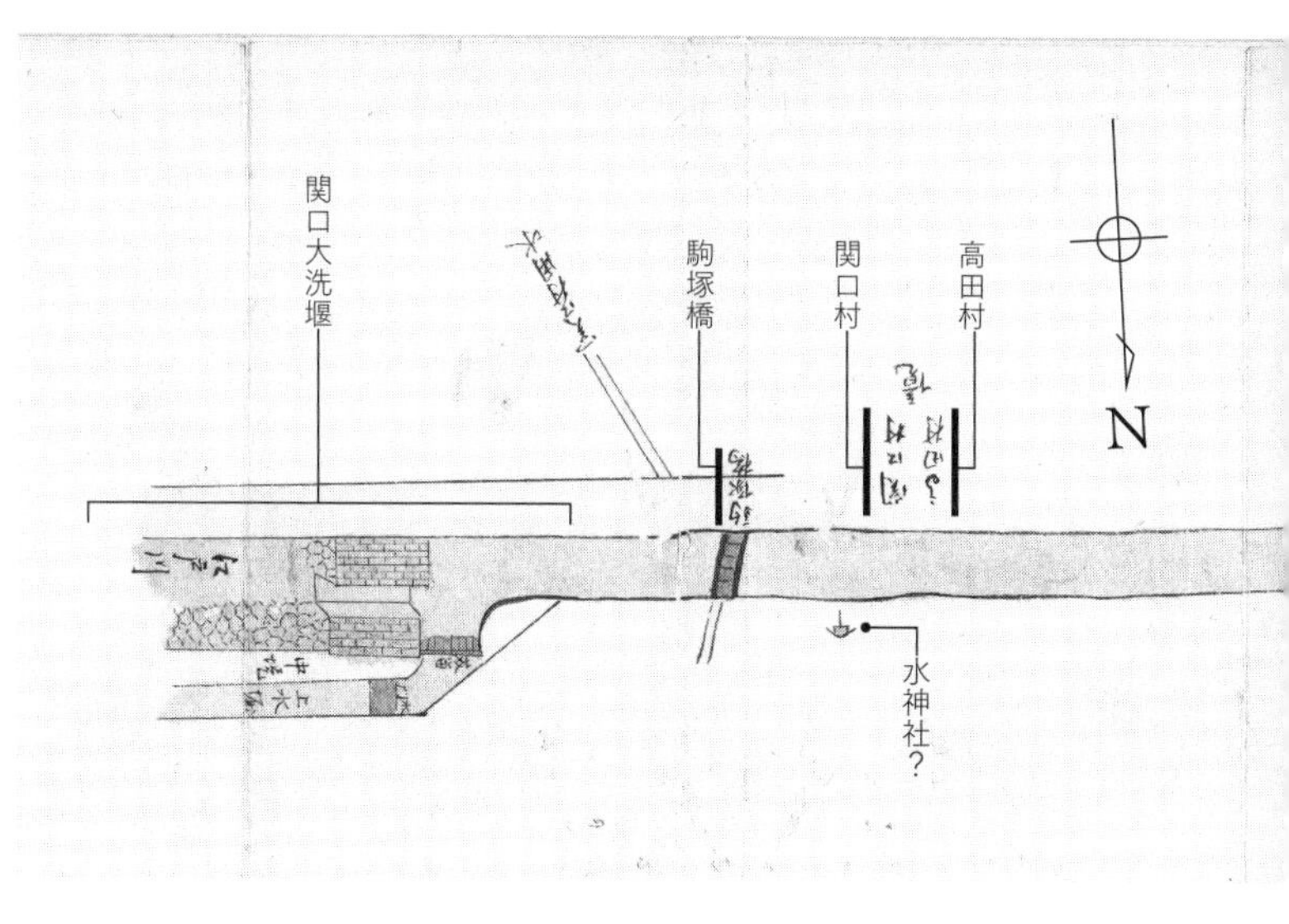

の都市だったロンドンをもはるかに凌ぐ、巨大で人口が密集したメガロポリスへと変貌を遂げていた。
上述したように、江戸の発展に不可欠なのは、生活用水の供給だった。したがって、上水道の工事は、徳川幕府の喫緊の課題だった。こうして建造された最初の上水道が神田上水だった。近代水道の創設にともなって、一九〇一年に廃止されるまでの期間、神田上水は給水を続けた［図05・口絵④］。
また、飯田橋、昌平橋、お茶の水といった場所で水路が開削される大土木工事が行われたおかげで、神田川の流れは、外濠（堀）に合流するようになった。「外濠（そとぼり）」とは、もちろん江戸城を防御するために掘られた外側の濠のことだが、この外濠は有力な大名や将軍直属の家臣の屋敷が置かれていた広大な敷地を区切る役割も果たしていた。
神田川は拡幅され、その流路は、まず東にむかって、

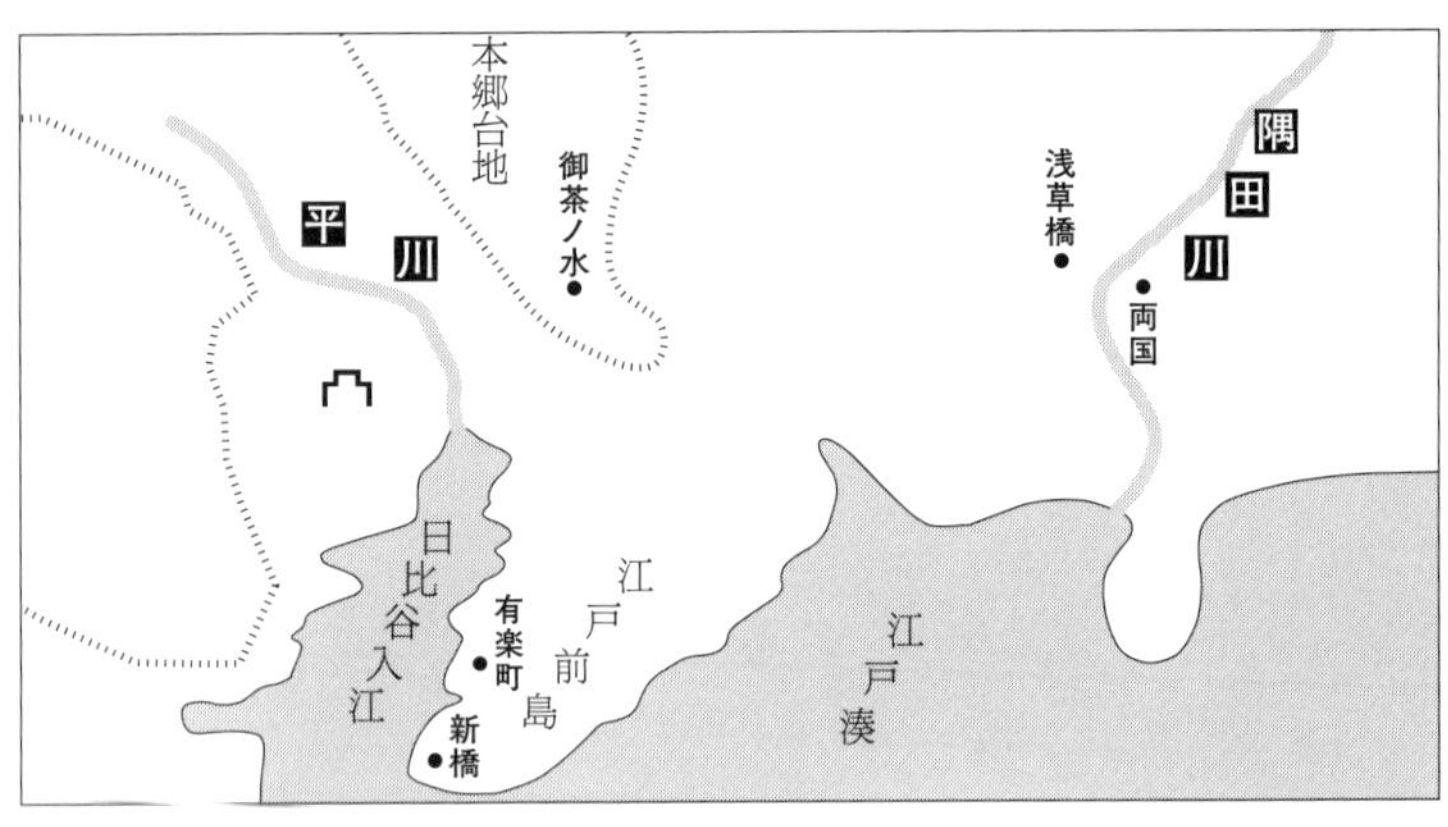
本郷台地
御茶ノ水
平川
浅草橋
隅田川
両国
日比谷入江
有楽町
江戸前島
新橋
江戸湊

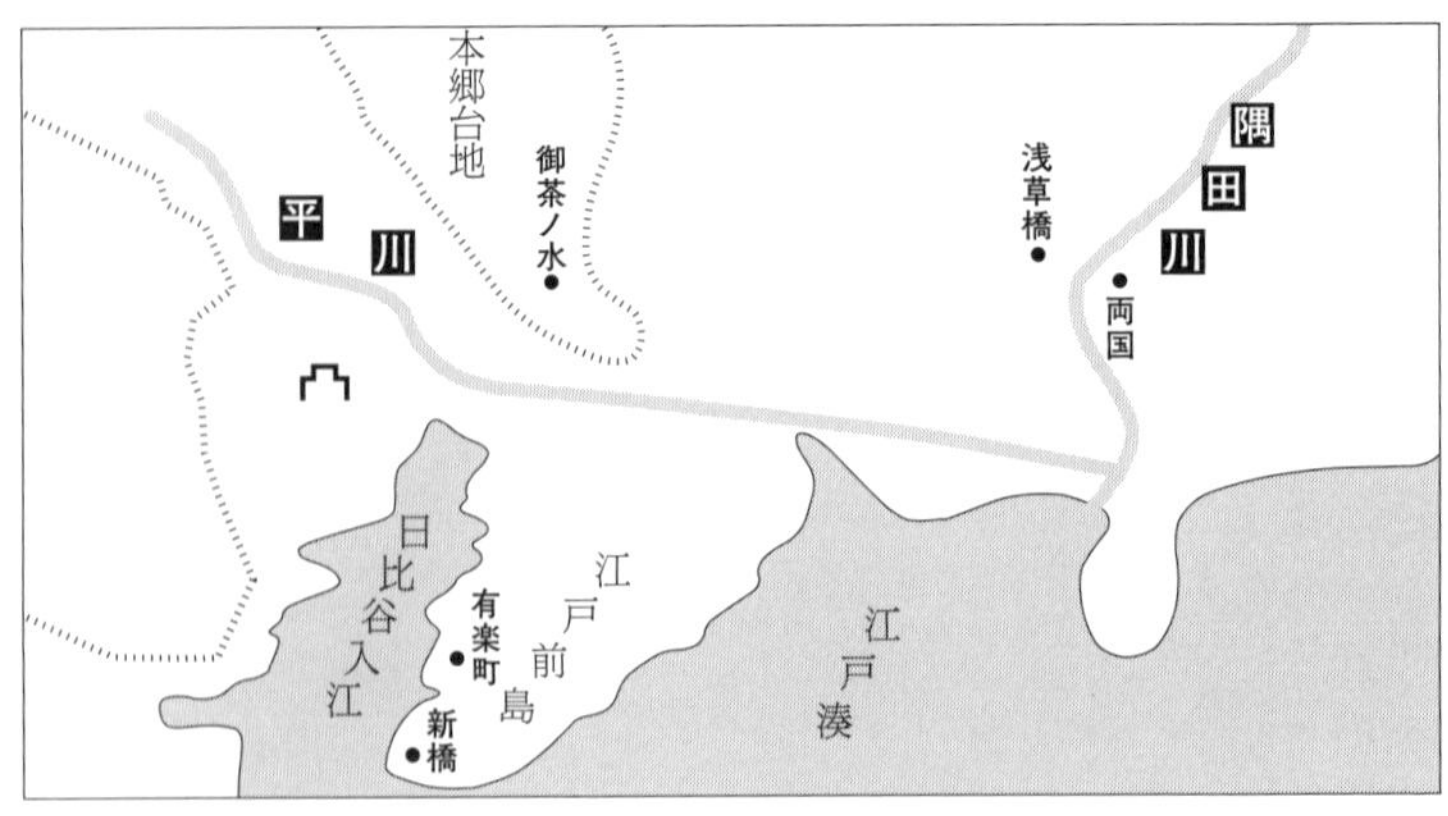
本郷台地
御茶ノ水
平川
浅草橋
隅田川
両国
日比谷入江
有楽町
江戸前島
新橋
江戸湊

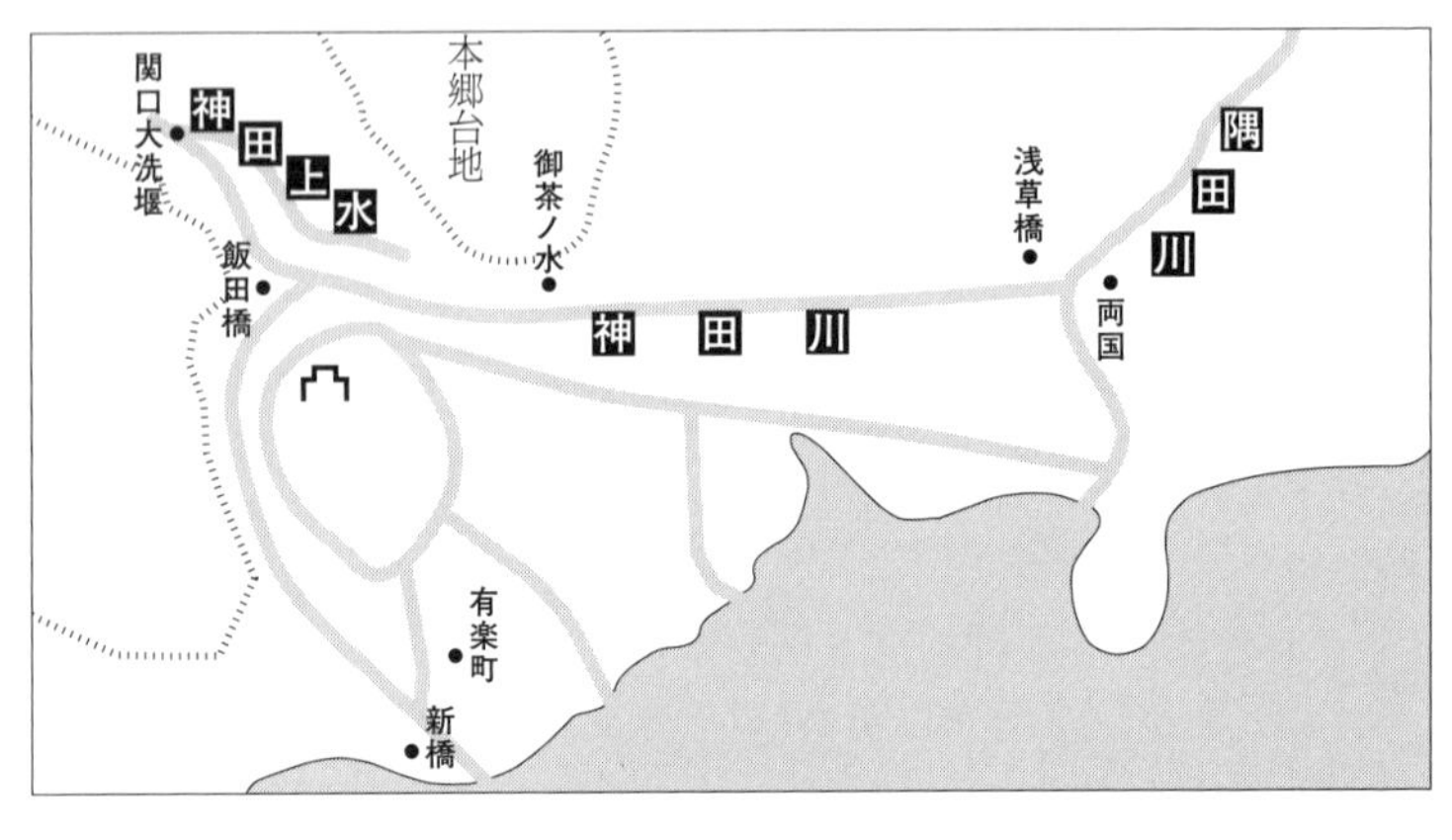
関口大洗堰
神田上水
本郷台地
御茶ノ水
浅草橋
隅田川
飯田橋
両国
神田川
有楽町
新橋

つまり日本橋の方向に曲げられた。それは、東京湾に流れ込んでいる隅田川に、神田川を合流させるためだった。

さらに次の工事では、神田川の流路は、やや北側に向けられ、現在の浅草橋あたりで隅田川に合流するようになった［図06］。

一六六七年には、神田川の水量を補うための工事が行われた。後述するように、助水堀を造り、玉川上水の水を引き入れることにより、これが可能になった。

神田川の流れは、江戸城を守る役割を果たしていただけではなかった。関口の大洗堰で神田川から分流した旧神田上水は、一六二九年に全工事が完成したと言われ、水戸徳川家の庭園である小石川後楽園の池や小川へと注いでいた。その給水領域は、旧神田地区の神田川以南の地域に加えて、日本橋区の全域と京橋区の大部分、それに麹町区の一部分である大手町にもおよぶようになった。

神田川は、交通路や輸送路としても重要な役割を担っていた。江戸の町を流れるべつの河川や掘割と合流しながら、神田川は増え続ける物資の配達にも一役買っていた。「水上の道」を通って、様々な品々が江戸に届けられ、また江戸市内を運ばれていった。

神田川は、一般庶民たちが数多く住み、彼らの経済活動の場でもある市内の下

［図06］古神田川の流路変遷の概念図。ウェブサイト「神田川逍遥（http://www.kanda-gawa.com/pp004.html）」を参考に作成。
（上）は、太田道灌が江戸に入城する前の図。古神田川といわれる平川は、現在の皇居前広場まで広がっていた日比谷入り江に流れ込んでいた。
（中）道灌は以前の流れを隅田川に直接流すように改めた。その結果、今の日本橋川とほぼ同様の流れになった。
（下）徳川幕府の時代になると、神田川を江戸城の外堀として機能させるため、現在の飯田橋付近から東流するように改められた。
〈前頁〉

町にも流れていた。この川の流れに沿って、商人たちによる活気溢れる都市生活が繰り広げられていた。

一次産品や贅沢品を消費する、消費の都へと姿を変えた江戸は、河川や掘割の河岸も整備する必要があった。やがて岸辺には、様々な商品を保管したり、輸送したりするための蔵（江戸には土蔵が多かった）が立ち並ぶようになった。これにより、頻発していた火災から商品が守られるようになり、同時に、こうした蔵は、延焼防止の役割も担っていた。

江戸との交易が飛躍的に増え、また江戸市内の商業活動が拡大していくことにより、掘割の水際に立つこうした蔵は、ますます増えていった。その結果、水辺には独特の景観が生まれた。

イタリアの建築・都市史を専門としながら、江戸の都市にも造詣が深く、江戸東京学の牽引者の一人でもある陣内秀信が『東京の空間人類学』のなかで述べているように、豪奢な館が、運河のなかの景観の良い場所を独占していたヴェネツィアの場合とは異なって、蔵で埋め尽くされた岸辺からは、遮られることなく、江戸の水の流れを眺めることができた。

神田上水は、地中に張り巡らされた木製の水道管（木樋（もくひ））通じて、江戸市内のあらゆる地域に飲料水を供給した。また、この木樋に繋がれたさらに細い竹製の水道管（竹樋）を通じて、水は共同の上水井戸にも貯水された。そして、その水は飲料水として使用されていた。各家庭の洗濯や掃除に用いられていたのは、掘割から直接くみ上げて井戸に貯水した水だった。

こうした井戸を持つことができるのは、裕福な家に限られていた。イギリスの日本研究者チャールズ・ジェイムス・ダンが書き記しているように、庶民が住む地域には、一般的には共同井戸があり、その水は近隣の人々が共同で使用していた。井戸水は各自でくみ上げ、その水は、通常は一階に設けられた台所へと運ばれた。そこは土間になっていた。人々の出入りに際して、履き物を脱いだり履いたりしないで済むからだった［Charles J. DUNN 一九七二］。

井戸の周りでは、洗濯をしたり、米を研いだり、あるいは飲料水をくみ上げたりといった、日常の様々な活動が繰り広げられた。こうした日々の営みが、地域社会の一員であるという共通意識を育ませ、彼らを強く結びつけていた。

近年になり、東京の色々な場所で地下が掘り起こされ、井戸、厩（うまや）、池、水を引くために使われた上水木樋（じょうすいもくひ）など、数多くの江戸の遺構が発見されている。こうした調査のおかげで、水の存在によって、いかに江戸の生活に活気が与えられていたかが明らかになってきた。

江戸時代の初めの数十年間は、神田上水だけで、江戸の町で必要とされている水の約四分の一を供給することができた。しかし、それから数十年後には、江戸の城下町は大都市へと成長を遂げた。とはいえ、当時の江戸の人々は、市域がどの範囲におよんでいるのか、明確には理解していなかったようである。

その後間もなくすると、発展し続ける江戸の町に対して、神田上水は水の供給を約束できなくなった。そこで、まず人工的な溜め池（現在の東京メトロ溜池山王駅の近くで、江戸の町の南西の方角にあった）が建設され、続いて、一六五三年に完成されることになる玉川上水の設置工事が開始された。全長が四〇kmを超えるこの上水道が完成すると、江戸の住民の半数以上に飲料水を供給できるようになったといわれている。

こうして地下には水道網が張り巡らされていった。しかしながら、江戸中期の儒学者である室鳩巣（むろきゅうそう）（一六五八―一七三四）は、この水道網こそが大地を枯渇させており、これが江戸の町で火災が頻発する要因になっていると考えていた。

室鳩巣の理屈はいささか極端にも思えるが、ともあれこの見解を踏まえて、徳川幕府は神田上水と玉川上水だけを残して、残りの四つの上水道を廃止したといわれている。

江戸の町では、水道奉行や水奉行に仕える水番人に任命されると、町全体に水を供給する体制の管理と水質の衛生基準の保障を任された。この水道奉行と水番人は、江戸のなかでも多忙を極めた役職だったと考えられている。というのも実際に、水質を管理するために、幕府は数々の法令を発布していたからである。前述のスーザン・B・ハンレーによれば、一六四八年に発布された法律では、江戸市内と近郊のすべての河川の川辺から、掘っ立て小屋と便所を撤去するように命じられ、その二年後には、さらに厳格な規制が加わった。

さらに、一六五五年の法律では、あらゆる廃棄物の河川への投棄が禁じられ、隅田川の対岸に位置する永代島が、その廃棄場所として新たに定められた。この法律によって、廃棄物処理という事業が生まれた。これは、かなりの利益が見込まれる仕事でもあった。海辺を埋め立てて造成された土地は、ゴミの請負業者の所有となったからである。ゴミ処理場には町の廃棄物が集まり続け、そこに土地が造成されていった。またその土地が、宅地として利用されることもあった。一八二〇年代には、少なくとも八〇もの請負業者が、ゴミ収集と埋立地開発の仕事に従事していたとされている。

これらの法令のなかには、人の排泄物に関するものもあり、糞尿を水路に流して処理することが禁止された。同時に、糞尿は上質の有機肥料としても利用されるようになり、物々交換で譲り渡されたり、買い取られたりすることもあった。こうした政策のおかげで、当時の江戸は、世界で最も衛生管理のゆき届いた町になったといわれている。

考古学者・歴史学者の古泉弘は、排泄物を集めて農地へ運ぶことは、大名屋敷でも行われていたという説を唱えている。当時の厠（便所）は、単なる「土抗」（地面を掘っただけの穴のこと）だったと考えられてきたが、屋敷の跡からは、その「土抗」の遺構が発見されていないというのがその根拠だった。

ともあれ、徳川幕府が管理を行っていた上水道は、明治維新によって、管理が明治政府に引き継がれた。一八九〇年に東京で初めて造られた恵比寿ビールの製造にも、この上水道の水が使われたとされている。

神田上水をはじめとする壮大な上水道工事によって完成された、江戸の上水道と張り巡らされた掘割のおかげで、江戸の町にはいつでも、豊富な量の水が供給されていた。その上水道のシステムは、江戸の住民が負担する、いわゆる「水銀（みずぎん）」とよばれる税によって成り立っていた。こうして徴収された公共料金は、上級武士たちが住んでいる、豪奢な邸宅を囲んでいた池に水を満たしたり、市内の数ある湯屋（ゆや）（銭湯のこと）に水を供給するなど、様々な目的に使用された。

当時の公共浴場は、朝六時から夜の六時まで営業しており、様々な社会階層に属する人々が、体を清め、心身の休養のために通っていた。湯屋は、情報交換や噂話の場にもなっていた。

当時の湯屋では、男女の浴場は区別されていた。湯船が一つしかなければ、日替わりで男女が交代で入浴していた。男女混浴いわゆる「入込湯（いりこみゆ）」が許されていたのは一七九一年までで、それ以降は、風紀が乱れるという理由で、混浴は幕府によって禁止されていた。

式亭三馬（一七七六―一八二二）は、湯屋の典型的な光景となっていた混浴の様子を、『浮世風呂』（一八〇九―一八一三）のなかで、風刺を効かせた筆致で描き出している。『浮世風呂』は、江戸の湯屋を舞台に描かれた滑稽本であり、四編九冊からなる作品である。

歴史学者の西山松之助は、この作品で主張されているのは、「いったん銭湯に足を踏み入れてしまえば、賢き者も愚な者も、正直者も放蕩者も、富める者も貧しき者も、生まれてきた時のように裸になってしまえば、みな同じである。見て

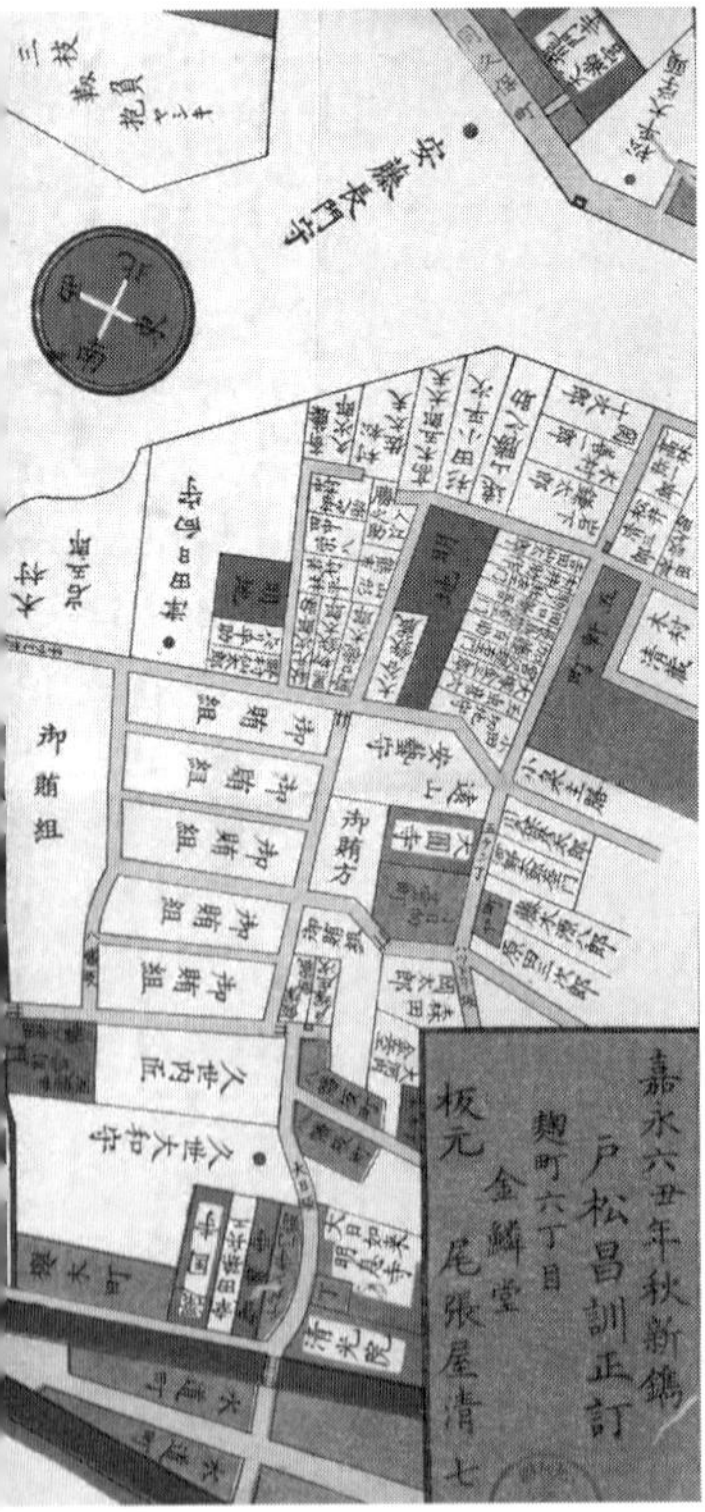

くれからは、人の貴賤など分かりはしない」ということだったとしている。

江戸の町の上水道は、市民の誇りでもあった。江戸で暮らす人々は、上水道の水で育ったことを自慢の種にしていたという。これが、江戸幕府のお膝元で良い暮らしをしていることの証であり、「江戸っ子」の特徴の一つでもあったようである。

一八世紀の後半には、通俗的で辛らつな「当世風の作品」が人気を博した。その一つにある洒落本があった。作者の山東京伝（さんとうきょうでん）（一七六一―一八一六）は、その作品のなかで、「江戸っ子」の特徴をこと細かに定義している。そこで、江戸っ子の条件の一番目に挙げられているのが、「産湯に水道の水を使う」ということだった。

［図07］「雑司ヶ谷音羽絵図」『江戸切絵図』一八五三年（嘉永六年）。国立国会図書館蔵。

水は都市の新陳代謝にとって主要な要素であり、また住民の暮らしにも不可欠なものになっていた。この時代に生みだされた文学や図像・絵画の多くが、そのことを如実に物語っている。

陣内秀信は、ヴェネツィアを引

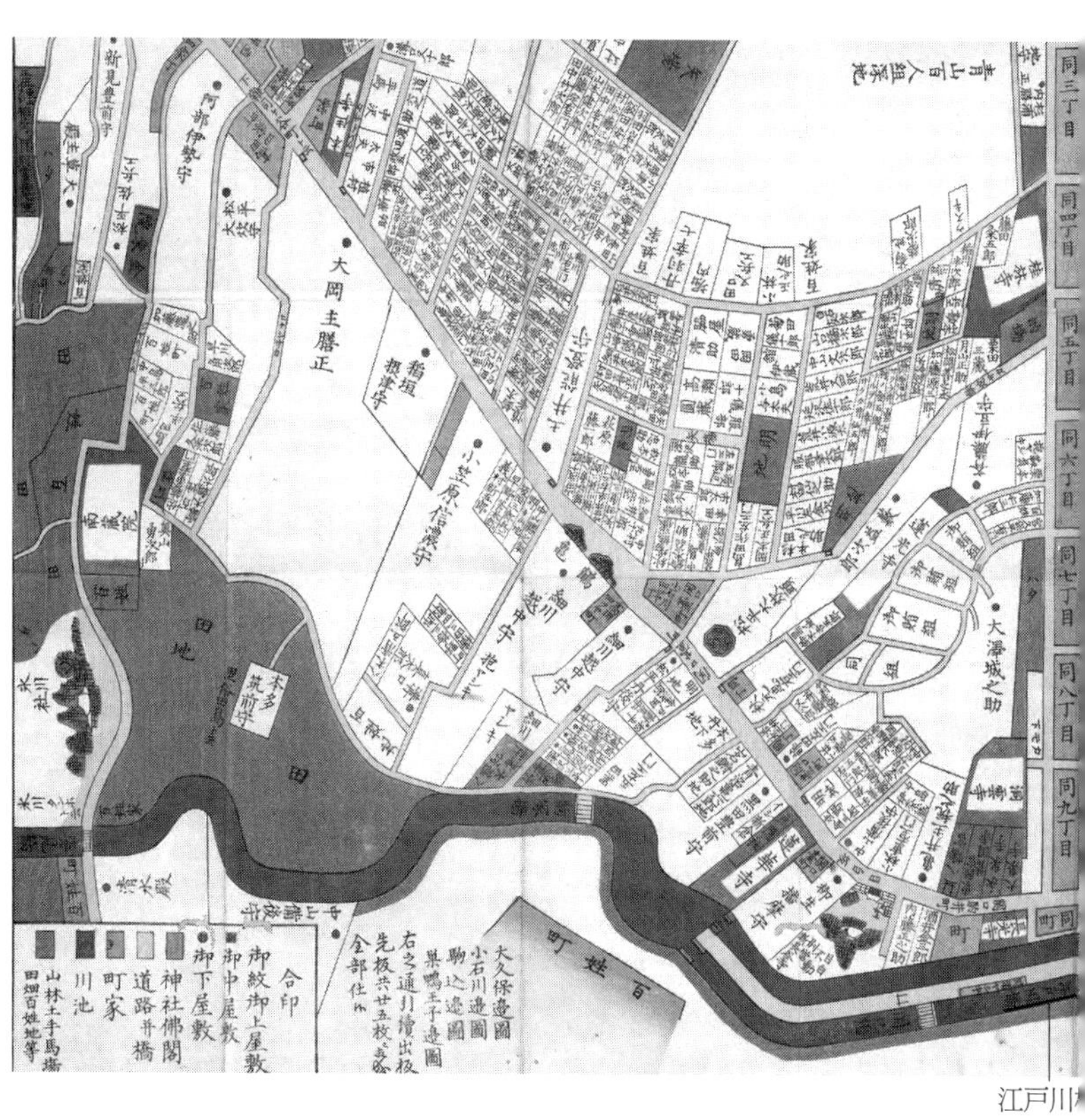

江戸川

き合いにだしながら、江戸はまさしく「水の都」であり、この二つの都市にはともに運河が張り巡らされていた。空間的、社会的、経済的、文化的地理環境において、どちらの都市でも同じように、水が重要な役割を果たしていたと述べている。

さて、神田川の流れに話を戻そう。早稲田の低地と椿山の高台との間を流れるこの神田川の中流部は、江戸川と呼ばれており、実際に一九六五年までは、そう呼ばれていた。

神田川は、かつては関口の大洗

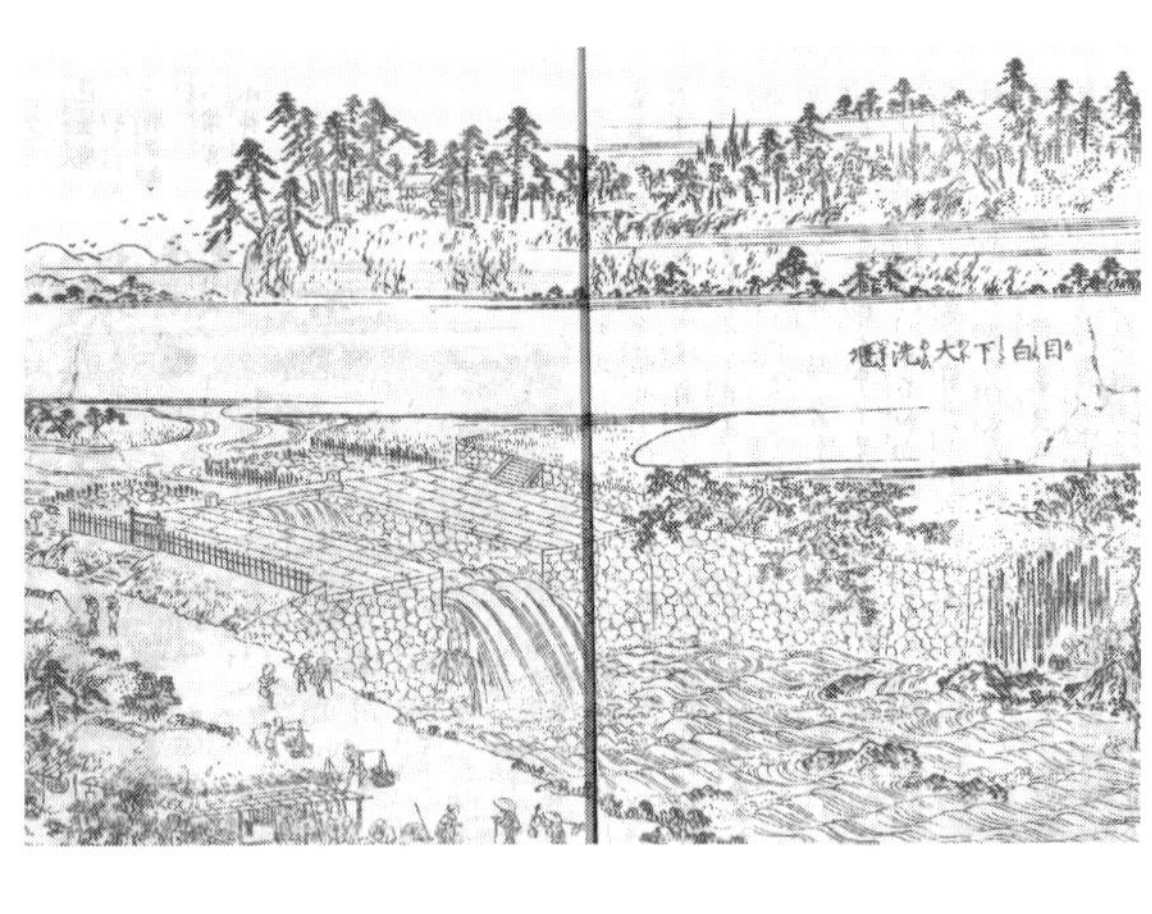

［図08］「目白下大洗堰」『江戸名所図会』一八三四―一八三六年（天保五―七年）。国立国会図書館蔵。三代将軍家光の時代に設けられた大洗堰は、神田上水の水を江戸の町に行き渡らせるための重要な設備だった。

堰（現在の大滝橋付近）の先で、二手に枝分かれしていた。その支流の一つがこの江戸川だった（江戸の町の東部を流れる利根川の支流にも同じ名称の河川があるが、同一の川ではない）［図07］。

この江戸川は、船河原橋そして飯田橋へと流れていき、かつての江戸城の外濠に注ぎ込んでいた。一方、関口の大洗堰で枝分かれした神田川のもう一つの支流は、先述したように、水戸徳川家の上屋敷（現在の小石川後楽園）に達していた。神田川が枝分かれしていた関口の辺りには、現在でも上水の流水量を調節するために用いられた石柱や堰の遺構が残されている。この地域に点在するこれらの史跡を眺めてみれば、この場所に広がっていた当時の風景を想像することができる［図08］。

関口の大洗堰の手前、早稲田の低地のそばを流れている神田川の流域も、かつては江戸川とよばれていた。地名をめぐる記憶が受け継がれていることは、古地図からだけでなく、同じ地域に、現在でも「江戸川公園」や「新江戸川公園」（現在の肥後細川庭園）といった場所があることからもわかる。

〔図09〕台地と谷地が交錯する江戸の原風景。江戸という地名の由来には諸説あるが、海水が入り込むところを示す『江』と、その入り口という意味の『戸』から、『江の戸口』を示す言葉となっているようである。江戸のまちの中心は、当時は日比谷入り江の奥に位置していた。今の中央区の中心は日比谷入り江を隔てた江戸前島という半島のような部分であった。『江戸』の地名が歴史上に現れるのは鎌倉時代である。当時の様子はというと、江戸湊の背面は広大な大地で、全体は葦やススキの生い茂る原野だったようである。(『江戸の町(上)―巨大都市の誕生』内藤昌(著)穂積和夫(画)草思社)

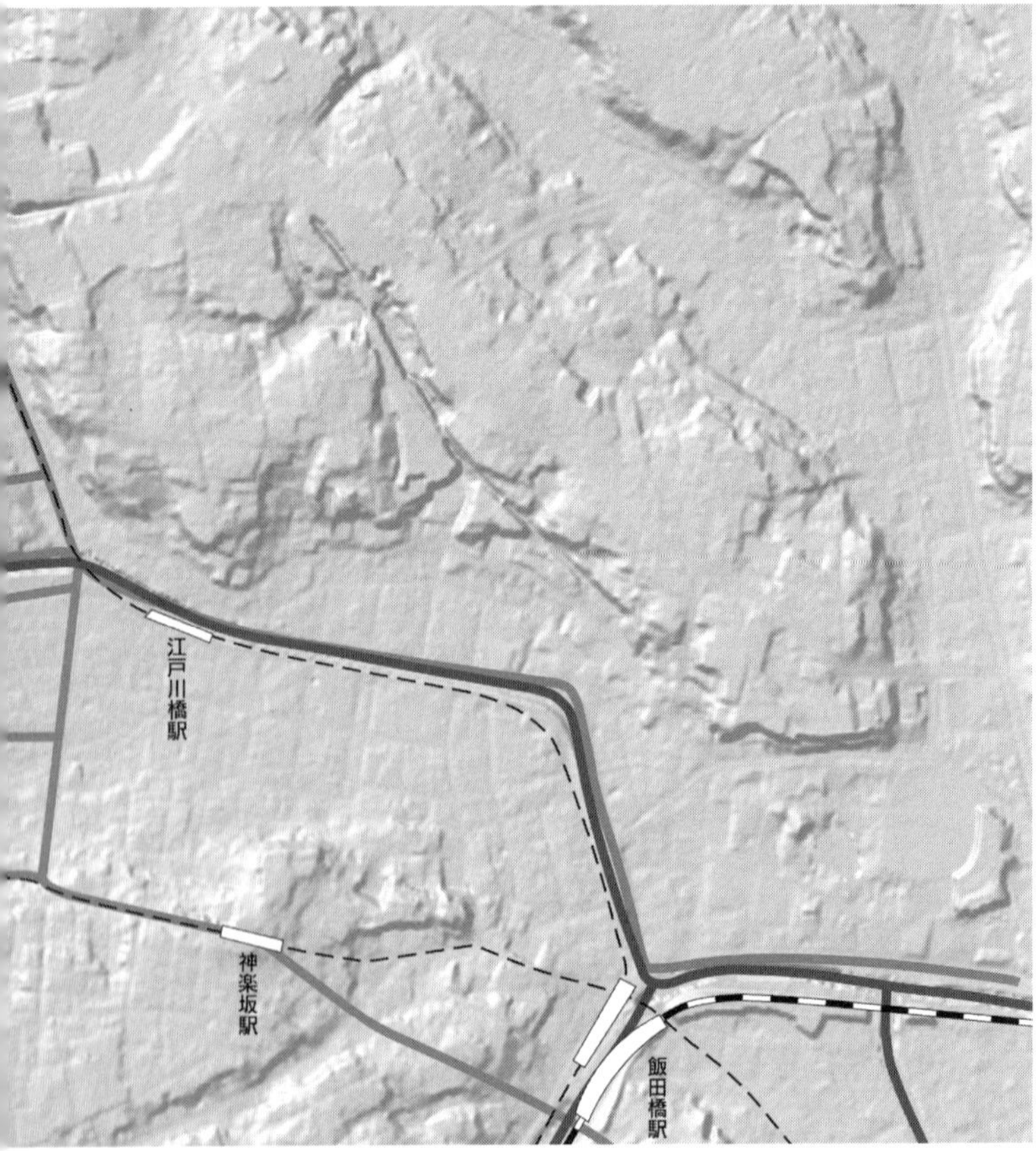

［地図02］早稲田・目白台・高田馬場界隈の起伏図。国土地理院地図を改変。

陣内秀信が述べているように、七つの台地と五つの谷地が交錯しているのが、江戸・東京の複合的な地形の特徴であり、その谷間を流れる河川の多くは、東京湾に流れ込んでいる［図09］。

そして、江戸時代には、こうした土地の形状が、いわゆる「山の手（台地）」には支配階級が暮らし、「下町（谷地）」には庶民階級が暮らすというように、社会的な住み分けとも対応していた。

早稲田の低地はというと、早稲田の南東にある牛込の丘

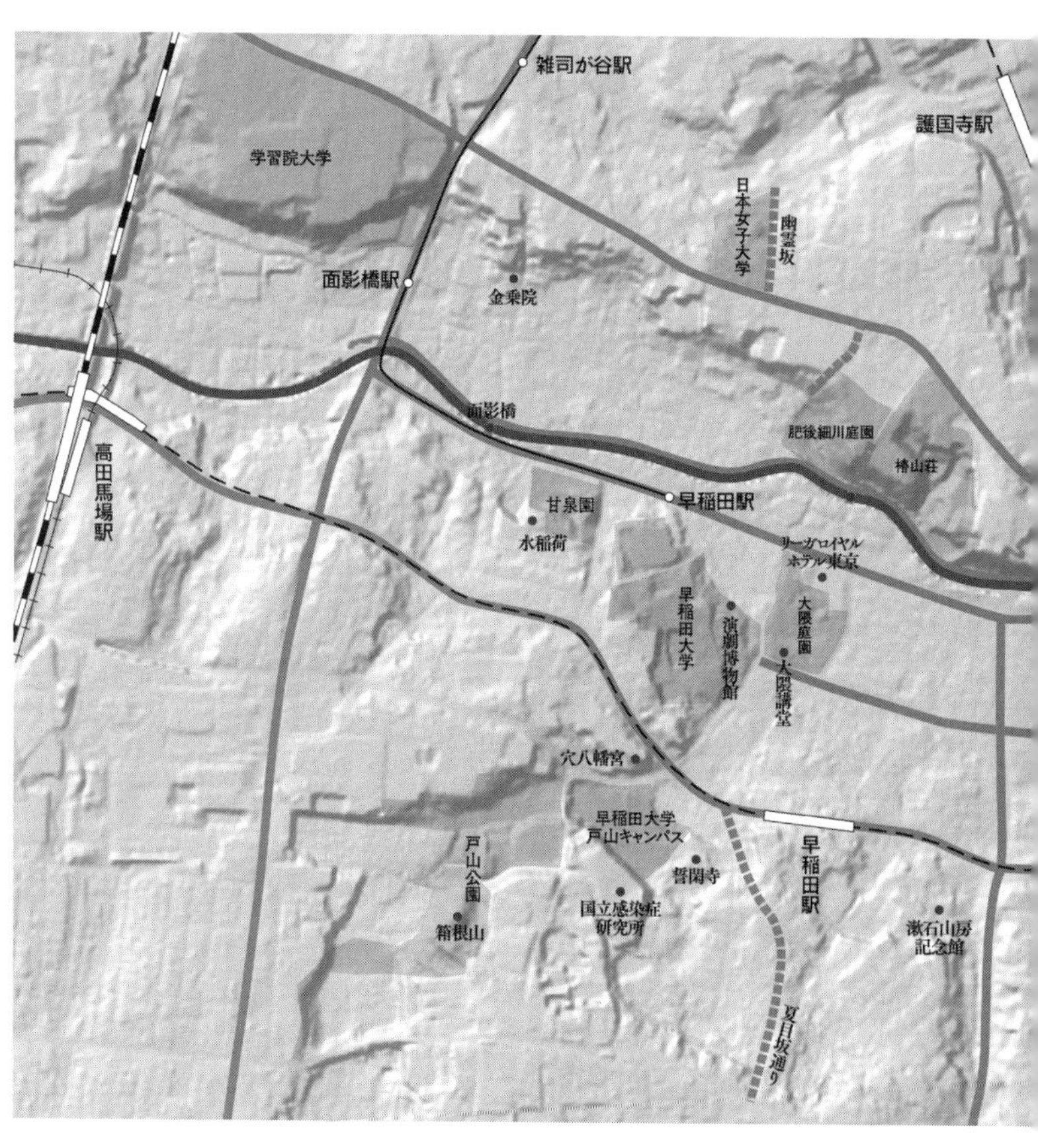

と、神田川の北側に広がる小石川から目白までの台地の谷間に位置していた。これから見ていくように、早稲田の低地は、江戸時代には江戸市内の一角を占めていた。とはいえ、この地域には、以前と変わりなく、田園や茗荷畑が広がっていて、河川の洪水にも悩まされていた。つまり、この地域は、都心部の水辺で繰り広げられる人や物の往来を身近に感じながら、実質的には郊外の特色を保持したまま、都会と郊外の境界線上に留まっていたことになる［地図02・口絵②］。

一七世紀の中頃になると、早稲田の低地の周辺にある台地や丘にも、様々な大名たちが屋敷を構えるようになった。この時代に起きたのが、極めて痛ましい出来事だった。一六五七年(明暦三年)一月一八日、江戸城の北にある本郷の本妙寺で、死者の供養を行っている際に生じた大火災のことである。

絶え間なく吹きつける北風に煽られて、火は江戸市内の大半の地域と江戸城にも燃え広がった。荒れ狂う炎は、三日間燃え続けたともいわれている。江戸の歴史を通じても、一、二を争うほどの大火災であったこの火事は、「明暦の大火」と名づけられ歴史に刻まれている。

一般庶民にとっては、この火事は、むしろ「振袖火事」として記憶されているかもしれない。亡き娘の供養に振袖を燃き捨てようとしたことが、出火の原因とされていたからだった。

江戸の町の大部分は、この大火により灰燼(かいじん)に帰した。それにも関わらず、この町は、後に不死鳥のように蘇り、世界一の大都市へと成長を遂げていったのである。

第二章

江戸から大江戸へ

——振袖火事と早稲田界隈の下屋敷の誕生

明暦の大火と江戸の展開

早稲田は、戸山ヶ原（現在の新宿区戸山）の台地から、神田川沿いの低地にまたがる地域である。この地域は、かつては牛込村の字早稲田とよばれていた。相当に古い時代から、この地の高台や早稲田の低地へと続くなだらかな斜面には、いくつもの集落ができていた。低地は神田川のすぐ南側まで広がっていた。調査記録『穴八幡神社遺跡』に記されているように、こうした集落は、戸山遺跡、穴八幡神社遺跡、高田馬場三丁目遺跡、下戸塚遺跡の場合では、その起源を弥生時代（紀元前四、五世紀―紀元後三世紀ごろ）にまで遡ることができるという。このうち下戸塚遺跡の場合には、弥生時代後期の初頭から末期にかけて、この地で栄えていた環濠（かんごう）集落の跡が残されている。この集落を囲っていた深い溝は、今でも早稲田大学の中央図書館の地下に眠っている。この地域は、江戸時代にはいると、「山の手」の周縁に位置する農村地帯として発展を遂げていった。

現在の西早稲田はというと、かつての戸塚町と諏訪町の一角に相当している。諏訪町の町名の由来となっているのは、九世紀初頭の創建と伝えられている新宿諏訪神社である。

一一八九年、神社に立ち寄った源頼朝（一一四七—一一九九）は、鎌倉幕府の開府に向けて、藤原泰衡（一一五五—一一八九）を討伐するための祈願を行ったとされる。そして凱旋の後には、頼朝は、感謝のしるしとして、神社の境内に社殿を造営させたという。

この新宿諏訪神社は、現在の住所で高田馬場一丁目にある。神社には新宿区立諏訪の森公園が隣接していることからも分かるように、以前この場所には木々が生い茂っていた。

この森には、和歌に秀でた歌人であり、また貴族の理想を体現した人物として知られる在原業平（八二五—八八〇）にまつわる伝承が残されている。在原業平が連れ合いと旅をしていた折、森のなかで道に迷い、二人は離ればなれになってしまった。仕方なく一夜を大木の下で過ごしたが、目を覚ましてみると、実は二人はすぐそばにいて、再会することができた。それがこの諏訪の森だった、という伝承である。それ以来、この場所は、「思索の森」、あるいは「恋の森」として知られるようになった。

諏訪神社とその界隈は、挿絵入りの江戸および近郊の名所地誌である『江戸名

所図会』（一八三四―一八三六年の期間に、七巻二〇冊で刊行）にも描かれている。江戸風俗史の資料として、記念碑的な作品である同書は、親子三代にわたって書き継がれ、斎藤月岑（さいとうげっしん）（一八〇四―一八七八）によって完成された［図10］。

都市の活気に満ち溢れた生活とくらべると、以前は、早稲田はのどかな郊外だった。しかし、一六五七年以降は、都の西北にあたるこの地域も、徳川幕府が乗り出した荒波にもまれていくことになった。

すでに述べたように、この年、江戸の町は明暦の大火に見舞われた。大火は江戸の六割を焼き尽くし、火の手は江戸城にもおよんだ。犠牲者の数は、一〇万人を超えたといわれている。この数は、当時の江戸の人口の七〜八人に一人に相当していたと考えられている。

江戸幕府の政治史を専門とする原史彦によると、旧江戸の区域内に、明暦の大火以前からあった建造物はというと、現存しているものは、わずか一一五件だけである（現

〔図10〕「諏訪谷村　諏訪明神社」『江戸名所図会』一八三四―一八三六年（天保五―七年）。国立国会図書館蔵。諏訪谷村（すわやむら）諏訪明神社の挿絵では、右側の山門から参道を進むと、右に「かね」、「神楽所」を見ながら「拝殿」、「本社」に至る。挿絵の左側には「別当　玄国寺」がある。
〈前頁〉

地に残るものが一二件、埼玉県や神奈川県などの県外に移設されたものが一三件ある）。

そうした時世について、

武蔵野は　月の入るべき山もなし　草より出でて　草にこそ入れ

と詠われていた古歌をもじって、ぞっとするような諧謔（かいぎゃく）をまじえて、大惨事を生き延びた人々の様子を伝えているのが、以下の狂歌である。

武蔵野は　人の入るべき家もなし　薦（こも）（荒く織ったむしろのこと）より出でて　薦にこそ入れ

明暦の大火が、江戸の町を襲った唯一の火事だったわけではない。けれども、これが最後の火災ともならなかった。これ以降も、驚くべき頻度で、火事は発生し続けたからである。ともあれ、明暦の大火が、江戸のすべての歴史を通じて、未曽有の大災害であったことは疑いようがない。人々の暮らしや都市の形態という点でも、この大火は、もっとも深刻な爪痕を残した災害となった。

江戸の町が復興にむけて動き出したのは、この大災害から、わずか数週間後のことだった。この間、都市防火や財政支出の制限といった観点から、様々な対策が講じられた。

具体的な対策の一つとして施行されたのが、たとえば建築規制だった。これにより、武家地および町人地において、屋根防火の観点から、瓦葺(かわらぶき)の屋根が推奨されるようになった。武家の屋敷が豪奢になりすぎぬよう、制限されることもあった。明暦の大火以前は、大名屋敷には精緻な装飾がされていたが、限られた資源の無用な浪費だと幕府が見なすようになったからである。

さらに、諸大名が被った莫大な損失を軽減するために——大火後には、大名たちは屋敷の再建を余儀なくされていた——参勤交代の制度が一時的に停止された。

これ以降も、江戸の町は、一七七二年の大火災(明和の大火)や、数えきれないほどの火災を引き起こした一八五五年(安政二年)の巨大地震など、多くの天災に見舞われたが、その都度、幕府からは救済措置がとられた。市民には救済金が与えられ、諸大名や旗本に対しては、それぞれの分限に応じて、御下賜金や拝借金が支払われた。

以降、建築現場での骨組み作業から、兵法あるいは地形学にいたるまで、様々な分野の専門家を登用することにより、江戸の復興計画は進められていった。復興作業は、北条氏長(ほうじょううじなが)(一六〇九—一六七〇)が指揮した測量に基づいて行われた。

ここで用いられた技術は、「三角測量」だった。この技術は、長崎の出島に幽閉されていたオランダ人から学んだものだった。この測量調査は、将来的な拡大を見越していた都市の周辺地域でも重宝された。そして実測に基づいて、二四〇〇分の一と二六〇〇分の一の縮尺で作成された地図（『明暦（万治）江戸実測図』）は、当初は、機密文書として幕府によって保管されていた。

しかし、江戸城内郭の様子は記載せず、空白にしておくことを条件に、後にこの地図は刊行されることになった。その後は、この地図を基に作成された、様々な地図が市場に出回った。そのなかで最も有名なものが、『新板江戸大絵図・新板江戸外大絵図（寛文五枚図）』（一六七〇）だった。この地図は、入手できる地図としては、最も正確なものとされ、明治時代の初めまで使用されていたほどだった。

火災のリスクから町を守るために、徹底した防火対策が採用された。そのうちの一つが火除地（ひよけち）の設置だった。火除地とは、都市の中心部の混雑を解消したり、また道幅を拡幅したりすることによって設けられた、延焼防止のための防火地帯のことである。火除地の設置は、江戸城の周辺から進められた［図11］。

明暦の大火の際には、――江戸城から鉄砲などを持ち出す場合に備えて、蔵には火薬が保管されていたが、火の粉はこうした蔵にもおよんだ。炎は次々と蔵に燃え移り、最後には将軍の命すらも脅かすほどだった――江戸城内の北側と東

［図11］火除地　歌川広重「筋違内八ツ小路」『名所江戸百景』一八五七年（安政四年）。国立国会図書館蔵。明暦大火の後に筋違橋門（画中では右に見切れている）に隣接して設けられた火除地。画面奥（霞で表現されている部分）は神田川。その手前には火除土手が見える。土手の切れ目は昌平橋。

側に建造物が、折り重なって建てられていたために、延焼はますます広がった。

それゆえ、尾張、紀州、水戸の徳川御三家（家康の子孫にあたる御三家には、「徳川」を名乗ることが許されており、将軍家に嗣子が無い場合、将軍職を継承する権利を持っていた）のように、大火以前に江戸の城内およびその近郊にあった屋敷は、城外に移転させられることになった。こうして、尾張・紀州徳川家の屋敷は麹町へ、水戸徳川家の屋敷は小石川へと転出した。代わりに、城内にあった屋敷の跡地は、吹上の庭や馬場・薬草園となり、火除地の役割を果たすことになった。

明暦の大火後には、江戸市内には焼死者の死骸がいたるところに積み重ねられていた。これらを火葬する際の危険性もあって、寺社もまた都市の中心から離れた郊外に移されることになった。江戸初期には、城下町の外辺地帯としての寺社地は、神田・駿河台・八丁堀などにあったが、それらの寺社は、それぞれ城外や郊外へと拡散移動していった。このとき、無縁仏を供養するために、隅田川の東岸に建立された寺院が、現在でも墨田区の両国にある、諸宗山(国豊山)無縁寺回向院だった。

大名屋敷や寺社が、城外や郊外に移転させられたことで、江戸の町の範囲は著しく広域化した。江戸市街地の拡大は、小石川・小日向・溜池における築地、木挽町海岸の埋め立て、本所深川の開拓と進められていった。こうして町は、「江戸」から「大江戸」へと変貌を遂げていった。

当時、かりに江戸の範囲が正式に定められていたとしたら(実際に、江戸の範囲はほぼ定まっていた)、一六四四年の時点で約四四km²だった江戸の範囲は、一六七三年には、すでに六三km²を超えていた。そして、一七九一年になって初めて、江戸の範囲は、江戸城から四里四方(しりしほう)(江戸城を中心に半径約八kmの範囲)と確定された。

一八一八年になると、犯罪が増加していたこともあり、市域を明確にする必要性が高まった。その結果、幕府は地図上に朱引きして、東西南北の方向の境界線を定めた。

江戸の拡大に関係していたのは、第一に武家地の存在だった。武家地は、一六四四年の時点で、江戸四四km²の範囲のうちの約三四km²、「大江戸」となってからも、約六三km²のうち、およそ四四km²を占めていた。江戸幕府は、大名の家臣の数を制限しようとしていたにもかかわらず、武家地に住んでいた人々の数は、江戸の総人口の約半数に達しようとしていた。

その後もこうした措置は度々取られたが、ほとんど成果は上がらなかった。ハーバード大学の研究員であったトシオ・ツカヒラのよると、たとえば、元禄時代（一六八八―一七〇四）には、彦根藩井伊家の江戸屋敷では約五〇〇〇人の家臣、加賀藩前田家の江戸屋敷では、約四〇〇〇人の家臣を江戸に常駐させていたことがわかっている。

さらに、一八世紀の半ばになると、藩主が江戸に不在の期間（いわゆる「留守居」が置かれていた期間）においても、前田家の屋敷では、一万人以上の家臣たちが江戸に居住していたとされている [Toshio G. TSUKAHIRA 一九六六]。

江戸時代のはじめに、三〇〇町ほどあった江戸の地区は（これらの地区は、これ以降に新設された地区と区別して古町（こちょう）とよばれる）、その後も着実に増加していった。そして一七一三年には、町並地（まちなみち）と名づけられた郊外の二五九地区の農地を含めて、江戸の町数は、全体で九三三町に達した。

武家地の急速な拡大にくわえて、明暦の大火以降には、人口の増加がつづいた。

前述のように、一七二一年に行われた全国人口調査では、江戸の総人口は、すでに一〇〇万人を超えていたと推定されている。

明暦の大火が、都市計画や都市空間に与えた影響は非常に大きかった。そして、明暦の大火を一つの契機として、江戸の町の西北にあたる地域にも、様々な大名たちが武家屋敷を構えるようになっていくことになる。

下屋敷の誕生

江戸幕府の成立から数十年のあいだに、諸大名は少なくとも二ヶ所の領地を拝領した。一ヶ所目の領地には、常時の住まいのための屋敷、もしくは、もっとも重要な屋敷が建設された。この屋敷は、「上屋敷」とよばれた。上屋敷は、大名が公務を行うための役所としての機能を果たし、幕府とのやりとりを円滑に行うために、江戸城の周囲に配置されていた。

もう一つの領地には、次に重要な屋敷が置かれた。この屋敷は、「中屋敷」とよばれた。中屋敷は、上屋敷が被災したり、一時的に使用不可能になった場合などの非常の際の住居として、あるいは大名の跡継ぎのための住まいとして用いられた。

そして、明暦の大火に見舞われた一六五七年以降になると、諸大名は江戸城から離れた郊外に、「下屋敷」を建設するようになった。コンスタンチン・ヴァポリスの研究によれば、その結果、諸大名は少なくとも三ヶ所の屋敷を維持しなくてはならなくなった。それどころか、さらに多くの屋敷を所有する大名も出現した。たとえば、鳥取藩池田家の場合は、合わせて一〇軒の屋敷を所有していたし、長州藩毛利家は九軒、紀州藩徳川家と仙台藩伊達家は、それぞれ八軒の屋敷を所有していた。

ともあれ、こうした拝領地については、近代における土地の所有権のような絶対性はなく、大名たちには土地の使用が許されていただけだった。（主君（将軍）の意にそぐわなければ、土地の拝領者の意思に反していても、敷地は強制的に返上（これを「上地（あげち）」という）・移転させられることもあった）つまり、この制度は、徳川幕府が、日本中の大名を拘束するための機能をも果たしていたのである。

ある研究によれば、江戸の諸大名と旗本・御家人に与えられた屋敷の総数は、一六八五―一六八九年の時点では三八一軒だった。しかし、一六九〇―一六九四年のあいだには一〇〇〇軒を超え、その後の五年のあいだに、二八〇〇軒を突破したとされている。その一方で、江戸における大名屋敷の総数を約六〇〇軒としていたり、武家屋敷の総数を七〇〇～一〇〇〇軒のあいだと推定してる研究もあり、その数値は確定されていない。

こうした大きな食い違いには、いろいろな要因が考えられる。まずは調査対象とされた時代の違いである。または、算出された数値が、大名屋敷だけの総数であったり、または大名屋敷のほかに、将軍家直参の家臣である旗本・御家人の屋敷も含まれている場合もある（江戸時代において、御家人は旗本より下位の武士であり、彼らは通常、幕府から俸禄を得ていた）。ちなみに、旗本と御家人は、この時代には合わせて二万人以上いたと考えられている。

これ以外の土地はというと、居住地とは別の目的で、武士階級に属する人々に割り当てられ、軍事訓練から耕作にいたるまで、様々な用途に使用されていた。こうした土地に建てられた屋敷のなかでももっとも多いのが、いわゆる抱屋敷だった。この土地は、本来は居住用に貸与された敷地ではなく、武家が購入した百姓地が、抱屋敷の用地として用いられることもあった。こうした抱屋敷は、郊外に置かれることが多く、しばしば下屋敷の周辺に建設された。

一六五七年の明暦の大火を境にして、武士たちの居住地の移動にも変化が現れるようになった。大火以前の武家屋敷の転居は、幕府の戦略的な目的を背景にして定められていた。あるいは、大名が転居するとしたら、左遷された場合か、徳川時代の初めの数十年間の都市の急速な拡大が原因になっていた。

明暦の大火の直後は、江戸の武家地の範囲は、都市防火などの目的で、多くの地域で再編されることになったが、これ以降は、武士たちの移動自体は減少していった。

武家屋敷の配置転換が落ちつきを見せたのは、寛文年間（一六六一―一六七三）のことだった。その後は、諸大名が、上屋敷、中屋敷、下屋敷という、少なくとも三ヶ所の屋敷を所有するという状況が一般化し、武家地の形成は、それなりに安定していた。

下屋敷は、当時の江戸の町のなかでは、郊外といえる地域に置かれることが多かった。というのも、下屋敷には、迫りくる火事の危険性から逃れるための、非常時の避難所としての役割があったからである。こうした下屋敷の性質上、敷地には国元（くにもと）からの物資や、全国各地から送られてくる逸品が貯蔵された蔵が移築されるようになった。これが理由で、下屋敷はしばしば蔵屋敷（くらやしき）ともよばれた。

しかし、郊外にある下屋敷にまで火の手がおよび、屋敷が半焼あるいは全焼してしまうことも、珍しくなかった。たとえば柏原藩(かいばらはん)織田家の場合は、江戸の上屋敷を一六回も再建しなければならなかったうえに、下屋敷についても、六度の建て直しを余儀なくされたといわれている。「江戸で火災が発生すると、民衆は困窮し、その影響は日本全国におよぶ」といわれるほど、頻発する火災は、諸大名の懐事情や民衆の生活に深刻な打撃を与えていた。

下屋敷が利用されたのは、江戸の中心近くにあった屋敷が、火災に見舞われた時だけではなかった。下屋敷は、大名たちの隠居後の住処としても用いられていた。あるいは大名が、束の間の休息を楽しむ場所としても、下屋敷は理想的だった。この屋敷にいれば、責任という重荷を下ろし、狂気じみた都市の生活から離れることができたからである。

下屋敷は、広い敷地に恵まれていることが多く、しかも都心部にある屋敷のように、建築上の制限を受けることも少なかった。そのため、地形の条件を活かして屋敷を造成したり、洗練された自然を利用して、敷地のなかに静寂に包まれた小宇宙を造り上げるなど、下屋敷は、大名の思いのままに造ることができた。

上屋敷、中屋敷、下屋敷は、所在地域の違いこそあれ、江戸の町の高台、いわゆる「山の手」とよばれる地域に置かれることが多かった。また、それぞれの屋敷の広さにも違いがあった。とはいえ、緑や自然に包まれた壮大な屋敷が、ある種の小宇宙を形成していたということでは、どの屋敷も共通していた。

こうした武家屋敷の様子は、アメリカ出身のお雇い外国人である、ウィリアム・エリオット・グリフィス（一八四三―一九二八）によって伝えられている。グリフィスは、明治初期に来日したが、後に記した著書『明治日本体験記』のなかで、次のような言葉を残している。

> 数マイル（一マイルは約一・六㎞）平方の屋敷街を想像していただきたい。［中略］敷地には森、祠（ほこら）、庭、池、築山など他と比べようもないほど美しい、人の手で造り上げた風景がある。

著書のなかで、「比べようもないほど美しい」と形容されたのは、とりわけ下屋敷のことである。こうした下屋敷は、先述のように明暦の大火の後に増加していった。この藩邸が置かれた地域は、今でこそ東京の都心の一部ではあるが、当時はまさに郊外といえる地域だった。こうした下屋敷の設置が、江戸の町のさらなる拡大に拍車をかける要因にもなっていた。

早稲田界隈においても同様の現象がみられ、見事な武家屋敷が建設されるようになった。そのうちの一つが、尾張徳川家の下屋敷で、洗練された高潔な美しさで名声を博すことになった。

戸山の尾張藩下屋敷とその周辺

早稲田界隈に居を構えた最初の藩の一つが尾張徳川家だった。尾張徳川家は、御三家の一つにも数えられ、将軍家に嗣子がいない場合、養子を出して、将軍位を継承することになる名門だった。約六二万石という石高(こくだか)からも、当時の尾張藩の勢力の大きさを窺い知ることができる。

尾張藩二代藩主であった徳川光友(一六二五―一七〇〇)は、一六六九年、下屋敷の一つを戸山(現在の新宿区戸山)の高田八幡に造営した。その当時築地にあったもう一つの下屋敷は、物資の輸送路として好立地だったため、主要な倉庫としての機能を担っていた。

この高田八幡という地名は、今日でも穴八幡宮の名で広く知られている、近隣の高田八幡宮に由来していた。社伝によれば、創建は一〇六二年に遡ることがで

きるという。戦からの凱旋の折、源義家が、感謝のしるしに、この地に兜と太刀を納めて祀ったのが始まりとされている〔図12〕。

歴史的な史料に高田八幡宮があらわれるのは、それよりもずっと遅く、そこでは創建は一六三六年とされている。御持弓組頭・松平新五座衛門直次が、この地に的場を築き、ここに生えていた二本の松をご神木と定め、弓射の守護神として八幡宮を歓請したのが、この宮の始まりということである。

一六四二年（寛永一九年）、小さな庵を造るために境内を一角を切り拓いたところ、ほら穴が現れて、その中から小さな阿弥陀如来像が発見された。その後、これを祀ったことから、同神社は、穴八幡の名称でよばれることになったと伝えられている。

さらに、その七年後の一六四九年には、江戸城の方角を向いた本社殿が造られた。こうして、穴八幡

［図12］二代歌川広重「穴八幡」『絵本江戸土産』一八五〇―一八五七年（嘉永三―安政四年）。国立国会図書館蔵。挿絵には、「穴八幡は尾州侯戸山の御館の傍にあり、此のあたり植木屋多く、四季の花物絶ゆることなし」とある。〈前頁〉

宮と江戸幕府との結びつきが強まり、その結果、数多くの将軍たちが、この神社を参詣するようになった［図13］。

ちなみに、一六四一年には、同じ敷地のなかに、別当寺（神社に付属して建てられた寺院）として放生寺が建立された。当時の神道は、仏教的な要素と混在（ある種の神仏習合思想の現れ）していることも多かった。

穴八幡宮には、尾張徳川家の下屋敷にかんする様々な文献が保管されている。この屋敷は、穴八幡に文字通り隣接して広がっていたからである。

日本建築史を専門とする小寺武久によれば、尾張家の下屋敷は、広大な敷地を有していたが、以前ここには、戸山村と和田村があった。この和田村の名は、この場所が、鎌倉幕府の初代侍所別当であった和田義盛（一一四七―一二一三）の領地だったことに由来していた。

また、この下屋敷は、戸山村と和田村という、二つの村の土地にまたがって存在していたため、しばらくは、「和田御屋敷」とも「戸山御屋敷」ともよばれていたが、その後は、広く「戸山荘」の名称で、人々に親しまれることになった。

尾張藩の大名が、幕府から戸山荘の敷地を拝領したのは、一六五七年の明暦の大火後のことだった。当時、尾張藩は、江戸城内から江戸城外へと上屋敷を移転

〔図13〕「高田八幡宮　世に穴八まんといふ」『江戸名所図会』一八三四―一八三六年（天保五―七年）。国立国会図書館蔵。図右下の急な階段が男坂、図左下の緩やかな階段が女坂。八幡坂の脇を通るのが現在の早稲田通り。男坂と女坂は今も残る。

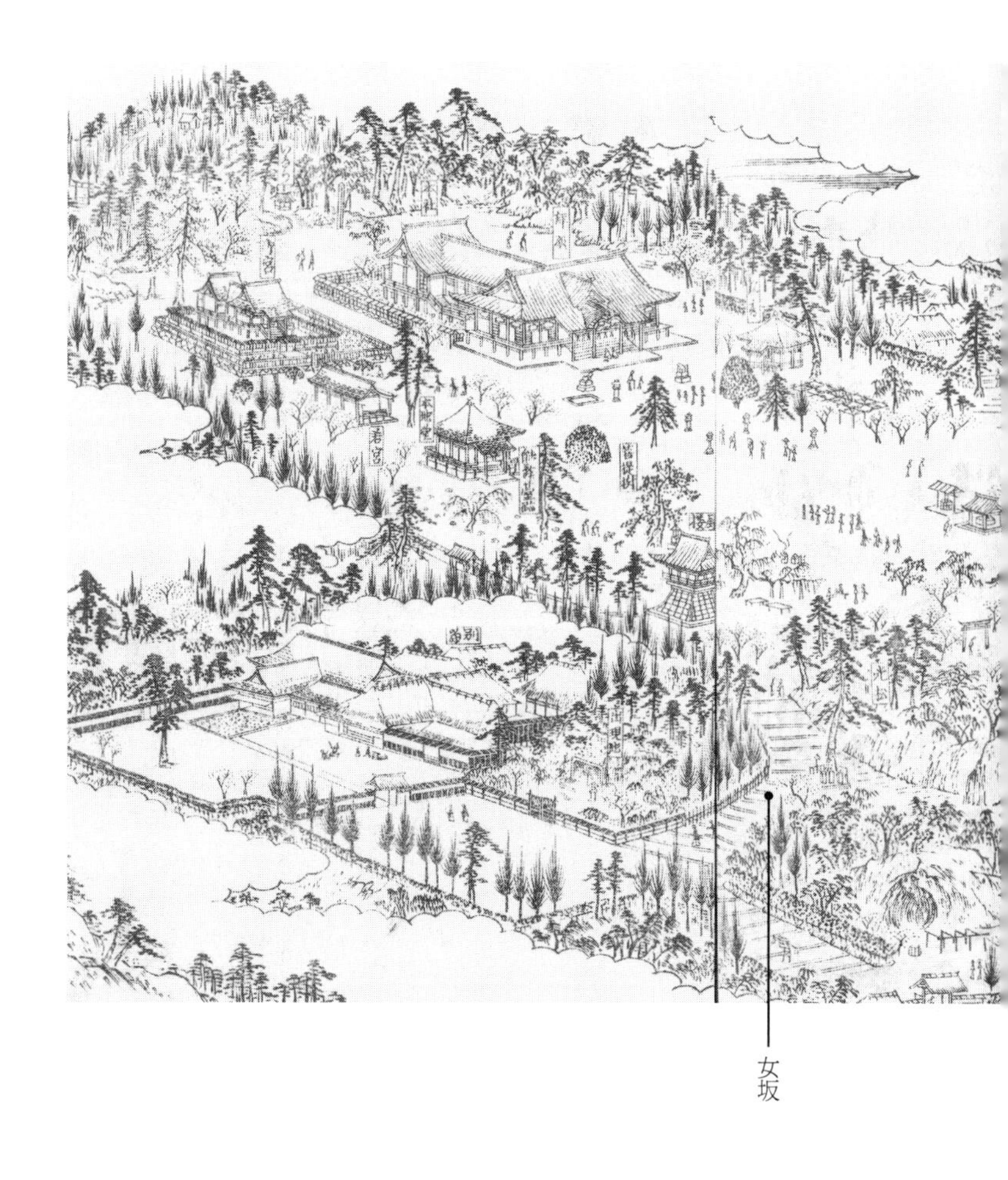
女坂

させることを余儀なくされていた。尾張藩の大名が、その賠償として譲り受けた戸山荘の敷地は、尾張藩の本邸があった市ヶ谷から、わずか四㎞の距離だった。

尾張藩が所有していた広大な屋敷地には、江戸時代を通じて、有力な武士から手に入れた数々の土地が加えられた。尾張藩の屋敷地は、江戸中に点在していたが、一八世紀末には二二ヶ所、幕末期では四三ヶ所あったことが知られている。戸山荘の敷地は、尾張藩が所有する屋敷のなかで最大だった。それだけでなく、この屋敷は、休息やくつろぎの場としての下屋敷の特徴をもっともよく備えていた［図14・口絵⑤］。

一六七一年、尾張徳川家の二代藩主だった光友は、以前から確保していた戸山の敷地に隣接する、広々とした敷地を幕府から与えられた。その結果、戸山荘の敷地は、合わせて一三万六千坪もの規模となった。この土地は、牛込、大久保、高田の地にまたがっており、江戸の大名屋敷のなかで最大規模のものであったと小寺武久は述べている。

東北の方角には穴八幡宮の杜を擁し、西には馬術場である高田馬場が設けられていたこの屋敷が、どのような様子だったかを想像するのは、容易ではないだろう。戸山荘の敷地は、現在の新宿区戸山一〜三丁目に該当し、その跡地は、今では

［図14］戸山荘・尾張藩下屋敷の全図『尾張大納言殿下屋敷戸山荘全圖』一七八九―一八〇一（寛政年間）。国立国会図書館蔵。
〈次頁〉

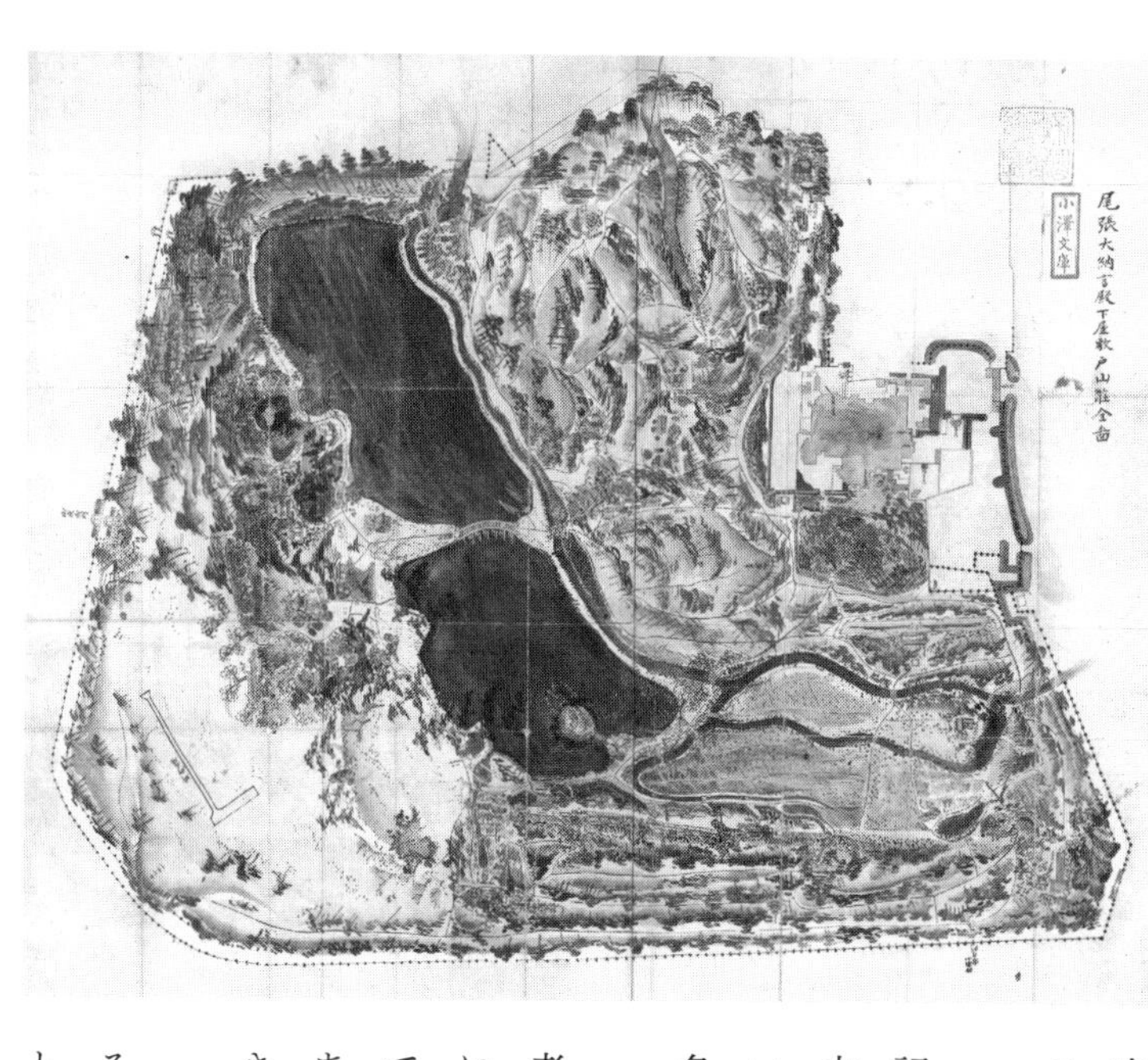

病院、公園、学校、店舗、住宅地などに活用されている。

私たちが触れることができるこの壮大な邸宅の記憶は、明治通りを挟んで広がる新宿区の東京都立戸山公園（箱根山地区）の敷地のなかに残されている。とはいえ、戸山公園の敷地は、尾張藩の大名屋敷であった戸山荘のごくごく一部にすぎない。

ともあれ、これまでに積み重ねられてきた研究、考古学的な発掘、あるいは古地図の活用をたよりにすれば、この屋敷がいかに広大な敷地に恵まれていたか、そして、どれほど贅を尽くした造りであったのかということに、思いを馳せることができるだろう。

東京都埋蔵文化財センターの内野正が記しているように、戸山荘は、高台やこう配があったりと、起伏に富んだ地形で知られていた。いくつもの「丘」や「山」によって造りだされた敷地内には、神田川の支流である蟹川が流れていることでも有名だった。敷地内の庭園の池は、この蟹川を堰き止めて築造されていた［図15］。

この有力な大名家の一族は、広々とした庭園のなかに、人々を魅了してやまない小宇宙を築き上げていた。この庭の存在は、江戸中に知れわたっていた。たとえば、庭園内には、有名な東海道五十三次が、そっくりそのまま再現されていた。庭園のなかでとりわけ有名だったのが、「箱根山」を模して造られた築山で、約四五ｍという標高をほこっていた［図16］。

この箱根山は庭園のほぼ中央にあり、水面約二万坪という巨大な池が掘削されたときに出た残土で築かれていた。尾張藩の記録によると、田畑を屋敷の敷地の一部として取り込まれてしまい、別の場所への替地を余儀なくされた百姓たちの難儀を救うために、一五歳以上の男女にこの土を運ばせて、幾らかの報酬を与えたとされている。

今日では、高層の建物やマンションが立ち並んでおり、当時の箱根山の様子を思い浮かべるのは容易ではない。しかし、当時この箱根山は、江戸の町でもっとも標高の高い、人工の築山であった。しかも、この築山は、現在でも残されてい

［図15］戸山荘・尾張藩下屋敷の敷地内の庭園の池『尾張公戸山庭園』一七九三年（寛政五年）。国立国会図書館蔵。〈上段〉

［図16］戸山荘・尾張藩下屋敷の箱根山『尾張公戸山庭園』一七九三年（寛政五年）。国立国会図書館蔵。〈下段〉

［図17］戸山公園内にある「箱根山」頂上からの夏風景　一九七二年（昭和四七年）。新宿歴史博物館蔵。背景には京王プラザホテル。

るのである［図17］。

箱根山の記憶は、早稲田大学の戸山キャンパスにほど近い、「箱根山通り」という通りの名称としても残っている。

試みに、早稲田大学の戸山キャンパスから一〇分も足を延ばせば、この築山の山頂にたどり着くことができる。そして、山頂に立ってみれば、江戸時代に、名立たる人々に称賛されてきた屋敷の痕跡を、垣間見ることができるだろう。

『東海道五十三次』のなかの「小田原宿」を思い出してみよう。戸山荘の庭園では、箱根山のすぐ間近に、小田原宿を模した町並みが表わされていた。これは、実際の宿場町を庭園内に忠実に再現したものだった。

戸山荘の敷地には、この土地に以前からあった寺社も組み込まれていたし、あるいは寺社が新たに創建されることもあった。そのなかには、大名の国元の氏神が祀られている神社もあった。江戸の武家屋敷の敷地に氏神を祀ることは、諸大名によっても広く行われていた。また、戸山荘の広大な敷地では、稲などの作物の耕作にも土地が割り当てられていた。

さらに、敷地内には陶器を焼くための窯も設置されていた。そこでは、瀬戸出身の陶工たちが、尾張の国の陶土を使用し、独自の技法を用いて、丹精込めて美濃焼を作陶していた。こうして作られた製品が、贈答用として用いられることで、結果として、尾張の国の文化を江戸に広めることにも貢献していた。

諸大名が、江戸城の城内、あるいは江戸の武家屋敷の敷地内で作らせていた陶器は、総じて、「御庭焼（おにわやき）」とよばれた。尾張徳川家では、市ヶ谷の上屋敷にあった「楽々園」とよばれた庭園でも、陶器を製作させていた。

このように趣向を凝らして造り上げられた戸山荘を訪問したがっていたのは、大名たちだけではなかった。一一代将軍家斉や一二代将軍家慶といった将軍たちもまた、この屋敷を訪れることを心待ちにしていた。

戸山荘をめぐっては、江戸時代を通じて、様々な記述や絵図・図版が残されている。こうした史料のおかげで、当時の広大な庭園の様子や、庭園に散りばめられた驚くべき美しさの数々を、私たちは想像することができる。

そうした美しい景観の一つが、「龍門の滝」と名づけられた急流の滝だった。この滝の水は、龍門橋の下の峡谷にむかって流れ落ち、岩に当たって砕け散って

いた。この滝の名は、中国のある故事に由来していた。それは、一匹の鯉が急流を遡ってみると、その姿が竜に変わっていた、という言い伝えだった［図18］。

内野正によれば、江戸時代の末には、戸山の下屋敷は、江戸の大名屋敷のなかで、もっとも知られた屋敷の一つとなっていた。しかしながら、この屋敷も、相次ぐ大火によって深刻な被害を受け、一八五五年には、ついに屋敷にも火が燃え移る事態となった。その翌年には、巨大な台風も重なり、多くの樹木が根こそぎにされ建物は倒壊した。さらに、その三年後には、ふたたび火災が発生し、戸山荘は完全に焼け落ち、庭園内にあった建物の多くも灰燼に帰することとなった。

江戸時代末期から明治時代の初頭にかけては、短期間とはいえ武力衝突があった。一八六七年の秋、最後の将軍徳川慶喜が、政権を朝廷に奉還して以降は、西郷隆盛（一八二八―一八七七）が、薩州兵を率いて上京した際、戸山荘に駐屯していたといわれている。一八六八年一月に始まった戊辰戦争では、その西郷隆盛は、鳥羽・伏見の戦いにおいて、官軍となった薩長軍を指揮し、旧幕府軍を圧倒した。

明治新政府の下では、戸山荘の敷地は、陸軍用地として利用された。同様に尾張徳川家の市ヶ谷の旧上屋敷も陸軍の用地となった。そしてこの敷地は、今日では防衛省となっている。ここは、後年になって、作家の三島由紀夫（一九二五―一九七〇）が自害を遂げた場所としても知られている。

陸軍用地となった戸山荘の敷地には、一八七四年、戸山学校が設置された。戸山学校は、日本陸軍の士官および下士官を養成するために作られた初めての学校だった。さらに、同じ敷地内には、陸軍病院なども設けられた。今日、この場所にあるのは国立国際医療センターである。戦時中には、この場所で、悪名高い七三一部隊を生みだすことになる研究が行われていたといわれている。七三一部隊は、一九三三年から敗戦までの期間、細菌戦の実験的遂行を目的として、満州に置かれた特殊部隊だった。

戸山荘のかつての栄華を偲ぶことができるのは、いまでも戸山公園内に残されている、わずかな遺産を通じてのみである。しかし、一九九八年、戸山荘の敷地

［図18］戸山荘・尾張藩下屋敷の敷地内の龍門の滝『尾張公戸山庭園』一七九三年（寛政五年）。国立国会図書館蔵。〈前頁〉

の北東にあたる、早稲田大学の戸山キャンパス構内で行われた調査により、庭園の遺構とみられる巨大な石組みが発見された。その後の分析により、この石組みは、上述した「龍門の滝」の一部であることが判明した。この滝は、尾張徳川家の重要な訪問客たちを、大いに驚嘆させたという逸話が伝えられている。

下戸塚の屋敷と聖なる空間

広大な戸山荘の敷地の北側の境からさほど遠くない場所に、御三家の一つである、水戸徳川家が所有していた領地があった。神田川にむかう下り坂に沿った、下戸塚とよばれた地域である。この領地に建てられた屋敷は、いわゆる「抱屋敷（かかえやしき）」に類別され、軍事訓練用地や耕作地として利用されていた。この敷地は、今日の西早稲田一丁目〜三丁目付近に相当し、南側は早稲田通りから、北側は新目白通りまでにおよぶ土地だった。

現在の早稲田大学中央図書館がある一帯には、松岡藩の抱屋敷「櫂楽園（かんらくえん）」があった。一万四〇〇〇坪を有した「櫂楽園」の敷地は、神田川を北側の境界としており、明治以降になると、敷地内を東西に新目白通り・都電荒川線が走るようになった［図19］。

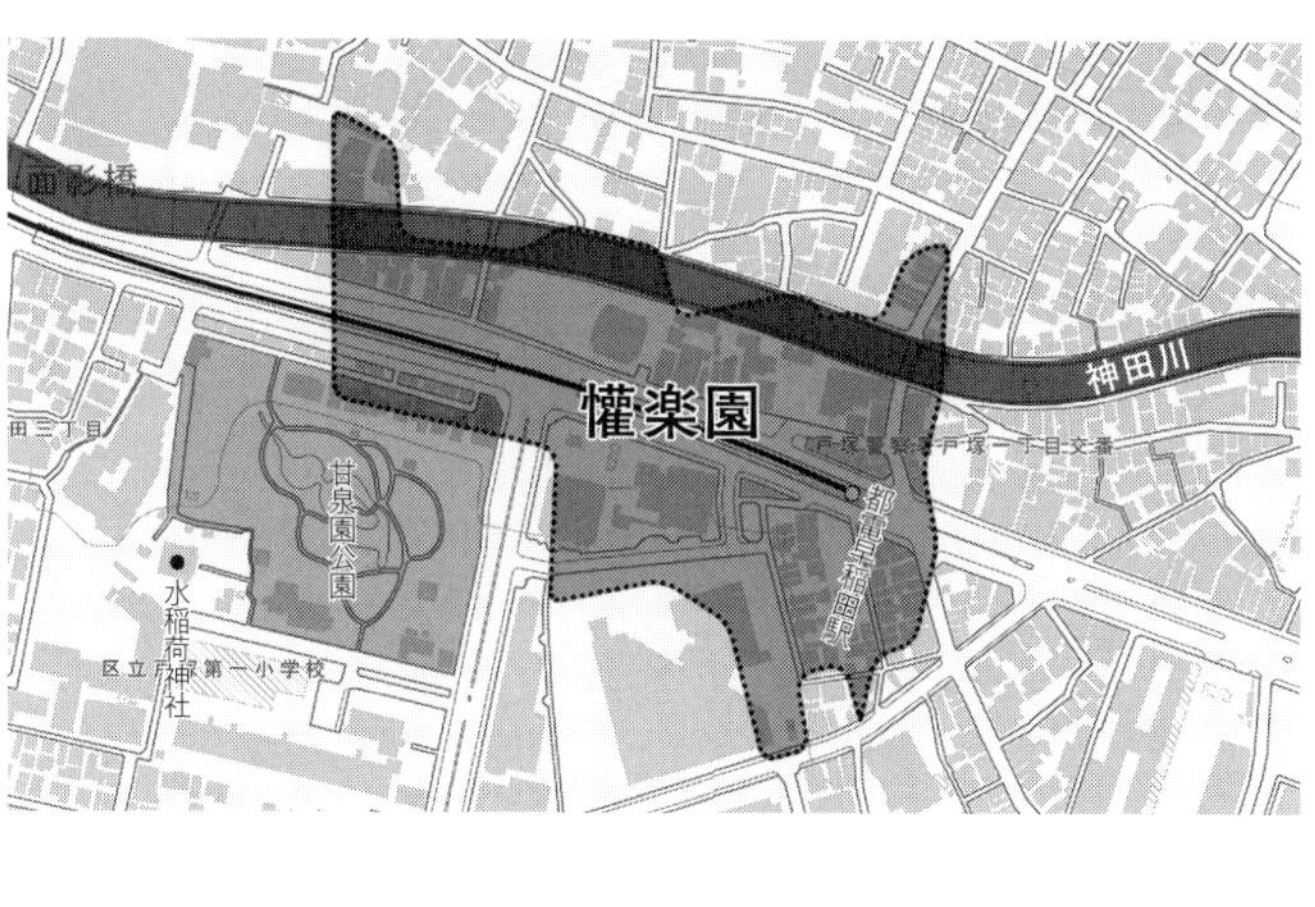

［図19］懽楽園の周辺復元図（現・西早稲田一丁目・三丁目）国土地理院地図。

その西側には、一七七四年に、清水徳川家が拝領した屋敷があった。清水徳川家は、九代将軍徳川家重（一七一一―一七六一）の次男重好（八代将軍吉宗の孫にあたる）を祖とし、御三卿の一つにも数えられていた。この清水家の屋敷は、「高田屋敷」という名で広く知られていたが、その後は、「甘泉園」の名で名声を博すようになった。

ちなみに、「甘泉園」の名は、この庭園の敷地から湧き出ていた水が、茶の湯に適していたことに由来するといわれている。古来から生い茂る草木に囲まれ、池や水の流れを擁したこの庭園の様子は、今日でも、「甘泉園公園」のなかで、その名残をとどめている。

この「甘泉園公園」の敷地の南側に隣接しているのが、「水稲荷神社」である。「水稲荷神社」の創建は、鎮守府将軍・俵藤太秀郷が、富士塚の上に稲荷大神を勧請した、九四一年まで遡ることができると伝えられる。

しかし、旧社地は、現在の敷地とは別の場所にあった。今日の「水

［図20］「大久保絵図」『江戸切絵図』一八五四年（嘉永七年）。国立国会図書館蔵。水稲荷神社のかつての位置。

稲荷神社」は、一九六三年という近年になって、後で詳述することになる「高田富士」（江戸市中最古の富士塚）の移築にともなって、遷座されたものである。

この土地では、清水徳川家の旧下屋敷があった時代から、当主の不在により、所有権の移転が繰り返されてきた。明治時代の初めには、実際に、屋敷は、水戸家や田安家の手に渡り、その後、ふたたび清水家の所有となっている。

『早稲田大学百年史』によると、一九〇一年（明治三四年）、最終的に清水家は、子爵であった相馬永胤（そうまながたね）（一八五〇―一九二四）に「高田屋敷」を譲渡した。相馬永胤は、横浜正金銀行の頭取を歴任し、一八八〇年には、専修学校（現在の専修大学）の創立に参与した人物である。

さらに、一九三七年には、屋敷の所有権は、相馬家から早稲田大学に譲渡された。続いて一九六三年には、土地の交換契約が締結され、早稲田大学が所有していた高田屋敷（後の「甘泉園」）の敷地は宗教法人水稲荷神社に譲渡され、代わりに早稲田大学は、大学に隣接していた水稲荷神社の敷地を譲り受けた。

［図21］二代歌川広重「高田富士山」『絵本江戸土産』一八五〇—一八五七年（嘉永三—安政四年）。国立国会図書館蔵。挿絵には、「同所宝泉寺水稲荷の境内にありて、餘の富士と等しからず。六月十八日まで参詣せしめ、麦藁の蛇（蛇を形どった麦藁）等を賣る茶店を出し諸商人出て数日の間賑いまされり」とある。

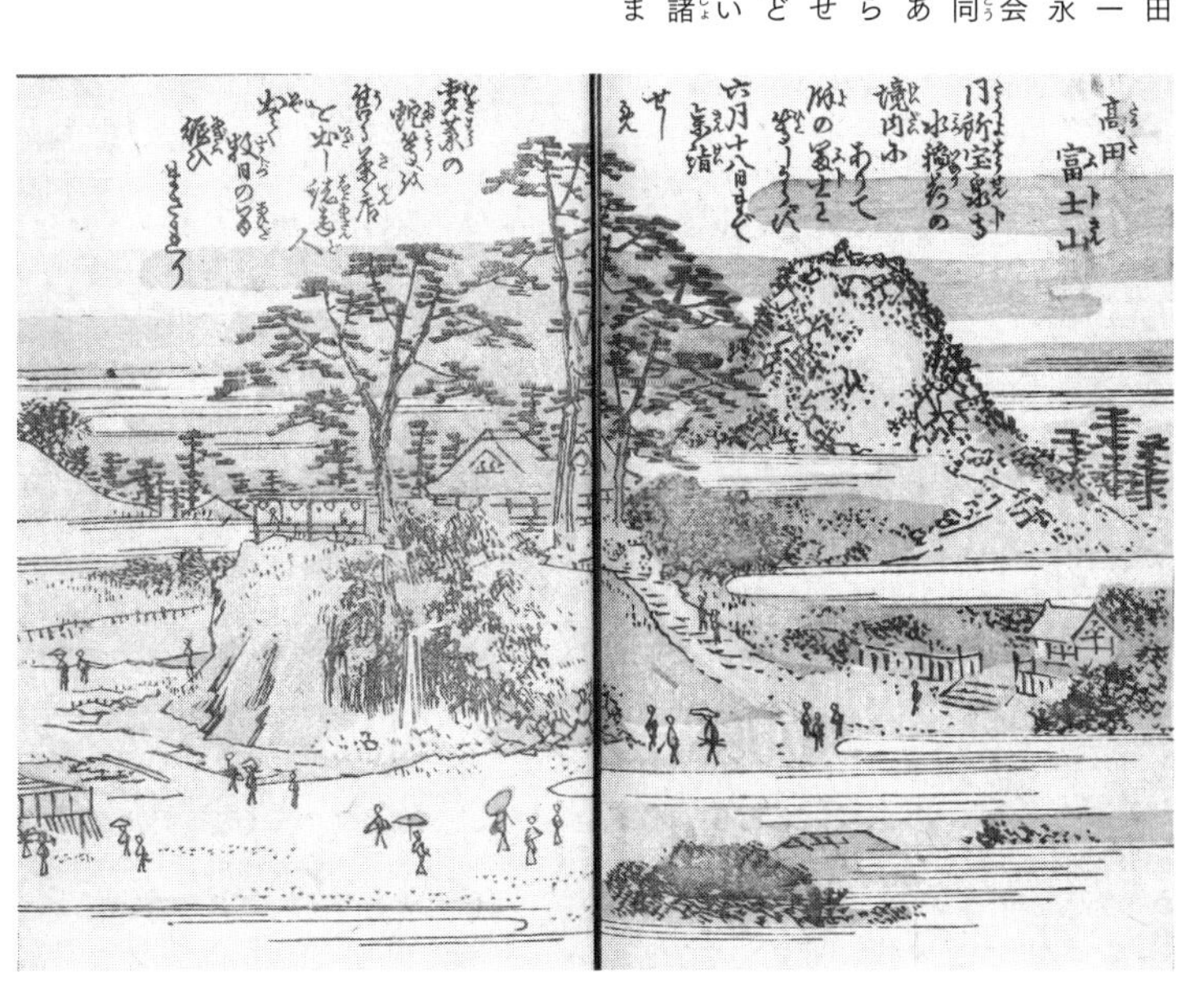

かつて水稲荷神社があった場所は、現在、早稲田大学中央キャンパスの九号館となっている。この場所にまだ水稲荷神社があった頃の一八五四年の『江戸切絵図』を見れば、そのことは明らかである［図20・口絵⑥］。

この地図を見ると、同じ敷地内には高田富士も描かれている。高田富士は、一七七九年に築かれた江戸市中で最古の模造富士であり、これ以降、何十年にもわたって、江戸市内では多くの富士塚（富士信仰に基づき、富士山の山体を模して造られた人工の山や塚のこと）が築かれることになった［図21・口絵⑦］。

実際には、富士信仰を含めた山岳信仰の慣習は、古来から存在していた。そして、こうした慣習が、後の平安時代末期に成立した「修験道」の禁欲的な修行や、その実践者である「山伏」といった、山中を歩き回る修行者の存在とも結びついてきたのである。

江戸時代の中期に流行しはじめた、富士講の中興の祖として名を成したのが、行者・食行身禄（じきぎょうみろく）（一六七一―一七三三）である。実直さで知られ、江戸で油商として成功をおさめながら、最後には、使用人や親類にありったけの資産を分け与えてしまったと伝えられている。信心深い仏教徒でもあり、授けられた名からも分かるように、「身禄（弥勒）の世」の到来を予言した、日本の生ける弥勒菩薩として知られていた。

一七歳にして富士講に入門して以来、毎年の富士山の登拝を欠かさず、最後の瞬間（とき）をこの霊峰で迎えることを、心に決めていたといわれている。そして、こうした本人の意志が予告されたうえで、富士山の山頂をめざした最後の巡礼が開始された。霊峰での実際の彼の死は、その後の富士講の信仰の布教に大きく貢献するなど、時代の空気に大きな衝撃を与えたといわれている。また、食行身禄は、女たちにも共感を示し、月経は「穢れ」などではなく（当時は、一般的に、月経は不浄視されていた）、女たちも罪悪から解放されるべきであると説いていた。

考古学者の追川吉生が述べているように、富士山に続く道々が人々で溢れかえるほど、富士講は信者を集めるようになった。その結果、各地で富士山を模した人工の塚である、富士塚が築かれるようになった。そこには、聖なる山である富士山から運んできた黒ボク石（溶岩）が置かれていた。

富士山は、食行身禄が成し遂げた功績と抵抗の象徴となったが、この山では女人禁制が解かれることはなかった。その一方で、富士塚では誰もが参拝登山をすることができた。

先述した、江戸市内で最古の富士塚である「高田富士」は、一七七九年、食行身禄の弟子である、高田藤四郎（一七〇六―一七八二）の手によって築かれた。それ以降の少なくとも二〇年間は、駒込の富士塚とともに高田富士は、江戸の町に存在する唯一の富士塚だった。

一九世紀にはいると、富士塚という聖なるミニチュア富士は、江戸の町に普及していった。この現象は、江戸の領域に限られていた。こうした事実は、時代の変遷や天災にも負けることなく、現在でも東京二三区内（東京都全域で七〇ヶ所以上ある）に残っている五〇ヶ所以上の富士塚が、物語っている通りである。

〔図22〕「高田稲荷　毘沙門堂　富士山　神泉　守宮池　宝泉寺」『江戸名所図会』一八三四―一八三六年（天保五―七年）。国立国会図書館蔵。挿絵には、「高田稲荷　毘沙門堂　富士山　神泉　守宮池　宝泉寺」がある。この当時、水稲荷神社は「高田稲荷」とよばれていた。

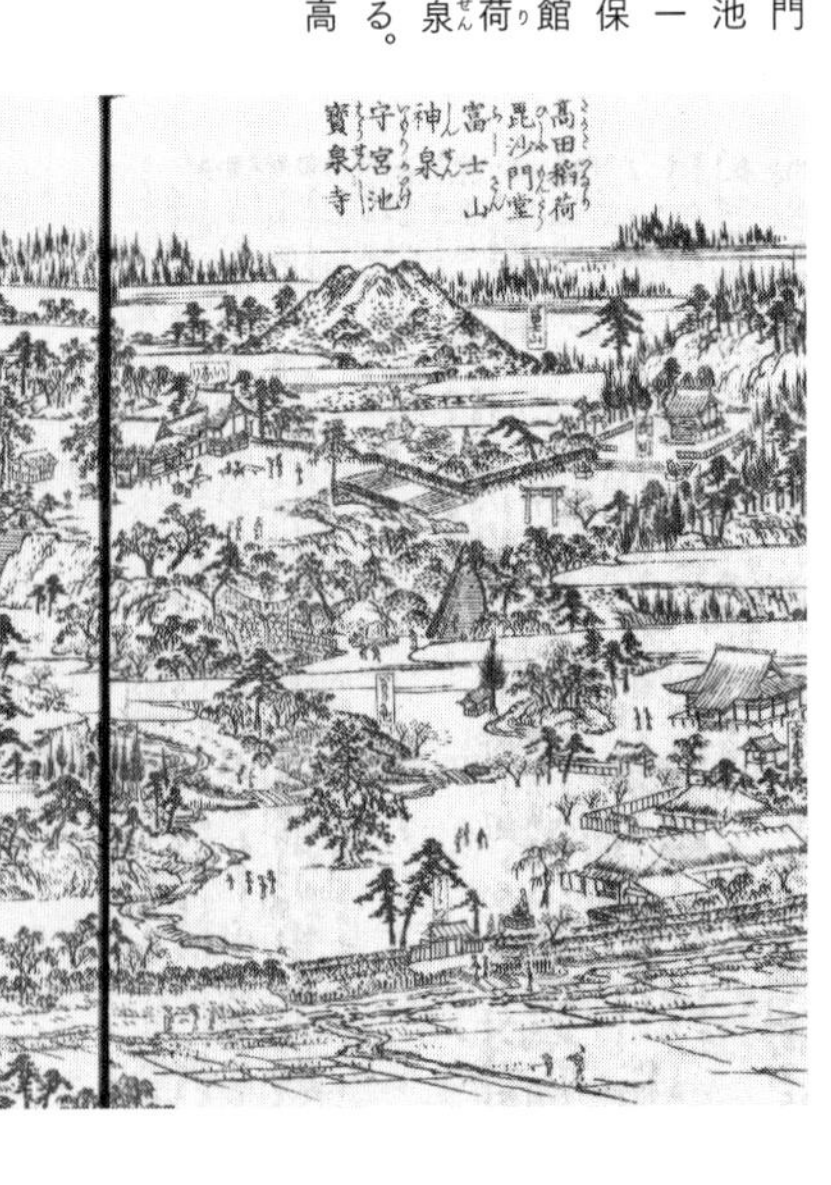

かつて水稲荷神社の境内にあった高田富士は、斎藤月岑が記した『江戸名所図会』にも描かれている。同書では、高田富士は、水稲荷神社（「高田稲荷」と記されている）や寶泉寺（宝泉寺）とともに、広い眺望の俯瞰図のなかで描かれている〔図22〕。

一七一二年に成立した『和漢三才図会』（和漢古今の万物の図説百科事典）によると、寶泉寺の草創は、八一〇年頃にまで遡れるといわれている。現在でも、寶泉寺は、早稲田大学の中央キャンパスの南門からほど近い場所にある〔図23〕。

先述のように、水稲荷神社や高

［図23］寶泉寺の入口（背景には早稲田大学中央キャンパス九号館）。〈右〉

［図24］高田富士。一九〇九年（明治四二年）。早稲田大学大学史資料センター蔵。〈左〉

田富士があった聖なる空間は、一九六三年まで存在していた。この年、早稲田大学は、交換によってこの土地を獲得した［図24］。

続いて、水稲荷神社は、東京都によって整備された「甘泉園」（旧清水家の庭園）の南側に隣接する敷地に移転、同じ敷地には高田富士も復元された。

今日でも、高田富士は水稲荷神社の境内にある。神域を示す鳥居が、石の階段を囲むように置かれており、その階段は、模造富士の山頂まで続いる。神社の境内には、様々な格好をした小さな狐も祀られている。

高田の馬場

清水家の壮大な敷地にある庭園の南側は、馬場のすぐそばまで広がっていた。早稲田通りにある西早稲田の交差点付近に設けられた、旧跡案内の標識でも説明されているように、「高田馬場」は、一六三六年、三代将軍徳川家光（在位は一六二三―一六五一）の命により、将軍家直参の家臣である旗本たちのための馬術の練習場として造営された［図25］。

高田馬場は、もとは戸塚村に含まれていた。しかし、『江戸名所図会』にもあるように、徳川家康の側室で、家康の第六男・松平忠輝（一五九二―一六八三）の母でもあり、「高田」殿とよばれていた茶阿局（ちゃあのつぼね）（一五五五―一六三七）が、遊覧の地として足繁く通っていたことから、この地は、「高田」の名で知られるようになったという。茶阿局が、高田殿とよばれていたのは、子息である松平忠輝が、越後「高田藩」の藩主となったからだった。

「高田（たかた）の馬場」とよばれていたこの馬術練習場は、東西に六五〇m、南北に五五mの広さがあった。現住所でいえば、西早稲田三丁目の一～二番地および一二～一四番地に相当していた。しかし、一九一〇年、馬場から一㎞ほど先に、山手線の「高田馬場（たかだのばば）」駅が開業したことにより、駅名に倣って、この地は高田馬場とよばれるようになった。

この場所には、武家の守護神である八幡神に捧げられた、流鏑馬（やぶさめ）を行うための

敷地もあった。流鏑馬は、近くにあった穴八幡神社に奉納するために催されてき

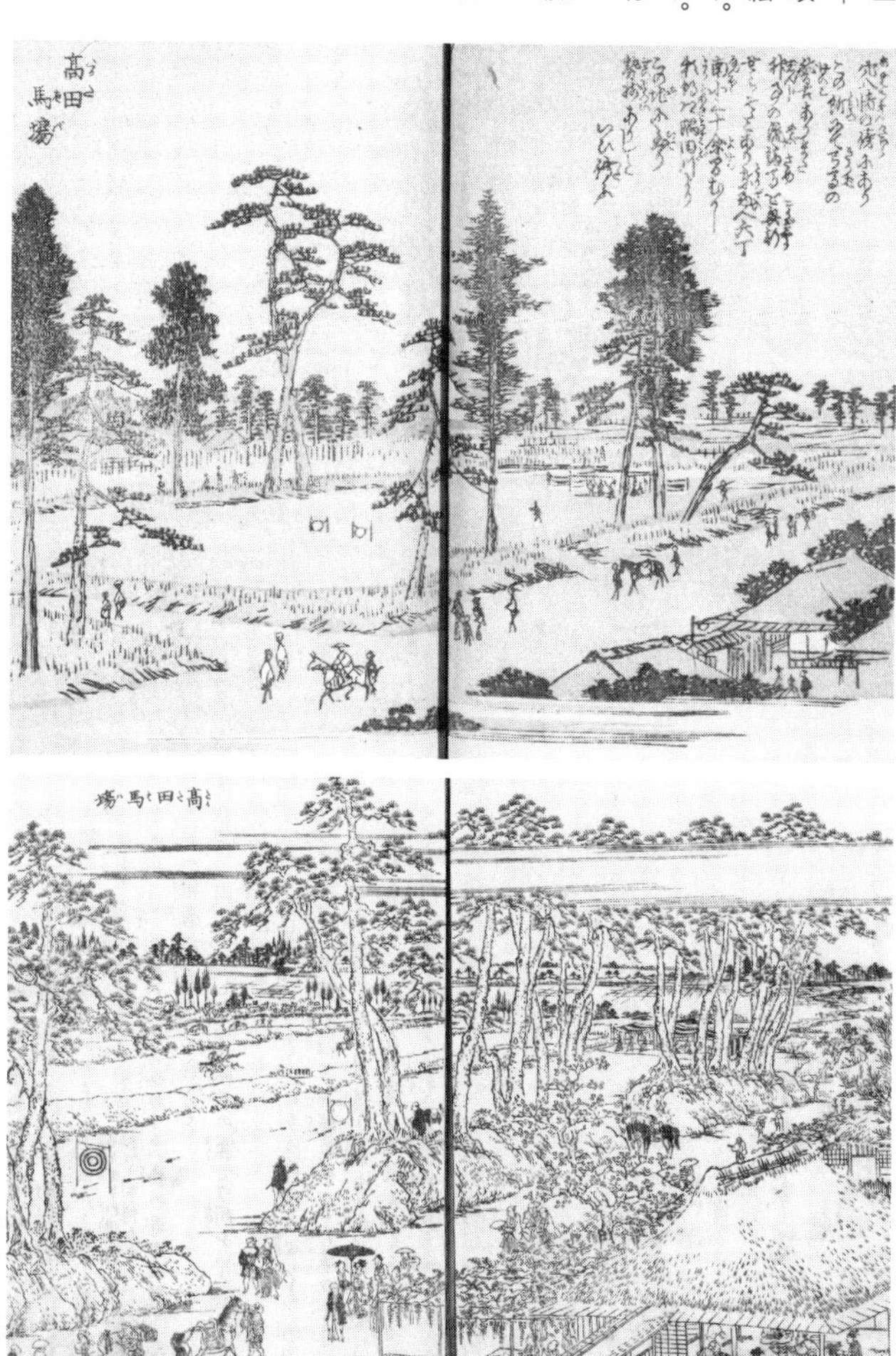

［図25］歌川広重「高田馬場」『絵本江戸土産』一八五〇―一八五七年（嘉永三―安政四年）。国会図書館蔵。挿絵には、「穴八幡の傍にあり。この所にて弓馬の稽古あり。また、神事の流鏑馬を興行せらるることあり。東西へ六丁、南北三十余間、昔頼朝卿隅田川よりこの地に至り勢揃ありしといい伝う」とある。〈上段〉

［図26］「高田馬場」『江戸名所図会』一八三四―一八三六年（天保五―七年）。国立国会図書館蔵。〈下段〉

［図27］二代歌川広重「高田馬場」『江戸名勝図会』一八六一―一八六四年頃（文久年間頃）。国立国会図書館蔵。

た神事だった。今日でも、穴八幡宮の入り口付近には、流鏑馬像が設置されており、毎年、一〇月の体育の日には、神社からほど近い戸山公園内の特設馬場で、実際に流鏑馬が執り行われている。「高田の馬場」とそこで行われてきた流鏑馬の様子は、『江戸名所図会』や歌川広重（一七九七―一八五八）の『名所江戸百景』や二代歌川広重（一八二六―一八六九）『江戸名勝図会』などで描かれている［図26・27］。

享保年間（一七一六―一七三六）には、馬場の北側には松並木がつくられ、そこには、八軒の茶屋が店を開いていたとされている。この通りは、早稲田通りと並行して延びており、「茶屋町通り」とよばれていた。

これらの茶屋では、田楽や焼団子や甘酒などが名物で、店は繁盛していたようである。馬場に通ってくる旗本たちや、雑司ヶ谷の鬼子母神（きしもじん）に向かう参拝客が、こうした庶民的な食べ物に舌鼓を打っていた。

出産や育児の神である鬼子母神が祀られている、有名な雑司ヶ谷の鬼子母神は、早稲田のすぐ北側に位置していた。早稲田から鬼子母神へ向かうには、かつては面影橋(おもかげばし)を通っていくのが慣例になっていた。面影橋は、神田川に架かる橋であり、この橋を渡ると、砂利が採れることで知られた、砂利場という地名の場所に出た。

面影橋の名の由来には諸説ある。その一つが、古くから伝えられている、戦国時代の伝説である。戦国時代は、一五世紀の半ばから、徳川体制の下で平穏がもたらされる以前の時代である。今日でも、この土地の人々が語り継いでいるのは、以下のような伝説である。

争乱の戦国時代、面影橋の近くに住む京から落ちのびてきた和田靫負という名の武士がいた。その武士には若く美しい娘がおり、数々の男たちがこの娘に求婚した。しかし、父はこうした申し出を決して受け容れることはなかった。

ところが、ある時、誰にもまして娘に熱を上げていた関某という男が、靫負の留守中に、娘を誘拐し、連れ去ったのだった。夜が明けようとする頃、娘は気を失っていたが、関は、娘が死んでしまったものと思い込み、娘を置き去りにして逃げてしまった。

幸運にも、娘は、たまたまそこを通りかかった板橋の住人、杉山三郎左衛門に助けられ、家に連れ帰られた。その後、娘は養女となり、大切に育てられた。やがて娘は、近くに住む小川左衛次郎義治という武士に嫁ぎ、幸せに暮らすようになった。

そんなある日、娘の美しさに魅せられた近くに住む男が、若さゆえか感情を抑えることができず、娘を奪い取ろうとして、とうとう友人である義治を切り殺してしまった。

夫を殺された娘は、自ら長刀（なぎなた）を採って闘い、ついには逃げまどう男に復讐を果たしたのだった。

しかし、娘は、度重なる災いは、自分自身の美しさゆえと嘆き悲しみ、挙句の果てには、黒髪を刀で切り落とすと、美しさが残る「面影（おもかげ）」を川面に映しつつ、橋の上から身を投げてしまった。

こうしたことがあって以来、土地の住民たちは、娘の悲劇の死を憐み、娘が身を投げた橋を渡るたびに、その「面影」を思い浮かべたという。こうして、この橋は、「面影橋」とよばれるようになった、とされている。このような悲しい伝説があるにもかかわらず、「面影橋」は、蛍の名所としても広く知られていた。

「面影橋」は、「俤の橋」や「姿見橋」と呼ばれていたという説、あるいは、「姿見橋」は、「俤の橋」（面影橋）より北側を流れていた、小川にかかる橋であるという諸

〔図28〕歌川広重「高田姿見のはし俤の橋砂利場」『名所江戸百景』一八五七年（安政四年）。国立国会図書館蔵。手前が神田川に架かる「俤の橋」（現在の「面影橋」）で、遠方に小さく見えるのが「姿見の橋」。黄金に輝くのは氷川田圃で、この奥には「砂利場」があった。

説がある。

たとえば、一八五七年に、歌川広重が描いた「高田　姿見のはし俤（おもかげ）の橋　砂利場」（『名所江戸百景』所収）では、「姿見橋」と「俤の橋」は別の橋である［図28］。また、これより二〇年ほど前に『江戸名所図会』に描かれた「姿見の橋」という挿絵でも、「姿見橋」と「俤の橋」は別の橋とされている［図29］。この資料には、「（俤の橋）は、上水川（神田川）に架（わた）す。［中略］この橋を姿見の橋と思ふは誤りなり。（姿見の橋）は、同じく北の方に架（わた）せる小橋」と記されている［図30］。

面影橋を北側に渡った橋のたもとには、一六八六年（貞享三年）に建立された供養塔を転用した「山吹の里」の石碑がある。「山吹の里」の四文字が刻まれたこの碑は、今日でも豊島区高田一―一八―一の住所に残されており、この一帯に、山吹の里が広がっていたことを物語っている。

前述のように、江戸・東京の基礎を築いたことで知られる太田道灌は、この地を訪れた時、にわか雨にあい、農家に駆け込んだ。その際、農家の娘に差し出されたのが、有名な一輪の「山吹の花」だった。これをきっかけにして、道灌は和歌の世界に没入していったとされている。

面影橋は、穴八幡宮と鬼子母神をつなぐ道筋にあった。この道筋は、寺社を参

詣して歩くための街道にもなっていたので、いつでも多くの参拝者たちが行き

［図29］「姿見橋」『江戸名所図会』一八三四—一八三六年（天保五—七年）。国立国会図書館蔵。〈上段〉

［図30］歌川広重「山吹の里姿見橋」『絵本江戸土産』一八五〇—一八五七年（嘉永三—安政四年）。国立国会図書館蔵。挿絵には、「山吹の里は太田道灌の故事によって号くとぞ。姿見はむかしこの橋の左右に池あり。その水淀みて流れず。故に、行人この橋にて姿を摸し見たるよりの名なりという」とある。〈下段〉

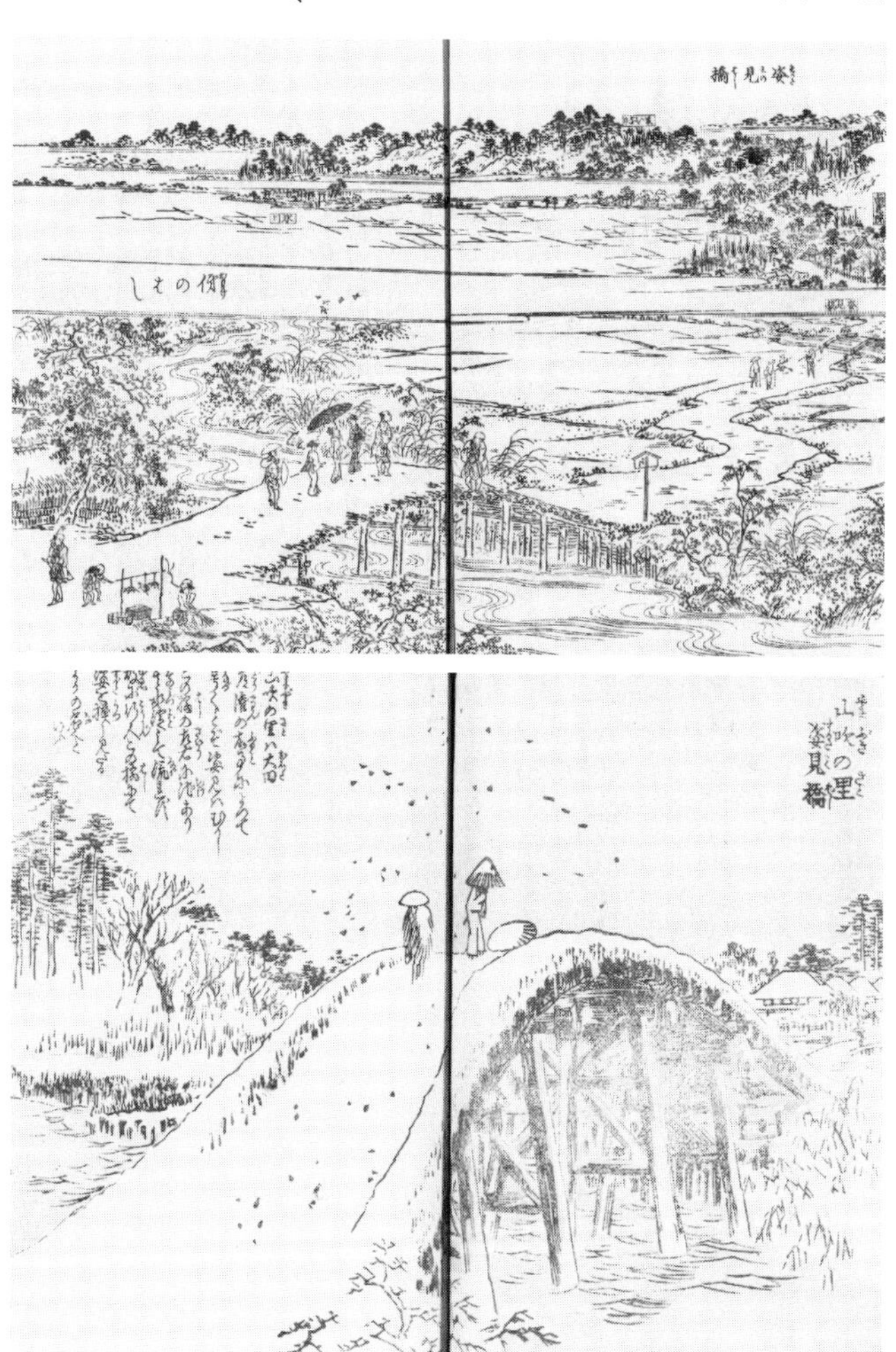

かっていた。

先述の斎藤月岑も、この両方の神社を同じ日に訪れていた。西山松之助によると、当時、高田八幡宮とよばれていた穴八幡宮と鬼子母神を訪れたのが、一八三八年四月一七日のことだった。両神社については、月岑が刊行した『江戸名所図会』にも、案内が記載されている。

参詣の旅を続けるには、時には街道沿いで休息をとり、疲れを癒すことが必要だった。そのため、寺社の参道には、露店や飲食店が所狭しと軒を並べていた。このことは、寺社の敷地内で行われた、数々の考古学的な発掘調査によっても裏づけられている。

たとえば、鬼子母神のある雑司ヶ谷遺跡の発掘調査では、参道付近から、たくさんの食器類や魚介類の生ゴミ（考古学の分野では、「食物残滓（しょくもつざんし）」とよばれる）が出土した。こうしたことからも、参道に並んでいた往時の料理店の賑わいを想像することができる。

また、調査の結果、鬼子母神の参道には、意図して参拝者の憩いの場や遊興の場が設けられていたことが分かっている。こうした参道の様子は、一九世紀の中ごろの錦絵である、歌川広重の「雑司ケ谷之図」（『江戸高名会亭尽』所収）にも描かれている［図31］。

すでに触れたように、早稲田の馬場からほど近くにあった茶屋街も、寺社への参詣がてら、この地を訪れた人々によって、大いに利用されていた。こうした日常のなかで起きたのが、後に江戸中に知れわたることになるある事件だった。

その事件とは、一六九四年二月一一日に行われたとされる、「高田馬場の決闘」である。この決闘を有名にしたのは、後に堀部安兵衛の名で知られることになる浪人、中山安兵衛（一六七〇―一七〇三）である。彼は、敵に待ち伏せられていた友人に助太刀し、驚くべき立ち振る舞いで友人の命を救った。こうした安兵衛の勇敢な姿は、武士たちに称賛の的となり、この一件は、江戸中に轟（とどろ）くことになった。安兵衛に称賛を送ったうちの一人が、堀部弥兵衛（金丸）（一六二七―一七〇三）だった。弥兵衛は、赤穂藩に仕えていた武士だったが、跡継ぎがいなかったため、前述の決闘で名を馳せた中山安兵衛を婿養子に迎えた。

［図31］歌川広重「雑司ケ谷之図」『江戸高名会亭尽』（江戸後期）。国立国会図書館蔵。〈前頁〉

日本海に面した領地である新発田の出身で、堀部家の養子となった安兵衛は、赤穂藩主であった浅野長矩（一六六七―一七〇一）の家臣の一人となった。

周知のように、一七〇一年、浅野長矩は、勅使（天皇の勅旨を伝える使者のこと）の江戸下向に際して、吉良義央（一六四一―一六七三）（通称、吉良上野介）とともに、幕府から接待役を命じられた。吉良家は、徳川幕府の儀式典礼を司る「高家」の家柄であり、義央は、高家肝煎の職を務めていた。

義央は、礼式の指南役を務める代わりに、長矩に見返りを求めたが、そうした慣例に従うことを拒んだため、長矩は、公衆の面前で義央から辱めを受けるようになった。こうした屈辱に対し、赤穂藩主であった長矩は、ついに自分を抑えることができず、背後から義央を切り付けたために、その場で捕えられ、ただちに切腹を命じられた。加えて、長矩は藩の領地も没収された。その後、堀部安兵衛と大石良雄（通称、大石内蔵助）ら四七人の遺臣たちは、主君である長矩の名誉を回復しようとして、仇討ちを果たした。こうして、彼らは「赤穂浪士」あるいは、「四十七士」として知られることになった。

長矩の死後、堀部安兵衛は急進派を率いた。主君の仇敵である義央を討つことこそが、家臣にとって最大の責務であると主張して、安兵衛は遺臣たちを説得した。そして、彼らは吉良義央の殺害におよんだのだった。

この堀部安兵衛は、大石良雄らとの往復書簡を編集した『堀部武庸筆記』を残している。そのなかでは、家臣としての面目を保ち、主君の名誉を回復するためには、「仇討ち」という行為が、不可欠であった旨が語られている。安兵衛が、九人の赤穂義士とともに自害を遂げたのは、三田にある松山藩主・松平隠岐守の中屋敷の庭園内でのことだった。ちなみに、この中屋敷は、一九三二年以降は駐日イタリア大使館となっている。一九三九年には、当時駐日イタリア大使だったジャチント・アウリーティによって、安兵衛を含めた一〇人の赤穂義士たちを祀った石碑も建立された。

堀部安兵衛や「高田馬場の決闘」の逸話をもとにして、その後、様々な芝居や映画が制作された。その中には、日本映画の父と呼ばれたマキノ正博が監督し、阪東妻三郎が主演した『血煙高田の馬場』（一九三七年製作）などがある。

一九一〇年には、旧高田馬場、現在の茶屋町通りの一隅に安兵衛の碑が建立された。この石碑は、現在では、水稲荷神社の境内に移設されている。

神田川の南側に広がっていた早稲田の低地には、こうして武士階級に属する人々が定住するようになった。彼らが、この地域に居を構え、領地を所有するようになったことで、この土地の景観は変化を遂げていった。

必ずしも、直接的な交流があったわけではなかったが、武士たちがこの地域に住むようになり、別の社会的身分の人々との間にも、親交が生まれるようになった。たとえば、一般の参拝者に対しても、武家屋敷の敷地内にある寺社への参詣が、許されることがあった。もちろん、大名やその家族の住居を訪れることはできなかったが、通常は入ることが禁じられている屋敷の敷地に、一般の人々が、足を踏み入れる機会ができたのである。

ヴァポリスが記しているように、参拝者たちが、習慣的に行っていたように、金銭的な施し、つまりお布施をすることを前提として、こうした慣例が広がっていったことも、想像にかたくない。

いずれにせよ、隔絶していた大名屋敷の世界と庶民とあいだにある種の接点が芽生えたことにより、屋敷の敷地内にある寺社も、江戸における参詣の道筋に含まれるようになった。

武士と庶民がいきいきと暮らし、かつ信仰の空間でもあったこうした早稲田の地は、続く時代になると学生の街としての様相を呈していくことになる。

第三章

椿の山

——神田川の北側

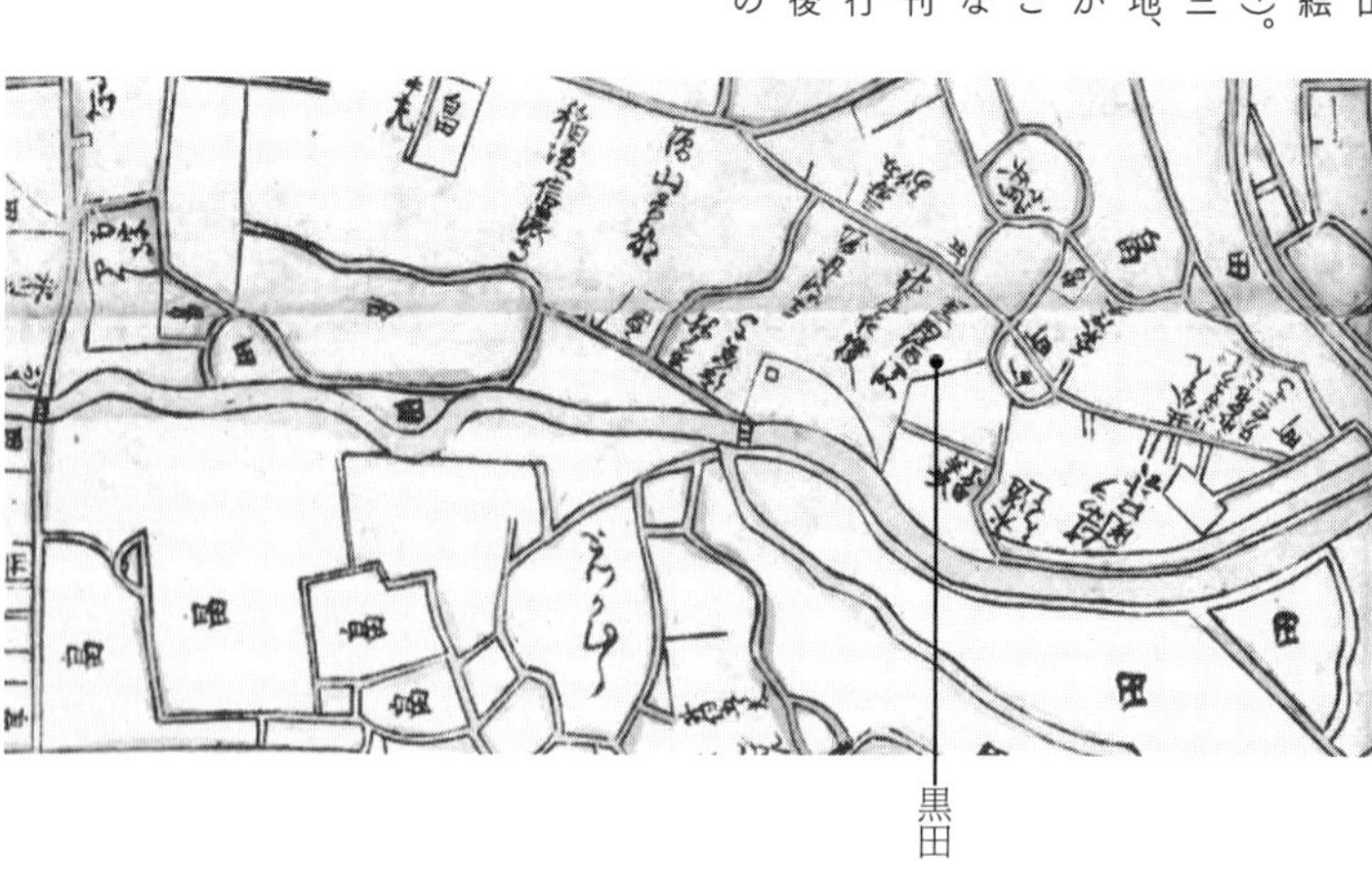

［図32］明暦の大火後の椿山の近郊『新改御江戸大〔絵図〕』一六八四年（天和四年）。国立国会図書館蔵。天和三年の御改により屋敷、寺地、町屋、上り地などに変動があり、これまでの絵図がことごとく相違するようになったため改版したとする刊語がある。天和三年中に行われた前年末の市内大火後の大規模な市街改変直後の情報を反映している。

熊本藩細川家の下屋敷の変遷
——幕末から明治維新へ

これまで、江戸前史から江戸幕府の成立、さらに江戸から「大江戸」へという都市の発展史のなかで、東京の西北に位置する、この小宇宙（ミクロコスモ）の成り立ちとその展開を見てきた。ここでは、神田川の北岸から目白台地までの斜面に建設された細川家の下屋敷を中心に、早稲田の北側に置かれた大名屋敷の変遷を幕末から明治維新への転換という文脈において見てみることにしよう。

前章で述べたように、一六五七年に発生した明暦の大火以降になると、早稲田の低地の南側にあたる現在の新宿区戸山一帯には、大

【図33】一九世紀中頃の椿山の近郊『安政改正御江戸大絵図』一八五八年（安政五年）。国立国会図書館蔵。

名の下屋敷が置かれるようになった。

　その一方、早稲田の低地を流れる神田川の向こう側、すなわち椿山と呼ばれていた高台（現住所で文京区目白台および文京区関口にあたる）はどうだったのだろうか。

　明暦の大火の後、この地域には、旗本をはじめとした上級武士たちの屋敷が建設されていった【図32・口絵⑧】。

　さらに時代が下がって幕末の頃になると、この高台へと続く斜面にも、熊本藩細川家や上総久留里藩黒田家の下屋敷などの有力な大名の屋敷が置かれるようになった。

　安政年間（一八五五―一八六〇）に作成された絵図『安政改正御江戸大絵図』を見ると、これらの屋敷の様子が記されている。この二つの下屋敷は、まさに目と鼻の先に位置していた【図33・口絵⑨】。

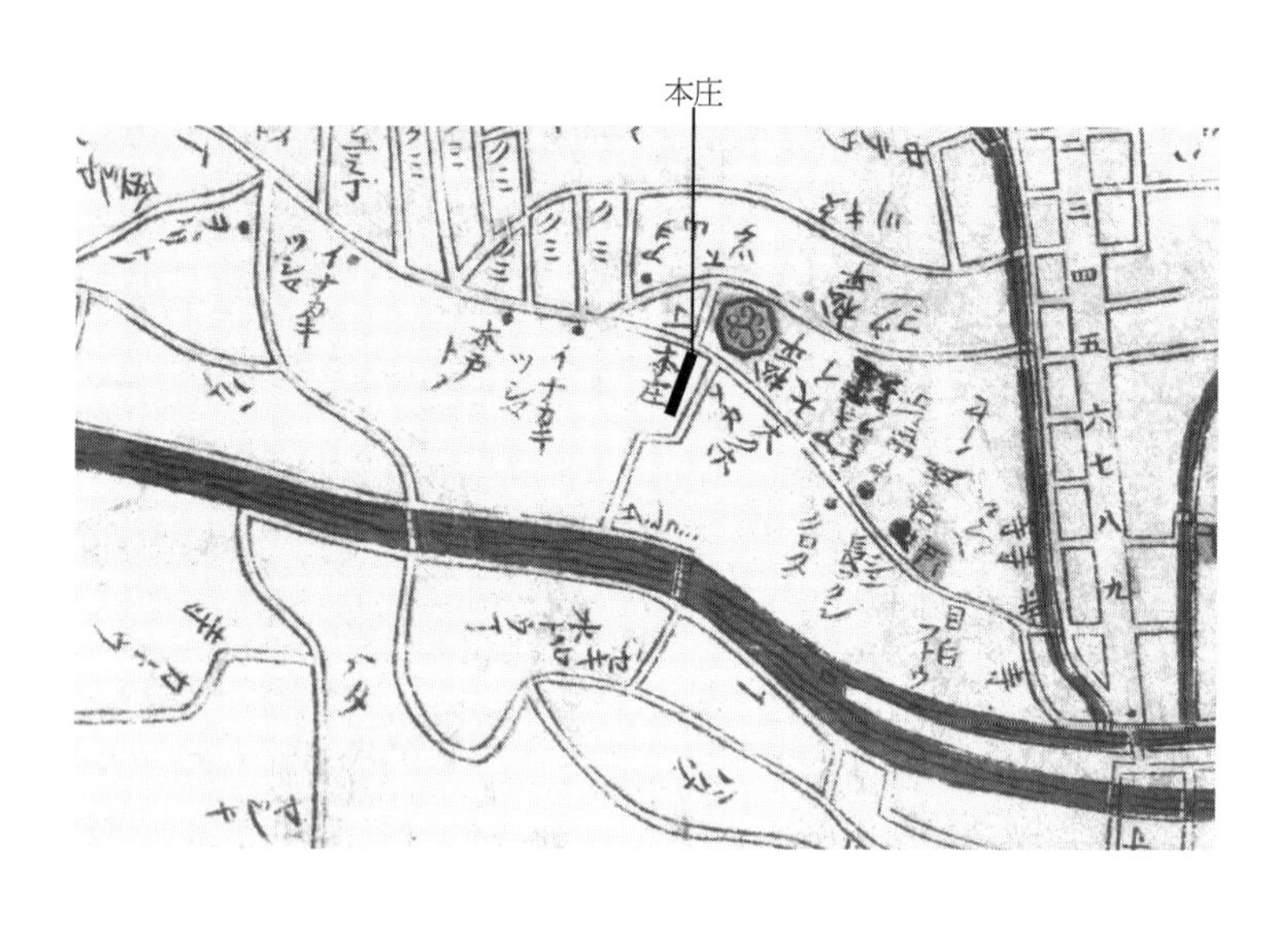

一六〇〇年に起きた関ヶ原の戦いにおいて、細川家は徳川家康に仕えて軍功をあげると、その後は、豊前小倉藩藩主をへて、一六三二年（寛永九年）には、肥後熊本藩五四万石の大名に封じられた。

その細川家が目白台の地に下屋敷を置いたのは、江戸時代が終焉に向かいつつあった一九世紀の中頃のことだった。敷地は、この地に居を構えていた旗本の本庄家から手に入れたようである。一八三三年（天保四年）の『文政改正御江戸大絵図』を見てみると、この敷地には、まだ「本庄」の文字が記されている［図34・口絵⑩］。

細川家の下屋敷は、草木が生い茂る回遊式の庭園に囲まれていて、屋敷の森は、神田川のほとりから、目白台の台地のてっぺんまで続いていた。台地から滲みでた湧き水は、「鑓り水」（平安貴族の寝殿造りの細流）の手法によって幾重もの流れとなり、その流れは、台地のこう配をつたって岩場を通り、庭園のなかほどにある池に注いでいた。

［図34］一九世紀前半の椿山の近隣『文政改正御江戸大絵図』一八三三年（天保四年）。国立国会図書館蔵。〈前頁〉

斜面地の起伏を巧みに利用して造られたこの庭園では、池の背後にある台地が借景として山に見立てられ、広がりのある立体的な眺望が演出されていた。

明治維新後も、他の旧大名家の場合と同じように、屋敷の敷地は、細川家がそのまま引き継いだ。そして、後に早稲田大学となる専門学校が創立された一八八二年（明治一五年）と同じ年に、細川護久（一八三九―一八九三）が、椿山にあるこの屋敷を細川家の東京の本邸としている。そして、二年後の一八八四年に制定された華族令により、護久は侯爵に叙せられ、これにより旧熊本藩藩主の大名家直系の当主として、護久には東京在住が義務づけられることになった。

一八八七年（明治二〇年）ころになると、六〇〇〇坪近くにもおよぶ広大な敷地には、「松聲閣」とよばれる建物が建設された。この建物は、細川家の学問所として、また一時期は応接室として使用されていたようである（建物は部分的に修復が施された後、現在は一般にも公開されている）。

その後、旧細川家の庭園は、一九四〇年に人手に渡り、第二次世界大戦の前後には、幾たびも所有者が変わった。そして、一九六〇年には東京都が買収し、翌年には公園として公開された。さらに、一九七五年には文京区に移管され、新江

［図35］永青文庫

戸川公園の名称をへて、現在は文京区立肥後細川庭園の名で人々に親しまれている。

先に述べた「松聲閣」から見て高台にある敷地の一角に、一九三〇年（昭和五年）細川護立（一八八三―一九七〇）が、細川侯爵家の事務全般を担当する部署をおく家政所を建設した。江戸以来の建物は、関東大震災で被災していた。ちなみに、細川護立は、一九九三年から一九九四年にかけて連立政権の首相をつとめた細川護熙（一九三八―　）の祖父である。

そして一九五〇年には、細川家の歴代が、七〇〇年の長きにわたって蒐集してきたコレクションが、先述の旧家政所に収蔵され、公益財団法人「永青文庫」が設立された。同館は、貴重な歴史資料や美術品を所蔵する美術館・博物館として、一九七二年以降は一般にも公開されている［図35］。

『細川家の700年　永青文庫の至宝』によると、同館の創立にあたって、細川護立は、京都の建仁寺の塔頭（大寺院の敷地内にある小寺院や別坊のこと）永源庵から「永」の字を、さらに細川家の居城だった青龍寺城から「青」の字をとって、永青文庫と名づけたという。

建仁寺は、細川家の始祖である細川頼有（一三三二―一三九一）の時代からの菩提寺だった。一方、青龍寺城は、近世細川家の祖である細川藤孝（一五三四―一六一〇）が居城とした城だった。室町幕府一二代将軍足利義晴の子で、細川家の養子となった藤孝は、織田信長に仕えて、かつての居城を奪い返した。それが青龍寺城だった。その後、藤孝は、嫡子である忠興にすべてを譲り渡すと、本能寺の変（一五八二年）で剃髪し、幽斎と号するようになった。

この永青文庫の名の由来について、元首相の細川護熙は、「（細川）幽斎前の歴史と幽斎後の歴史、その二つのものをすべて含んでいるという意味で、永青文庫と命名された」と語っている。

ちなみに、同館が所蔵する細川家伝来の史料、美術工芸品、近代絵画、彫刻など膨大なコレクションは、約一一万二〇〇〇点にもおよぶという。その中には、自身も古美術品の研究者・コレクターとしても有名だった細川護立が蒐集した古書画、陶器、彫刻、近代書画など約六〇〇〇点も含まれている。

また、収蔵品には、国宝に指定されている刀剣四口のほか、『金銀錯狩猟文鏡』

（中国戦国時代）などの国宝八点、『長谷雄草紙』（鎌倉時代）、『金銅如来坐像』（中国六朝時代）などの重要文化財三一点がある。永青文庫は、細川護立の時代に建設されたままの姿をとどめ、それと同時に、江戸時代の大名家の暮らしを彩ってきた絢爛豪華な調度品が、数多く収蔵されている。

そして、永青文庫に隣接する敷地に広がるのが、旧細川庭園の趣きを色濃く残した、今日の肥後細川庭園である。細川家の敷地から東の方向に進むと、ほど近い場所には黒田家の土地があった。この敷地には、黒田家の下屋敷が置かれていた。先に述べた一六八四年の『新改御江戸大〔絵図〕』には、黒田の名が付された敷地があるのが見てとれる〔図32参照〕。

一七四二年、黒田直純（一七〇五―一七七五）が、現在の千葉県君津市にあたる上総国望陀郡久留里に入封し、立藩したのが久留里藩黒田家だった。そして、上野国沼田藩の藩主だった直純は、久留里藩主黒田家の初代、三万石の大名となった。黒田家が下屋敷を構えた椿山の一帯は、江戸時代の初めから風光明媚な景勝地であり、庶民たちにとっては遊山の地だったようである。

ところで、この目白台の地は、池波正太郎（一九二三―一九九〇）の小説『鬼平犯科帳』で有名な〝鬼の平蔵（=鬼平）〟のモデルとなった長谷川平蔵（一七四五―一七九五）とも縁の深い土地である。平蔵は、実在の人物だったが、小説に取り上げられたことで初めて、人々の知るところとなった（池波正太郎は、自身の著作『江戸切絵図散歩』のなかで、長谷川平蔵が一時目白台に屋敷を拝領していたと書いているが、実際に屋敷があったのは、「菊川椿の山町」（現在の墨田区菊川三丁目）だった）。小説が発表されると、この作品は国民的な人気を博し、同作を原作とした数多くのテレビドラマや映画が制作されることになった。

長谷川平蔵は、将軍家直参の家臣である旗本だった。一七九〇年、当時老中だった松平定信（一七五九―一八二九）の命により、平蔵は、浮浪者や無宿者（むしゅくもの）に対する措置として、人足寄場（にんそくよせば）の設置を献策している。

飢饉が続いた結果、農地を手放して都会に出ていく農民が増えたことにより、宿を持たない人々が急増していた、という社会的な背景がその裏にはあった。巷には、まっとうな職に就くことができず、食うにも事欠く人々が溢れていた。こうした時代に、宿を失った人々を収容するための施設として考案されたのが人足寄場だった。

人足寄場には、二つの側面があった。その一つが、江戸市中から無宿者を一掃し、治安の向上をはかることを目的とした、保安処分の施設としての側面だった。もう一つが、授産・更生のための施設という側面であり、施設に収容された者たちは、大工・建具、指物などの技術を習得して社会に復帰していくことが期待されていた。ちなみに、この寄場は、現在の住所で、東京都中央区の佃島にある佃公園付近に置かれていた。

平蔵は、こうした哀れな人々に心を痛め、固い信念で人足寄場の建設を進めていった。その結果、彼の施策は、江戸市民から大きな支持を得て、大変に喜ばれたといわれている。

一七八六年（天明六年）、長谷川平蔵は、先手弓頭（さきてゆみがしら）に就任している。これにともなって、平蔵は、与力一〇人と同心三〇人を配下とした。このうち、部下となった二番組の与力たちが居住していたのが、当時、目白台にあった御先手組屋敷（おさきてくみやしき）だった。「組屋敷」とはいっても、与力の屋敷は、それぞれが独立した立派なものだったようで、与力クラスで三〇〇坪ほど、格下の同心でも一〇〇坪程度の広さがあったといわれている。

先述のように、江戸中期から後期へ、さらに幕末へと進むにしたがって、目白台の一帯には、有力な武士や大名たちが移り住むようになった。幕藩体制が崩壊を迎えてからは、有力者たちの移住がこれに続いた。そのなかには、明治維新で活躍し、後に「元勲」とよばれることになる人物も含まれていた。

幕末から明治の初頭にかけての時代になると、人々は、都市自体や都市に暮らす人々の生活を揺るがす、大きな社会変動を経験することになった。

その要因の一つが、先述した一八六二年の参勤交代の中断だった。正確にいえば、この年の政治改革に際して、参勤交代の制度が大幅に緩和されたのである。これにより、主要大名の場合の江戸詰めが、三年に一年、その他の大名の場合は、三年に一度で一〇〇日となった。さらに、以前は、人質として江戸に住むことを強いられていた諸大名の妻子は、領地への帰国が許されるようになった。

参勤交代が大きな原動力となり、二世紀半以上ものあいだ、都市は飛躍的に発展した。そして、経済的、社会的、文化的にめざましい進歩を遂げていった。その反面、諸大名は、交代で江戸と領地に交互に居住しなければならず、それが大きな負担となっていた。そして、この制度が、諸大名の財政を枯渇させていくのと同時に、商業・経済のかたちをも変化させていった。その結果、農業が最優先されていた封建制度の根幹そのものが蝕(むしば)まれてゆくことにもなった。

一八六五年、参勤交代は旧制度にもどされた。しかし、もはやこの命令にしたがう大名はおらず、参勤交代は廃絶の一途をたどった。幕府は、諸大名の離反を防ぐことができず、参勤交代という制度の崩壊が、そのまま幕府の崩壊を示す兆候にもなっていった。

一八五四年に日本が開国を強いられたこと、あるいは、その四年後に米国などの国々と不平等条約（領事裁判権を規定し、関税自主権を否定する等）を締結したことにより、江戸幕府の危機はいよいよ色濃くなっていった。

そして、参勤交代の実質的な中断により、大名とその家臣たちは、それぞれの領土へもどった。これに応じて、上級武士たちの消費で支えられていた都市の産業は必然的に衰退していった。さらに、こうした変化の帰結として、庶民の多くは職を失い、江戸は消費の都市としての役割を失うことになったのである。

幕藩体制から中央集権国家へという国家体制の変容にともなって、世の中は動乱に見舞われ、江戸の人口減少には拍車がかかった。この現象はあっという間に広がり、凄まじい勢いで進行した。

統計によると、一八六二年に参勤交代が実質的に中断されて以来、一三〇万人にも達していた江戸の人口は、一八七一年の段階で、五八万人にまで激減していた。ヘンリー・（二世）スミスによると、一八六八年だけを見ても、三〇万人以上の人口流出があったといわれている。

　こうした現象がまず初めに起きた地域は、武士たちの住む武家地だった。江戸の町は、「（武家地のある）山の手は、昼間も女子の一人歩きは危険」といわれたほど閑散とした状況に陥った。

　当時、武家地は、江戸の町の約七割を占めていたが、これらの地域にある多くの屋敷は、もぬけの殻となっていたからである（残りの土地の約半分を町人地、もう半分を寺社地が占めていた）。こうした江戸の大規模な人口流出は、町の広い範囲におよぶことになった。

　一八六八年、江戸は東京と改称され、新都に定められた。いわゆる「東京奠都」である。旧大名はというと、一八六九年の版籍奉還により、版（版目＝土地）と籍（戸籍＝人民）を朝廷に返還し、ほとんどの旧藩主は、天皇が任命する知藩事となった。とはいえ、知藩事には、旧来の大名による領地支配とは異なり、非世襲の地方行政官として、政府直轄地と同様の政策を行うことが求められていた。また、時を同じくして、旧来の封建的身分制度が廃止され、身分秩序の再編成が進められた。

さらに一八七一年の廃藩置県では、全国の藩を廃して、県が置かれることになった。これにより、知藩事を務めていた旧大名は、華族となって家禄・身分が保障されたものの、東京への移住が命じられた（知藩事に代って、政府から新たな府・県知事が任命され、ここに中央集権国家体制が確立した）。こうして、華族となった旧大名たちは、生まれ変わった東京に舞い戻り、新たな首都に本邸を構えることになった。

これに加えて、国家の近代化という一大事業を速やかに推進するため、新政府の要請で様々な役職に就いて東京に戻ってくる者たちもいた。

新たな首都となった東京は、こうしてふたたび人口流入を経験することになった。この現象は、数十年にわたって続いた。東京の人口は、少なくとも一八七九年の時点では一〇〇万人を回復し、一九〇〇年の段階では、二〇〇万人を超えている。さらに、一九二三年に起きた関東大震災の前夜には、東京の人口は、約四〇〇万人にも達していた。

官公庁や軍用地、あるいは外国の公館などの設置にあたっては、江戸時代の幕藩体制下で管理されてきた大名屋敷の跡地が大いに利用された。まずその対象となったのが、ほどなくして皇居へと姿を変えることになる旧江戸城の周辺に位置する地域だった。そして、これに続くのが、限られた範囲ではあるが、郊外に置

［図36］陸軍戸山学校　高島信義編『日本陸海軍写真帖』史伝編纂所、一九〇三年（明治三六年）。国立国会図書館蔵。
〈次頁〉

かれていた諸大名の中屋敷や下屋敷の敷地だった。
こうした時代の流れを背景にして、穴八幡神社の敷地と隣接していた尾張徳川家下屋敷（通称戸山荘）の跡地には、一八七四年、陸軍戸山学校が置かれた［図36］。さらに、神田川のほとりから椿山の斜面にまでおよんでいた黒田家の敷地は、一八七八年、明治の「元勲」の一人にも数えられている山県有朋（一八三八―一九二二）が、私財を投じて購入した。この椿山の大邸宅は、後に「椿山荘」と命名された。

山県有朋の邸宅――椿山荘

山県有朋が「椿山荘」を購入したとき、彼は前年の一八七七年に起きた西南戦争から、凱旋を果たしたところだった。この戦争では、山県自身が征討軍参謀として陸軍を率い、反乱軍を鎮圧した。反乱軍を指揮していたのは西郷隆盛（一八二八―一八七七）だったが、西郷が自害したことにより、明治維新政府に対する不平士族の最後の反乱は幕を閉じることになった。

山県有朋は、長州萩藩の下級氏族の生まれだった。長じて吉田松陰の松下村塾に学び、やがて高杉晋作（一八三九―一八六七）や伊藤博文（一八四一―一九〇九）らとともに尊王攘夷運動に身を投じた。一八六九年には渡欧し、ヨーロッパ諸国の軍制を視察、陸軍卿となった一八七三年には、徴兵令の制定を推進した。また、軍制の確立に尽力するなど、近代の国軍の創設に多大な貢献をした。これ以降も上記の西南戦争をはじめ数々の戦争に自ら出征している。

軍人・政治家となった山県は、国政にも深く関与し、軍備拡張を主張し続けた。そして、長きにわたる活動歴のなかで、政治家として初代内務大臣、枢密院議長、内閣総理大臣、軍人としては、陸軍大将、元帥といったあらゆる要職を歴任した。

さらに第二次山県内閣が崩壊してからは、山県は、少数の特権的政治家の一団である元老の地位にも就いている。元老の大半を占めていたのは、明治維新で指導的役割を果たした二大勢力、つまり薩長両藩出身の有力な政治家たちだった。

また山県は、一九〇七年に侯爵の爵位を授けられたのをはじめ、生涯で数えきれないほどの勲章や称号に叙せられた。

山県は、椿山に広がる大邸宅「椿山荘」で、齢八〇までの約四〇年間を過ごし

［図37］椿山荘　瀬川光行編『日本之名勝』史伝編纂所、一九〇〇年（明治三三年）。国立国会図書館蔵。
〈次頁〉

た。その間、明治天皇や大正天皇をはじめ、当代の政財官界の有力者たちが、しばしばこの邸宅を訪問して会合が催されるなど、椿山荘は歴史の表舞台の一つであったといえる。長州藩出身の山県は、こうした藩閥政治によって実権を掌握し、政界で支配的な影響力を持ち続けたのである［図37］。

その後の時代にも、著名な人物たちが次々と椿山荘を訪れた。しかし、一九一八年、ついに山県はこの大邸宅を藤田平太郎（一八六九―一九四〇）に譲り渡すことを決断する。

藤田平太郎は藤田組の創立者である藤田伝三郎（一八四一―一九一二）の長男だった。伝三郎は、山県有朋とおなじく長州萩藩出身で、幕末期には萩藩の尊王攘夷運動に加わり国事に奔走、奇兵隊に参加したが、そこで山県と知り合っていた。

藤田組の二代目当主となった藤田平太郎は、金融業をはじめ鉱・工業、林業、商事など様々な事業を手掛ける関西財界の雄だった。一九一二年に男爵となった藤田平太郎は、東京の本邸とすべく、椿山荘を購入した。その際、藤田は、「（椿山荘について）

一木一石も旧観を失わないこと」という山県有朋の意志を受け継いでいた。

　その後、藤田は、数々の重要会議が開かれてきた山県有朋の本邸を園内東側の丘に移築して、記念館として保存した。さらに京都の宮大工を招き、五年の歳月を費やして邸宅を建造した。広大な庭園には無用な手を加えることなく、旧い歴史を偲ばせる文化財や貴重な美術品の数々を随所に配した。

　この時、実際に庭園に置かれたものに、たとえば広島県竹林寺に創建されたものを起源とする三重塔があった。室町期の作と推定されるこの塔は、一九二五年、椿山荘の庭園内に移築された。一九四五年の東京大空襲の際にも、この三重塔は奇跡的に焼失を免れ、現在でも当時のままの姿をとどめている。

　さらに、一九二四年には、京都下賀茂神社にあった社殿が、この地に移築された。その翌年には、「伏見稲荷明神から白玉稲荷を勧請してこの地の守護神とした」とされている。

　庭園には、その他にも鎌倉後期の逸品と考えられる般若寺式石燈籠（はんにゃじしきいしどうろう）や小径に沿って七福神の石像などが配された。

　園内には、古くから東京の名水にも数えられ、湧水が自噴する「古香井（ここうせい）」とよばれる井戸もあった。一九二三年九月一日、後に関東大震災と呼ばれることになる巨

［図38］椿山荘の古香井

大地震が東京を襲うと、この井戸は被災者の喉を潤すために開放されたといわれている［図38］。

実際のところ、都の西北にあたるこの地域に人々が押し寄せたのは、地震に続いて火災が発生したためだった。震災によって大きな打撃を受けた地域に住む人々が、被災を免れた椿山荘の地に助けを求めてやってきたのだった。

総面積一万八〇〇〇坪を超え、現在の「ホテル椿山荘東京」の一角を占めている椿山荘の庭園には、震災や空襲といった荒波を乗り越えて、山県有朋が「椿山荘・十勝」に数えた、井戸「古香井」、大池「幽翠池（ゆうすいち）」、小滝「聞秋瀑（ちょうしゅうばく）」などがある。こうした史蹟から、私たちは往時の面影を偲ぶことができる。

また鬱蒼とした庭園には、椿山荘最古の椎の木で、高さ二〇m、根本周囲は四・五〇m、樹齢約五〇〇年といわれる御神木をはじめ、椿山荘の名の由来となっている椿はもちろん、楡の木やクスノキなど、多種多様な樹木が生い茂っている。

さらに、幾筋もの水の流れ、岩間を水が流れ落ちてできた小滝、天然の湧水なども、木々の間から見え隠れする。「ホテル椿山荘東京」から一望のもとに見渡すことができるのは、こうした雄大な景観である。

椿山荘の西隣り

山県有朋の邸宅だった椿山荘の西隣りには、六〇〇〇坪の敷地を有する邸宅が広がっていた。山県と同じく、明治維新の功労者の一人として知られる田中光顕（一八四三―一九三九）の屋敷である。

田中は、一八九八年（明治三一年）に建物の建設をはじめ、一九〇七年（明治四〇年）には、近代和風建築ではありながら、洋風の応接室を持つモダンな佇まいの邸宅を完成させた。この屋敷は、後に「蕉雨園」［図39］と名づけられた。ある漢学者がここを訪れた時に、自然庭園に囲まれた邸宅を見て作詩をしたが、その詩から「蕉」と「雨」の二文字をとり、また園内にある松尾芭蕉（一六四四―一六九四）ゆかりの芭蕉庵と五月雨庵にちなんで命名されたという。ちなみに、この「ある漢学者」とは、『大漢和辞典』の編纂で知られる諸橋轍次（一八八三―一九八二）だったそうである。

「蕉雨園」の主だった田中光顕は、土佐藩の出身だった。しかしながら、勤王運動に身を投じて脱藩、一八六六年に締結された薩長同盟の成立にあたり、中岡慎太郎（一八三八―一八六七）らとともに交渉役を担った一人でもあった。中岡は、坂本龍馬（一八三六―一八六七）の海援隊にも匹敵する陸援隊を率いていた（ちなみに、一八六七年、京都で坂本龍馬とともに中岡慎太郎が暗殺されたとき、田中は現場の河原町近江屋に駆けつけ、中岡慎太郎の最期の言葉を聞いている）。

［図39］蕉雨園

田中光顕を含む土佐藩出身の藩士たちの仲介もあり、西日本の二大勢力だった薩摩・長州両藩は、同盟関係を結ぶことになる。以降、薩長同盟は、倒幕運動が進展していくための基盤となり、幕藩体制が崩壊し、明治新政府が樹立された一八六八年以降は、政治面での主導的な役割を担うことになった。

その後の田中光顕はというと、一八七一年から一八七三年にかけて、岩倉具視遣外使節の随員として欧米に派遣され、使節団の会計係の任を果たした。出発時、四六名から成る大使節団には、薩長出身の実力者たちが多数参加していた。特命全権大使は、当時の右大臣だった岩倉具視（一八二五―一八八三）が務めた。

この大使節団の派遣は、そもそもは大隈重信を全権とする少人数の

「大隈使節団派遣」構想に端を発していたという。それが、岩倉具視を大使とし、四名の副使、木戸孝允（一八三三―一八七七）、大久保利通（一八三〇―一八七八）、伊藤博文、山口尚芳（一八三九―一八九四）を含む大使節団の派遣構想へと発展していったものと考えられている。

一八七三年以降も、田中は交渉役・仲介役としての役割を果たし続けた。しかし、対朝鮮強硬路線を唱えるいわゆる征韓論をめぐって、西郷隆盛や板垣退助（一八三七―一九一九）と内治優先を唱える岩倉具視や大久保利通の間で、明治新政府の内部対立は決定的なものとなり、田中もそれに巻き込まれていった。

結局のところ、朝鮮への派兵を主張していた征韓論の支持者たちは、政治的な敗北に追い込まれていった。旧薩摩藩の出身である西郷隆盛以外は、田中光顕を含め、征韓派の多くが旧土佐藩や肥前藩の出身だったが、彼らは官を辞して下野することを余儀なくされたため、士族反乱や自由民権運動を展開して、政府に対抗していくことになった。

こうしたなか、旧肥前藩の出身だった大隈重信だけが、例外的に政府内に留まり続けた。彼が失脚するのは、一八八一年（明治一四年）の政変を待ってのことだった。そして、翌年の一八八二年（明治一五年）、大隈は、「東京専門学校」（現在の早稲田大学）を設立した。

アメリカの政治学者ディビッド・A・タイタスが述べたように、実際には、田中光顕が頑なに守ったのは、明治期の薩長出身者を中心にした寡頭政治からの宮廷の自立だった。その一方で、田中は、一八七三年以降に政府の要職をほぼ独占してゆくことになった両藩出身の指導者たちに歩み寄る姿勢を見せていた。

双川富田幸次郎が書き記した『田中青山伯』によると、その後の田中は、一八六九年に設置されていた宮内省（現宮内庁）との関わりを深めてゆくことになる。宮中顧問官や宮内次官を経て、田中は一八九八年に宮内大臣に就任した。それから一九〇九年までの一一年間にわたって、彼はこの地位にあり、天皇の側近に仕えて、宮中政治家として勢力を保ち続けた。

田中は、天皇に対して極めて忠実であるのと同時に、剛直な一面も持っていたという。天皇のため、皇室のためと信じることがあれば、誰かの逆鱗に触れようとも、自分自身の意志を貫いて行動した。その一方で、たとえ天皇の意志に反していようとも、自らの信じる道を進むこともあり、皇室からの自立を頑なに守ったことで、人々に知られている。日露戦争（一九〇四―一九〇五）の戦線にむけて、田中光顕自身がまさに赴こうとしていたその前夜、その人柄を良く表す一つのエピソードが残されている。

田中とは知己の間柄で、自分自身の邸宅の隣人でもあった山県有朋が、一九〇四年、日露戦争の情勢を検討するため前線に派遣されることになった。その際、山県は、宮内大臣を務めていた田中を通じて、天皇が所有する二頭の愛馬の貸与を願い出たという。

この要求の正当性を疑わなかった田中は、いく度も請願を試みたものの、天皇からはあっさり断られてしまった。しかし、ついに田中は、天皇から許可を得ることなく、山県の要求に応じて、天皇の持ち馬のうち二頭を貸してしまう。そんなこととはつゆ知らず、馬を手に入れて狂喜した山県は、すぐさま天皇に謁見し、尊大な計らいに対して謝意を述べたという。

「一から一〇まで陛下の思召のままに従い、少しも御諫言を申し上げないというのは決して輔弼（ほひつ）（天皇などの補佐をすること）の責をまっとうするものとはいえない」と信じていた田中の姿勢を実に良く表している挿話と言えるだろう。

田中光顕は、宮内省図書頭（ずしょのかみ）や学習院長などの要職も歴任した。学習院は、皇族や華族の子弟の教育を目的に一八七七年に創立された機関であり、昭和天皇（一九〇一―一九八九）や平成の天皇（一九三三―　）など歴代の天皇も学んだ学校だった。

また、早稲田大学にとっても、田中光顕は、貴重な資料を無償で寄贈した、大後援者として記憶されている。田中は、書画骨董に造詣が深く、所有していた多数の稀覯書を早稲田大学図書館に寄付した。そのなかには後に国宝に指定されることになる唐代の写本である『礼記子本疏義』や『玉篇』も含まれていた。早稲田大学の大学史資料センターへの寄贈資料のなかには、これらの古写本を大学に寄贈するにあたって、一九〇五年（明治三八年）一〇月一四日の日付入りで、田中光顕が、当時の早稲田大学校長鳩山和夫に宛てた手紙が残されている。さらに、田中光顕の寄贈コレクションには、西郷隆盛、大久保利通、木戸孝允、岩倉具視、坂本龍馬、高杉晋作、勝海舟といった幕末維新の志士たちの自筆による、墨蹟の掛け軸も大量に含まれていた。

田中光顕によって寄贈されたこうした貴重な資料は、二〇〇七年の春に開催された、早稲田大学創立一二五周年記念展覧会で展示された。同展覧会は、「早稲田ゆかりの人々Ｉ　田中光顕」と題して行われ、大きな反響を呼んだ。

一九三二年（昭和七年）、田中光顕が所有していた蕉雨園は、講談社の創立者で初代社長となった野間清治（一八七八―一九三八）の手に渡った。野間家の所有となったこの敷地の高台には、二〇〇〇年になり、講談社創業九〇周年事業の一環として講談社野間記念館が設立された。目白通りに面したこの美術館には、創業者である野間清治が、大正期から昭和期にかけて蒐集した、いわゆる「野間コレクション」が収蔵されている。

その一方、蕉雨園は、現在は一般には非公開になっているが、時おり、お茶会の会場として、または様々なテレビ番組のロケ地として取り上げられているようである。

椿山荘の西隣りで、かつ先に述べた旧田中光顕邸の南側にあったのは、かつて「龍隠庵(りゅうげあん)」と呼ばれていた庵である。この庵は、不世出の俳人である松尾芭蕉(一六四四―一六九四)の住処だったと伝えられている。

三〇代の初めに江戸に出た芭蕉は、おそらく日本橋界隈で被災したことが理由で、一六七七年(延宝五年)から一六八〇年(延宝八年)にかけて、この地に移り住んだとされている。その間、芭蕉は町と契約を結んで、すぐそばを流れる神田上水の改修工事の請負人を務めていたようである。

実際に、しばしば幕府は、屋敷のまわりの秩序の監督や維持、さらには支援や援助までの責務を大名やその家臣たちに委ねていた。だとすれば、芭蕉が町の名主から請け負って、神田上水の改修工事に携わっていたという仮説も説得力を持つだろう。

芭蕉が、この平穏な土地での暮らしを愛していたらしいこと以外は、当時の様子について知られていることは少ない。ともあれ、この庵では、神田川の向こう側に目をやれば、一面に広がる早稲田田圃の風光を心ゆくまで楽しむことができた。こうした暮らしのなかで、芭蕉は幾つもの句を残している。

『史蹟　関口芭蕉庵案内記』によると、芭蕉の死後、一七二六年（享保一一年）の三三回忌に当たり、庵の庭には、弟子たちによって木造の芭蕉像を祀る「芭蕉堂」が建てられた。

その後、一七五〇年（寛延三年）になると、長谷川馬光（一六八五―一七五一）らの俳人たちによって、芭蕉堂のそばに、芭蕉の真跡の短冊が埋められ、「芭蕉翁之墓　夕可庵馬光書」と刻まれた墓が建立されている。

短冊に刻まれていたのは、一六八八年の作である「五月雨(さみだれ)に隠れぬものや瀬田の橋」の句で、芭蕉が、早稲田田圃を琵琶湖に見たてて詠んだとされている。そして、この一句からとって、芭蕉の墓は「さみだれ塚」と称されるようになった（この墓は、「芭蕉翁関東七墓」の一つに数えられている）。その後、この龍隠庵は、関口の地にある芭蕉の庵、つまり「関口芭蕉庵」の名で人々に親しまれるようになった。

［図40］二代歌川広重「関口上水端　芭蕉庵　椿山」『絵本江戸土産』一八五〇—一八五七年（嘉永三—安政四年）。国立国会図書館蔵。挿絵には、「関口というは、この書前の編に図したる井の頭の池より東都へひく上水の別れ口にて、一つは上水に入り、餘水は江戸川［現在の神田川］へ落る。本字堰口に作るべし。させる風景の地ならずといえども、水に望み広野に望みて、只管閑雅の地なるにより、俳諧者流（俳諧の仲間）この菴を作り会合して風流を遊ぶ」とある。

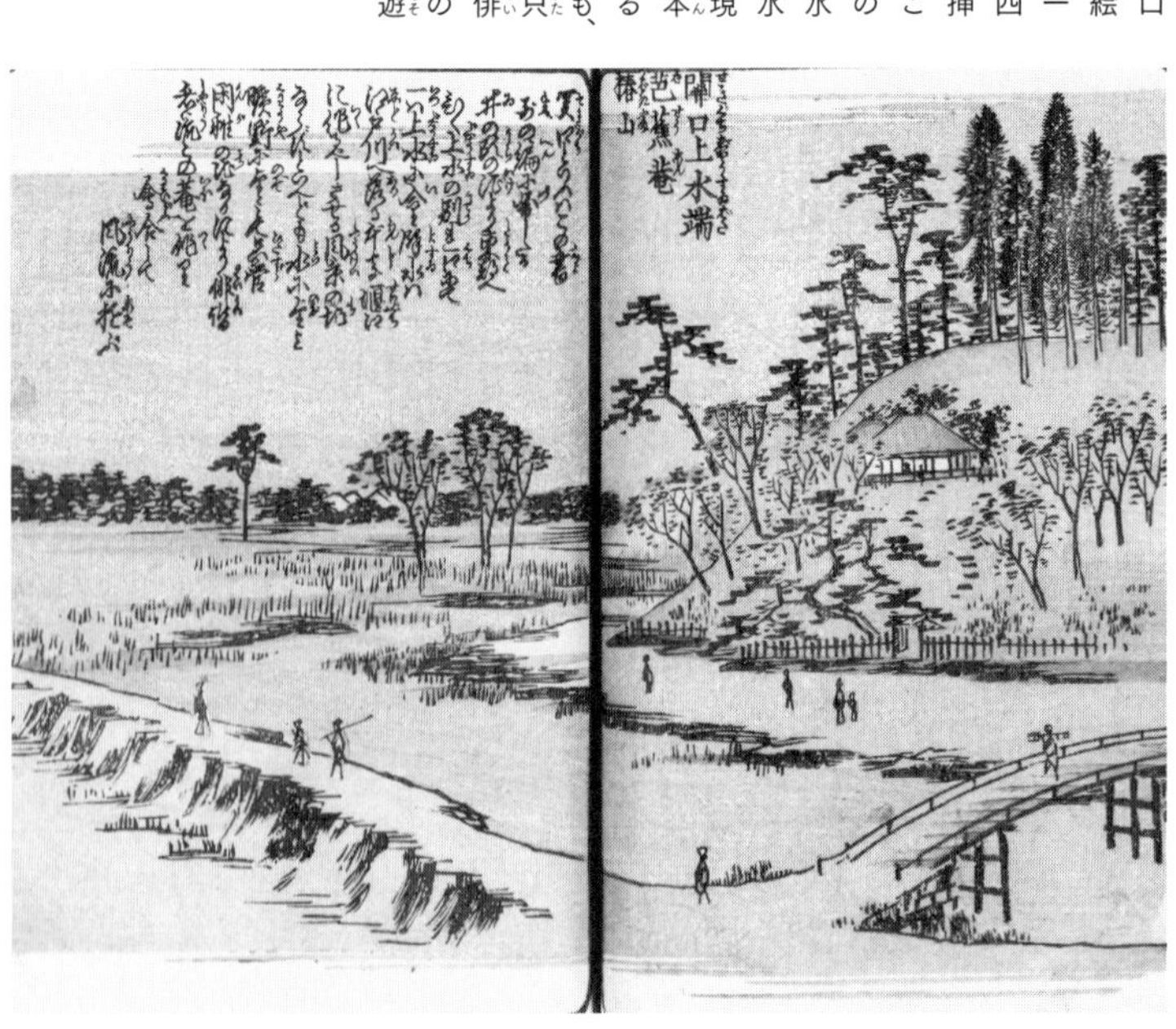

関口芭蕉庵は、二代歌川広重の『絵本江戸土産』（一八五〇—一八六七年の間に出版）のなかの「関口上水端　芭蕉庵椿山」や広重の『名所江戸百景』のなかの第四〇景「せき口上水端はせを庵椿やま」（一八五七年）でも描かれている。こうして画題に取り上げられていることからしても、この庵が、江戸時代の後期には世間に広く知られていた史跡だったことが分かるだろう［図40・41］。

広重作「せき口上水端はせを庵椿やま」を詳細に見てみ

〔図41〕歌川広重「せき口上水端はせを庵椿やま」『名所江戸百景』一八五七年（安政四年）。国立国会図書館蔵。蛇行して流れるのは神田上水で現在の西早稲田、目白の椿山荘辺りの風景である。俳人・芭蕉はこの付近の河川の工事に従事したといわれる。五十周忌を記念し門人らによって右手にある芭蕉庵（はせ越庵）が建てられた。

ると、関口芭蕉庵は、松や桜の木々に間に隠れるように描かれており、高台に立つこの庵のすぐ脇には、川が流れている。そして、川の向こう岸に広がっているのが、田畑に覆われた早稲田の低地である。

さらに、芭蕉庵の後ろ側に目を移すと、隣り合う二本の巨木が聳え立っているが、これはおそらく銀杏の木で、神田上水の関口水門の守護神である「水神社」の御神木である。

今日でも、水神社の小さな鳥居をくぐり、参道である急こう配の石段を登りきってみれば、この大銀杏が、当時のままの姿で私たちを迎えてくれるだろう。

目の前を流れる神田川に向かい合うように南をむいており、この川の守り神でもある水神社が、いつ頃の創建であるのかは定かではない。しかし、一七三二年（享保一七年）に刊行された江戸の地誌『江戸砂子』には、「上水開けてより関口水門

［図42］「芭蕉庵　五月雨塚　駒留橋　八幡宮　水神宮」『江戸名所図会』一八三四―一八三六年（天保五―七年）。国立国会図書館蔵。挿絵では、中央に「八まん　水神」、「竜隠庵」があり、右手前に早稲田と椿山をつなぐ「駒留橋」があり、右上に「はせを（ばしょう）堂」、「こんぴら」、「五月つか」がある。中央の流れは神田上水。

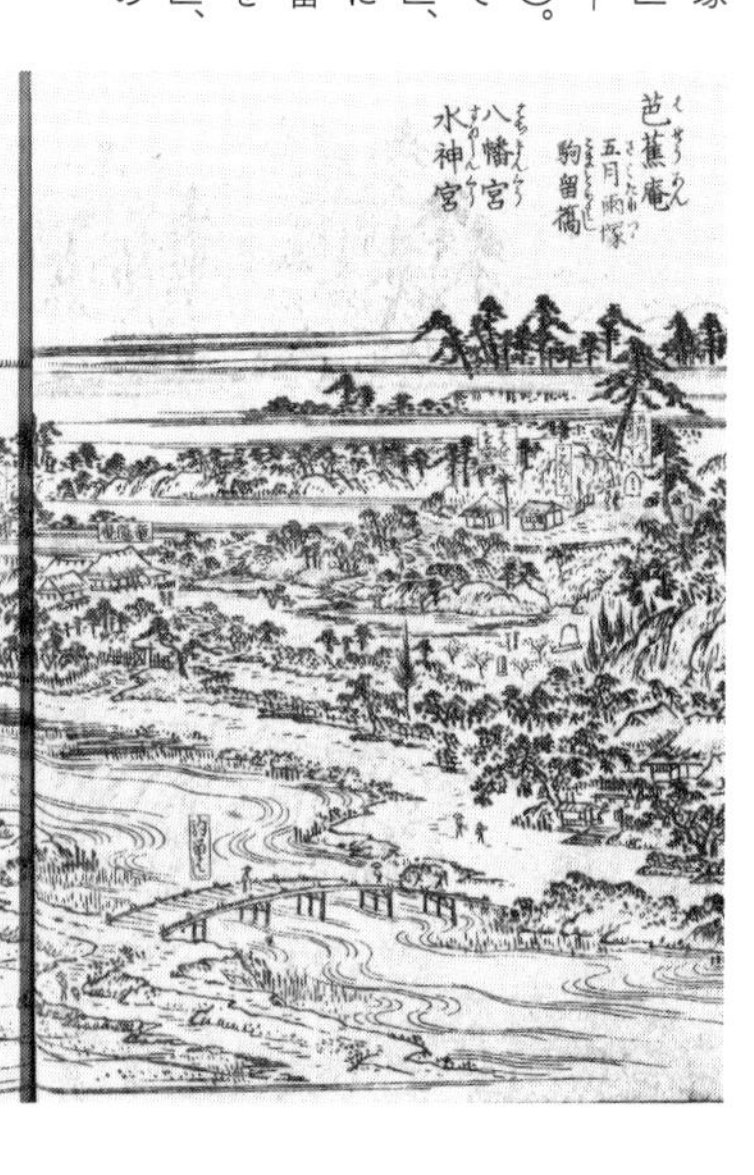

の守護神なり」という記述がみえる。

　言い伝えによると、「神田上水の堰堤を設置して間もなく、水神が八幡社司（関口正八幡神社のこと）の夢枕に立ち、『われは水伯（水神のこと）なり。この地に祀らば堰の守護神となり、村民をはじめ江戸町民ことごとく安泰なり』と告げたので当社を建てた」とも言われている。

　また、『江戸名所図会』の「芭蕉庵　五月雨塚　駒留橋　八幡宮　水神宮」という挿絵にも、早稲田田圃や椿山をおさめた風景のなかに、「水神宮」とよばれている水神社を見出すことができる［図42］。
このように、水神社はこの地で暮らす村民のため、そして江戸の町民のために創建された。そして、水神社へと続く参道は、江戸の郊外から市内の各地域へとつながる参詣の道筋に加わるようになった。

胸突坂（むなつきざか）――駒塚橋（こまつかばし）まで続く急こう配

上述した関口芭蕉庵を描いた広重作「せき口上水端はせを庵椿やま」の光景を見ると［図41参照］、椿山の由来となっている椿の木々が、この斜面一帯を覆っていたわけではないことがわかる。水神社と芭蕉庵の間には、江戸の町で屈指の急坂が横たわっていたが、広重の作にはこの坂道は描かれていない。

今日でも、神田川のほとりから目白台を横断する目白通りまで続いている、六五mほどのこの急峻（きゅうしゅん）な坂道は、江戸市民から「胸突坂」と呼び慣らわされていた。あるいは、この坂が水神社のそばにあったことから、「水神坂」とも呼ばれていた。

江戸後期の地誌で、一八二六年（文政九年）に幕府が編纂をはじめた『御府内（ごふない）備考（びこう）』には、「胸突坂は牛込家の屋敷の脇なり、此坂を下れば上水はたなり。あまりに坂のけはしくて胸をつくばかりなれば名付くといふ」と記されている。

また、一八九六年（明治二九年）から一四年間にわたって刊行された『新撰東京名所図会』には、「元禄一〇年（一六九七年）水神社の境内を横貫して開きたる坂路なり」と記録されており、ここから今日の駒塚橋（こまつかばし）から目白通りへと抜ける、胸突坂の起源をうかがうことができる［図43］。

自転車やベビーカーを押してでも通ることができる両端の狭いスロープか、八二段ある階段をのぼって胸突坂を進んでみると、これまでに言及してきた様々な建築物や史跡を目にすることができる。ちなみに、八二段ある階段は、東京都内でいえば、千代田区の駿河台にある「女坂」に匹敵するほどの段数である。

［図43］胸突坂

胸突坂にそって立ち並んでいる、これらの建造物のなかには、江戸時代に建てられたものもある。しかし、観光の対象として世に知られている場所はというと、

［図44］村上春樹。Wikimedia Commons より。

まず胸突坂を見上げた坂下の西側にある水神社か東側の関口芭蕉庵、そして、その少し高台にある野間家所有の蕉雨園ということになるだろう。

さらに、胸突坂をなかほどまで上ってみると、坂の西側に見えてくるのが、旧細川家の敷地にたつ永青文庫の門構えである。そして、その奥には「和敬塾（わけいじゅく）」の敷地が広がっている。

和敬塾は、現在は、男子大学生の学生寮として利用されている。実業家であった前川喜作（まえかわきさく）（一八九五―一九八六）が、細川家から約七〇〇〇坪の敷地と邸宅を購入し、創立した学生寮である。

現在の和敬塾本館は、一九三六年、細川家第一六代当主の細川護立によって建設された、昭和初期の代表的な華族邸宅の遺構で、チューダー様式の堂々たる洋館である。

わずか半年ほどという短い期間ではあったものの、この和敬塾で下宿生活を送ったのが、若き日の村上春樹（一九四九―　）である［図44］。一九六八年、村上春樹は、和敬塾からほど近い早稲田大学の第一文学部に入学した。当時は、学生による異議申し立ての時代で、大学のキャンパスは、ある種の戦場のような物々しい雰囲気に包まれていた。

一九八七年に発表された自伝的小説『ノルウェイの森』では、村上が大学に入学した当時の時代背景や早稲田大学周辺が、小説の重要な舞台として設定されている。この作品をイタリアに翻訳紹介した文学研究者のジョルジョ・アミトラーノは、一九八七年における同作品の発表を、「戦後の日本文学界において、予期せぬ大きな衝撃を与えた事件の一つ」とまで評している。『ノルウェイの森』には、こんな一節が描かれている。

昔々、といってもせいぜい二十年ぐらい前のことなのだけれど、僕はある学生寮に住んでいた。[……]
その寮は都内の見晴しの良い高台にあった。敷地は広く、まわりを高いコンクリートの塀に囲まれていた。門をくぐると正面には巨大なけやきの木がそびえ立っている。樹齢は少なくとも百五十年ということだった。[……]
コンクリートの舗道はそのけやきの巨木を迂回するように曲り、それから再び長い直線となって中庭を横切っている。中庭の両側には鉄筋コンクリート三階建ての棟がふたつ、並行に並んでいる。窓の沢山ついた大きな建物で、アパートを改造した刑務所かあるいは刑務所を改造したアパートみたいな印象を見るものに与

える。［……］
その月の終りに突撃隊が僕に蛍をくれた。
蛍はインスタント・コーヒーの瓶に入っていた。［……］
「庭にいたんだよ」
「ここの庭に？」と僕はびっくりして訊いた。
「ほら、こ、この近くのホテルで夏になると客寄せに蛍を放すだろ？　あれがこっちに紛れこんできたんだよ」と彼は黒いボストン・バックに衣類やノートを詰めこみながら言った。

和敬塾の庭にいた蛍は、椿山荘の敷地から飛んできていたはずで、そこでは、「夏になると客寄せに蛍を放」していた。

和敬塾が面している急な上り坂は、下宿時代に、村上自身が数えきれないほど行き来したはずの場所である。こうした坂道からは、当時と変わることなく、今でも『ノルウェイの森』に登場するこの寮の窓を眺めることができる。

こうした上り坂のうち、和敬塾の敷地の東側を通っているのが胸突坂で、西側を通るのが「幽霊坂」と呼ばれる小径である。『ノルウェイの森』にもあるよう

［図45］和敬塾の敷地の西側を通る「幽霊坂」

［図46］二つの幽霊坂（現・文京区）「雑司ヶ谷音羽絵図」『江戸切絵図』一八五三年（嘉永六年）。国立国会図書館蔵。〈次頁〉

に、敷地の周囲には高い塀が設けられていて、塀の内側からは繁茂する木々がのぞいている。そこは、あたかも幽玄の世界に足を踏み入れたかのような、薄暗い空気に包まれている［図45］。

江戸の町には、「幽霊坂」という名の坂道が点在していた。その名が示すように、寺社や墓地の近くにあって幽霊を連想させるような坂が、こう名づけられることが多かった。江戸から東京へと時代が変わり、地形に由来する地名の代わりに、新たな町名が普及した現在でも、東京二三区内には、幽霊坂という地名が、十数ヶ所も残されている。

目白台付近にも、幽霊坂という名をもつ坂が二ヶ所ある。その一つが、先に述べた和敬塾の西側を走る幽霊坂で、もう一つが、目白通りを渡って西に少しばかり進んだところにある、日本女子大学横の幽霊坂である。

第一章でも言及した一八五三年（嘉永六年）の「雑司ヶ谷音羽絵図」『江戸切絵

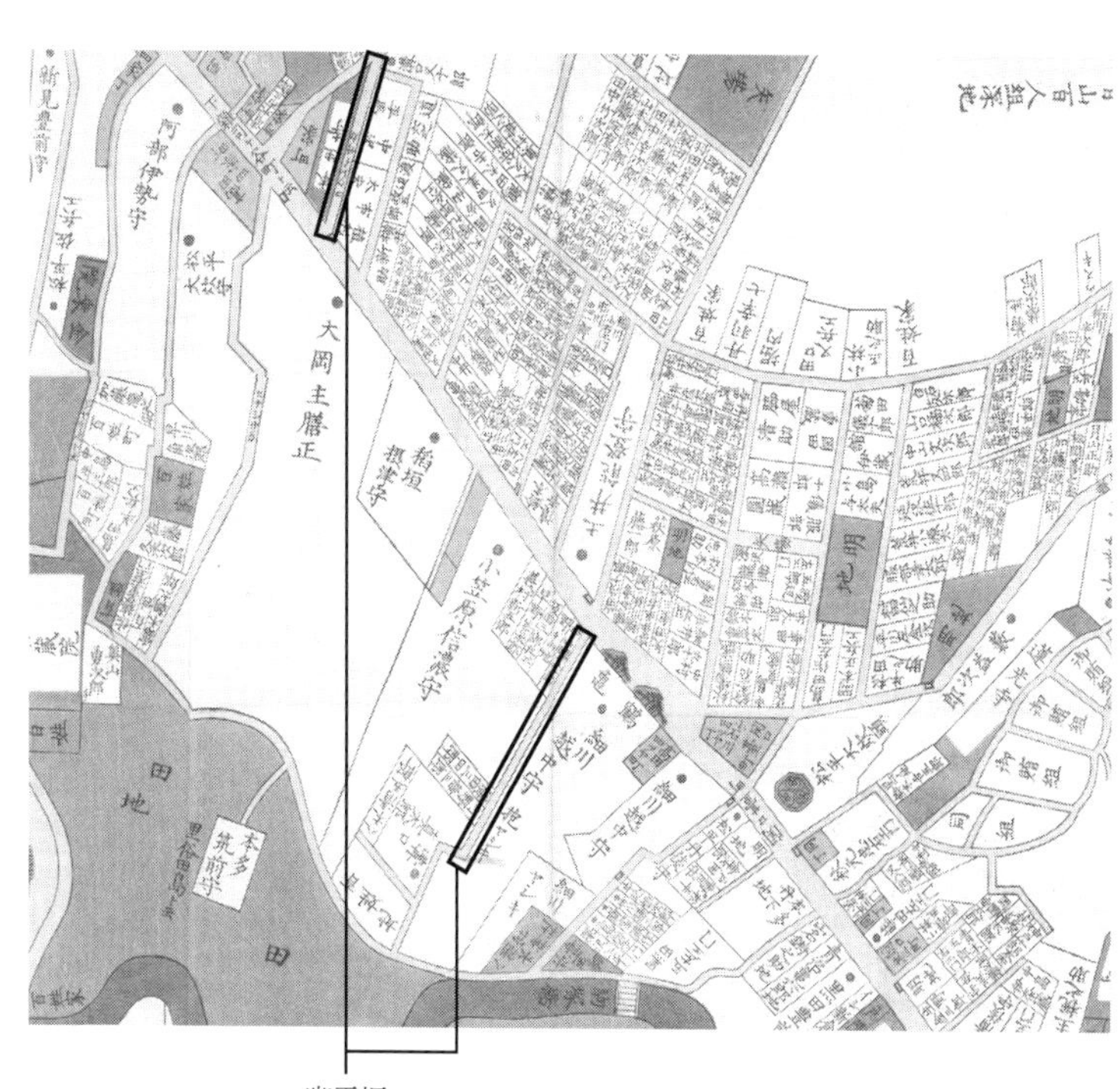

図』を見てみると、日本女子大学横の幽霊坂は、「ユウレイサカ」と記されている［図46・口絵⑪］。

　この日本女子大学横の幽霊坂の隣には、かつて本住寺という寺があった。『新撰東京名所図会』には、「幽霊坂は本住寺の脇より雑司ヶ谷清土に出る坂をいふ［……］」と記されている。

　さらに、坂の西側にも寺があり、この一帯には寂し気な竹藪が広がっていたこともあって、この坂は、幽霊坂と呼ばれるようになったようである。

「その昔、この小径には、巡礼歌(じゅんれいうた)を口ずさみながら通ってくる姉妹がいたという。しかし、ふとしたことから、この二人は亡くなってしまう。その後、姉には墓が建てられたが、妹には墓が建てられることはなかった。
それ以来、すすり泣く妹の幽霊が、この界隈に出没するようになった。これを哀れに思った村人が、妹にも墓を建てると、幽霊は現れなくなった」というのが言い伝えである。

さて、村上春樹が通ったはずの「幽霊坂」に話をもどそう。和敬塾の敷地からみて、この幽霊坂を境にして向き合うように隣接しているのが、「文京区立目白台運動公園」の敷地である。この公園の敷地は、かつて元首相である田中角栄（一九一八―一九九三）の邸宅の一部だった。

田中角栄は、一九七二年に自由民主党の総裁となって首相に就任、一九七四年に退陣に追い込まれるまでの間この地位にあった。豪腕で知られた昭和を代表する政治家だった。この地にあった田中角栄の邸宅は、「目白御殿」の名で広く世に知れわたっていた。当時、「目白詣で」といえば、時の最高権力者である田中邸を訪れることを意味していた。

和敬塾の敷地をはさんで胸突坂と並行してはしる幽霊坂を下っていくと、旧細川邸で神田川に面した現在の肥後細川庭園にたどり着く。したがって、幽霊坂と胸突坂は、目白台と神田川とをつなぐ小径ともいえる。

［図47］尾形月耕「関口芭蕉庵」『美人名所合』一八九八年（明治三一年）。国立国会図書館蔵。神田川の南側から見た椿山のあたりの風景。対岸に見えるのが芭蕉庵である。

このあたりの神田川の水辺の様子は、良く知られたところでは、先述の広重作「せき口上水端はせを庵椿やま」のなかで描かれており、また他の画家たちの画題ともなってきた［図41参照］。

そうした作品のなかで、興味を引かれる作として、日本画家の尾形月耕（一八五九―一九二〇）が、一八九八年、『美人名所合』の連作のなかの一枚として描いた「関口芭蕉庵」がある［図47］。

この作品では、霞がかった淡い色合いのなかで、早稲田の低地にある神田川の南側の岸辺を歩く一組の男女が描かれている。後景には、川の対岸にある関口芭蕉庵を中心に、水神社から椿山荘までの様子が収められている。

また、明治から大正にかけて活躍した画

［図48］山本松谷「小石川区之部　目白台下駒塚橋辺の景」『新撰東京名所図会』一九〇六―一九〇七年（明治三九―四〇年）。法政大学江戸東京センター蔵。左が芭蕉庵で中央を流れるのが神田川。当時は芭蕉庵と川との段差もさほど無く、川で野菜を洗う姿が描かれている。駒塚橋が先のほうに小さく描かれているがこの時代は木橋で、現在はこれより少し上流に鋼製の橋が掛けられ川も深く幅広くなっている。

家の山本松谷（昇雲）（一八七〇―一九六五）は、一九〇七年に刊行された『新撰東京名所図会（第四七編）』に収録されている「目白台下駒塚橋辺の景」で、当時の駒塚橋の周辺や椿山の様子を伝えている［図48］。

さらに後になると、この辺りの様子は、作家の永井荷風（一八七九―一九五九）［図49］によって描かれている。アメリカの日本文学研究者であるサイデンステッカーは、荷風を評して、「極めて感受性豊かかつ緻密に、東京という都市を記録した年代記作家である」と指摘している。

永井荷風は、一九一七年（大正六年）九月一六日から、死の前日の一九五九年（昭和三四年）の四月二九日まで、四二年間という長きにわたって『断腸亭日乗』と題した日記を書き続けた。四季の風物、時勢、風俗についての観察や感想が記された膨大な記録である。

そのうち、一九四五年（昭和二〇年）五月一〇日の日記には、以下のように記されている。

五月一〇日、晴、哺下散歩、小滝橋（早稲田通り沿いにある神田川に架かる橋の名）よりバスに乗り早稲田に至る、高田の駅を過るに見渡すかぎり焼原なり、線路土手の草のみ青きこと染むるが如し、バス終点より歩みて（新目白通り沿いにある現在の東京都交通局　早稲田自動車営業所付近）、駒塚橋を渡る、目白台の新樹鬱然、芭蕉庵門内の老松また恙なく芽の長く舒びたるを見る、門の柱に小石川区関口台町廿九番地、史蹟芭蕉庵、また服部富服部敏幸とかきし小札を出したり、門外の急坂を上り、路端の小祠に賽し銀杏の樹下に少憩して後再び来路をバスに乗りてかえる。

一九四五年の日記のなかで永井荷風が散策したあたりは、大

［図49］永井荷風。Wikimedia commons より。

部分が空襲で深刻な打撃を受けていた。

一九四四年の一一月以降になると、アメリカ軍による日本の本土への空襲が激化した。東京も一九四四年の秋から空襲にあった。翌年三月一〇日のいわゆる「東京大空襲」をはじめとして、四月一三日や五月二五日にも大規模な空襲があり、その前後にも一〇〇回以上の空襲を受けた。

荷風は、この散策時に目にした光景を、「高田の駅を過るに見渡すかぎり焼原なり」と端的に記録している。これは、まさしく空襲の結果、灰燼と化した町の姿だった。

一九四五年三月一〇日の未明、永井荷風は、東京大空襲に遭遇し、当時、住処としていた麻布の「偏奇館」を焼失させていた。やむなく、その翌月には、東中野国際文化アパートに引っ越しを決めるが、五月二五日には、東中野でふたたび罹災することとなった。その後、荷風は、明石を経て岡山に疎開している。

先の日記には、荷風が、水神社のある高台から、鳥居と大銀杏を描いたスケッチが残されている。スケッチの手前には、太い幹と生い茂る葉々をもち、隣り合って聳(そび)えている二本の大銀杏が描かれ、ちょうどその二本の巨木のあいだに、小ぢんまりと描かれているのが、水神社の鳥居である［図50・51］。

［図50］永井荷風が水神社から描いた景色『永井荷風全集』第24巻、岩波書店、一九六四年、三三二頁より。〈上段〉

［図51］現在の水神社からの景色〈下段〉

その日記の左隣には、当時の芭蕉庵の様子も描かれている。しかし、荷風が芭蕉庵を訪れたわずか二週間後には、この庵は、空襲に起因する火災によって焼失してしまう。芭蕉庵が焼け落ちたのは、運命のいたずらか、荷風が東中野で罹災したのと同じ、一九四五年五月二五日のことだった。

水神社を描いた荷風のスケッチの手前の左端には、「駒塚橋」の文字も確認することができる。胸突坂を坂下まで下ってくると出くわすのがこの駒塚橋で、そのまま神田川に架かる橋を渡ると、その先に広がっているのが、早稲田の低地だった。

神田上水の水路を描いた絵図「神田上水々元絵図」〔図05参照〕、一八五三年発行の「雑司ヶ谷音羽絵図」〔図07参照〕、広重作「関口上水端　芭蕉庵椿山」〔図40参照〕など様々な絵図を見比べてみると、かつて

［図52］江戸川（現在の神田川）の桜。一九一〇年（明治四三年）。国立国会図書館蔵。
〈次頁〉

の駒塚橋は、現在とくらべて、もう少し下流に架かっていたことがわかる。

駒塚橋は、以前は「駒留橋（こまどめばし）」とも呼ばれていた。江戸幕府官撰の地誌『新編武蔵風土記稿（しんぺんむさしふどきこう）』（一八一〇年に起稿、一八三〇年に完成）には、「いにしえ橋の北に老松ありて、行客つねに駒（馬のこと）を繋ぎしゆえ駒繋ぎ橋と称せしが、後に松も枯れしより駒塚橋と呼び誤れり」とあり、先に触れた『江戸名所図会』の挿絵「芭蕉庵　五月雨塚　駒留橋　八幡宮　水神宮」［図42参照］でも、駒塚橋は「駒留橋」と記されている。

駒留橋の名の由来については、「将軍が鷹狩に来た時、ここに駒を留めて昼食をとったので駒留橋と呼んだが、いつしか変化した」という説もある。

江戸時代には、水辺に住む裕福な家庭の子女たちが好んだ遊びとして、舟遊びがあったことが知られている。駒留橋のほど近く、川下の方角にあった関口大洗堰のたもとで船に乗り込むと、神田川を下って浅草に出て、芝居見物に行くことが楽しみの一つとなっていた。

また、幕末から明治時代の初期にかけて、駒塚橋からかつて神田川が旧江戸城の外濠と合流していた船河原橋（ふなかわらばし）付近までの区間では、治水のための護岸工事が行われた。この工事にともなって、神田川の岸辺には桜の木が植樹された。これに

より、新たな花見の名所が生まれ、この辺りは川面に船を浮かべた花見客で賑わうようになったと言われている［図52］。

こうして植樹されるようになった桜の木々は、氾濫を防ぐために設けられている川岸の小径に沿って今日でも並んでおり、私たちはその姿を目にすることができる。

春になると、その桜が演出する華麗な光景を一目見ようと、遠方からもたくさんの人々が押し寄せてくる。神田川に沿って延々と続く桜並木からは、真っ白に色づいた満開の桜の枝々が、川面にむかって一面にせり出し、折り重なっている。

夏の神田川散策はというと、桜咲く春ほどは心地の良いものではないかもしれない。それは気候だけのせいではない。桜の木々の葉の間からは、耳を突くような無数のセミの鳴き声が聞こえてくるからである。

かりにこの神田川の景観が、今あるような様々な建物によって遮られていなかったとしたら、――たとえば、一九九四年には、神田川からほど近い場所に、現在のリーガロイヤルホテル東京（旧リーガロイヤルホテル早稲田）が開業している――胸突坂からも、水神社からも、関口芭蕉庵からも、そして駒塚橋（神田川に架かる一四〇もの橋のうちの一一二番目にあたる）からも、一八八四年（明治一七年）に大隈重信が邸宅を構えた「早稲田の伯爵邸」のある場所を目にすることができたはずである。

第四章
早稲田

大隈重信と早稲田の邸宅

肥前佐賀藩出身の大隈重信（一八三八―一九二二）［図53］は、七歳のときに藩校である弘道館に入学し、朱子学などの漢学にもとづく伝統的な教育を受けた。その後、蘭学をはじめとする西欧の学問に接するようになると、長崎に遊学しオランダ系アメリカ人宣教師のグイド・フルベッキ（一八三〇―一八九八）から英学を学んだ。こうした教育を背景にして、大隈は、西欧思想や科学の熱烈な支持者となっていった。

一七歳の頃からは、義祭同盟（ぎさいどうめい）にも参加していた。義祭同盟は、弘道館の教授だった国学者の枝吉神陽（えだよししんよう）（一八二二―一八六二）が、佐賀で設立した結社である。この活動を通じて、大隈は、次第に倒幕思想を抱くようになり、後には開国論者となった。

二〇代の半ばとなっていた一八六四年には、大隈は、海外貿易に力を入れていた佐賀藩が、輸出品開発のために設けていた「代品方（だいひんぽう）」と呼ばれる役職に就いた。幼少の頃からこうした学問的、思想的な研鑽を積み、また様々な実務にも携わ

［図53］大隈重信（大隈邸）大正期の写真。早稲田大学史資料センター蔵。

るなかで、やがて大隈は、政治の世界に身を投じることを決意するようになったようである。

明治維新の際には、大隈は倒幕運動に加わり、一八六七年（慶応三年）には脱藩上京して、江戸幕府最後の将軍徳川慶喜（一八三七―一九一三）に政権返還を勧告しようとしたが、捕えられて佐賀に送還、一ヶ月の謹慎処分を受けた。一八六八年（明治元年）に明治政府が成立すると、大隈は、その翌年には民部・大蔵大輔（たいふ）（次官に相当）に就任、さらに大蔵卿（おおくらきょう）（長官に相当）を歴任し、日本の急速な発展の基盤となる財政改革の実現に尽力した。

大隈が実権者として展開した「大隈財政」とよばれた改革では、近代的な貨幣制度の確立にむけて一八七一年に新貨条例（貨幣単位を「円」で統一した）が制定された。また、一八七二年の国立銀行条例に基づいて国立銀行が設立されている。

大隈重信と早稲田の邸宅

彼の多岐にわたる才能は、別の分野の革新にもいかんなく発揮された。明治政府が招聘したお雇い外国人の一人で、一八七〇年三月に来日したイギリス人鉄道技師のエドモンド・モレル（一八四〇―一八七一）の指導のもと、大隈は、日本初の鉄道建設にも貢献している。

歴史学者の原田勝正の研究にあるように、民部・大蔵省の大輔として国内改革の中枢で活躍していた大隈は、当時の部下であった伊藤博文と協議し、政府に鉄道敷設の必要性を説いている。こうした働きかけの末に、政府は一八六九年、鉄道の建設を正式に決定するにいたった。

モレルは、来日からわずか一年半後には、肺疾患が悪化して急逝したが、一八七二年一〇月一四日（旧暦の明治五年九月一二日）には、新橋と横浜の桜木町間をわずか五三分で結ぶ鉄道が開通し、明治天皇を迎えて華々しく開業式が執り行われた。とはいえ、日本の鉄道が、国際的な名声を博すことはなかった。というのも、来日以前に、モレルが鉄道建設に従事していた経験に基づき、日本では諸外国とは異なる狭軌（線路の軌間は、国際標準が一四三五㎜であるのに対し、日本では少数派の一〇六七㎜が選択された）が採用されていたからだった。

後に大隈自身が認めているように、日本側に鉄道の軌間についての知識がまったく無かったために、モレルの説明を鵜呑みにして狭軌を採用する他なかった、というのがその実情だったようである。同時に、起伏の多い日本の地形に配慮した選択だったとも言われている。

国際政治学者の森田吉彦によると、「狭軌を採用している国は他にあるのか」という大隈の問いかけに対して、モレルは、自身が携わっていたオーストラリアの例を引き合いにだして応じたという。こうして、モレルは、オーストラリアに倣って、日本の鉄道建設を進めることを大隈に承諾させたのだった。

おそらく当時の政府が置かれていた財政的な事情、つまり鉄道建設以外の緊急な施策があったことによる資金不足があり、日本では、ヨーロッパや北米の基準とは異なる狭軌を採用してはどうかという議論が生まれていた。狭軌を採用することで、鉄道敷設のための経費を削減し、また工事の速成を図ることができたからである。

ちなみに、一世紀ほど後の一九六四年、東京～新大阪間で開業した東海道新幹線では、国際標準の一四三五㎜の軌間が採用されている。

日本の鉄道建設では、狭軌を採用したことにより、その後、列車の車両を海外から輸入することが難しくなり、車両の生産も国内市場に限られてしまうことになった。

さらにこの時代には、諸外国の大半が実践していたものとは異なる、一つの慣例が採用されている。道路交通における左側通行である。とはいえ、すでに江戸時代から、日本では道路の左側を通行することは、幕府の不文律であったという。

一六九〇年（元禄三年）に来日して、オランダ商館付きの医師として、日本に二年間滞在したドイツ人のエンゲルベルト・ケンペルも、彼が記した『日本誌』のなかで、日本の道路事情について、左側通行のルールが徹底されていることを記録している。

江戸時代の日本には狭い道が多く、左腰に刀を差していた武士は、右側を歩くとすれ違いざまに刀がぶつかってしまうことがあり、それがしばしば喧嘩の火種になっていたという。この無用な争いを避けるため、左側通行が定着していったという俗説も、今日に伝えられている。

ともあれ、明治以降になっても、この江戸からの慣例は続けられた。上述のように、日本の鉄道は、イギリスを一つの模範として敷設されたが、交通法規の手本としたのもイギリスだった。

一八八一年（明治一四年）には、初めて道路の通行方法が明文化され、「人力車が行き合った場合には左に避ける」と、車両の左側通行が明記されている。こうした選択も大隈の周辺で行われたことが想像される。

第三章で見たように、征韓論をめぐって明治政府内の対立が決定的になると、一八七三年には、多くの有力政治家を巻き込んだ政変が勃発した。いわゆる明治六年の政変である。その結果、旧土佐藩や肥前藩の有力者たちの多くは辞職に追い込まれた。大隈は、藩閥政治には反対の立場だったが、旧肥前藩の出身者として唯一、政変以降も政府内に留まり、薩長出身者との協力関係を続けていた。

しかし、その後、国会開設の時期と憲法制定に関する「国会論」をめぐって、大隈は、伊藤博文と対立するようになった。大隈は国会開設をいち早く成し遂げようとしていたが、伊藤は慎重な姿勢をとっていたからである。また、大隈がイギリス型の議会制を支持していたのに対し、伊藤はプロシア型の立憲君主制を支持していた。

こうした二人の対立が明白になったのは一八八一年（明治一四年）のことだった。引き金になったのは、開拓使官有物の払下げ事件だった。北海道開拓使が所有していた物件や土地などが、薩長勢力と縁の深い実業家たちに破格の条件で譲渡されようとしており、大隈はこうした払い下げに反対していた。

大隈らの激しい抵抗を受け、さらに藩閥政治への批判が高まり、折りしも自由民権運動に拍車がかかっていたこともあり、伊藤博文ら政府首脳はこの計画の取り消しを余儀なくされ、一方の大隈は、同年の一〇月に「参議」を辞任した。

こうした経緯（いきさつ）を経て起こったのが、明治一四年の政変だった。政党内閣制と国会の即時開設を主張していた大隈およびその支持者たちは、伊藤などの薩長勢力によって政府の中枢から追放されることとなった。

そして、すぐ翌年には、大隈の政治家としての人生において、二つの重要な出来事が起きている。一八八二年の四月一六日、先の政変で下野した大隈を中心に、自由民権派の政治家たちを巻き込んで、立憲改進党が結党された（一八九六年に進歩党と改称）。

立憲改進党の結成にあたって参集した、百数十人もの政治活動家のなかには、たとえば尾崎行雄（一八五八―一九五四）がいた。長きにわたって護憲や軍縮運動に奔走し、いつでも公正な立場から立憲政治の擁護に努めたことから、「憲政の神様」と称されるようになる人物である。

その中には、小野梓（おのあずさ）（一八五二―一八八六）もいた。明治維新期には、一〇代半ばの若さで戊辰戦争に従軍した。その後、小野は、一八七一年からアメリカおよ

〔図54〕東京専門学校講堂　瀬川光行編『日本之名勝』史伝編纂所、一九〇〇年（明治三三年）。国立国会図書館蔵。〈次頁〉

びイギリスに留学して英米法を学び、社会改革の必要性を確信するようになった。
小野は、この時すでに結核という病魔に冒されていたものの、すでに大隈のもっとも熱心な協力者の一人となっていた。こうしたなかで進行しつつあったのが、従来の伝統的教育にとらわれない、より広範囲にわたった教育を行う機関を設立するという計画だった。この壮大な構想は、一八八二年一〇月二一日、後に早稲田大学となる「東京専門学校」が設立されたことにより具体化することとなった。
新たな専門学校は、神田川の南側にあたる早稲田の低地に建設された。この低地には、当時は多くの田圃が残されていた〔図54〕。
学校が創立された当初、大隈重信の別邸は、当時の住所で南豊島郡早稲田村にあり、新校舎は同郡下戸塚村に建設されつつあった。その後のおそらく一八八四年（明治一七年）には、大隈はこの早稲田の地に本邸を移している。

江戸時代には、早稲田は茗荷の産地としても名高かった。江戸時代に栽培されていた伝統野菜の一つである早稲田茗荷は、全体に赤みがかっていて美しく、大振りで香りが良いことで知られていた。

江戸幕府官撰の地誌『新編武蔵風土記稿』（一八三〇年完成）のなかで早稲田村を紹介した件には、「茗荷を植て　江戸に鬻ぐ（＝売る）是を早稲田茗荷と称せり」と記されている。

また、『江戸名所図会』では、当時、この一帯には茗荷畑があったことから、この地にあった神明宮が（明治時代に天祖神社と改称され現在に至る）「茗荷畠　神明宮」として紹介されている。

山本成之助著『川柳食物事典』によると、江戸後期の川柳集である『誹風柳多留』（一七六五―一八三八刊）には、「鎌倉の波に早稲田の付け合わせ」という句を見出すことができる。「鎌倉の波」は、カツオの刺身を並べた様子で、「早稲田」は、当時、茗荷の生産地として知られていた地名として登場している。

つまり、この句は、「鎌倉沖で捕れたカツオに、早稲田の茗荷を合わせて食べると非常に美味である」ということを言い表わしている。

さらに、徳川幕府第一一代将軍家斉の献立の記録には、幕末の一八五三年に、黒船を率いて来航したペリー提督をもてなした晩餐会でも、早稲田茗荷が供されたことが記されているという。こうしたエピソードからも、江戸時代には、早稲田茗荷が江戸を代表する食材の一つだったことがわかる。

東京専門学校が設立された当時、学校の周りには茗荷畑が広がっていた。二〇〇五年に早稲田大学の正門前に設置されたモニュメント「早稲田茗荷」には、創立から三五周年にあたる一九〇二年頃（明治三五年）の思い出が語られている。そこには、「私の郷里などで見ることのできなかったあの廣いたくさんの茗荷畑が、私にはひどく珍しくもあり、又たいそう美しくも感じられた」と記されている。

この記念碑からも、早稲田といえば茗荷畑といえるほど、その当時、茗荷はこの地のシンボル的な存在だったことが想像できる。

ところで、東京専門学校が創立されたばかりの一八八二年（明治一五年）に測量が行われ、その翌年に発行された地図に、『東京図測量原図　五千分一』がある。そのなかの「東京府武蔵国北豊嶋郡高田村近傍」の項を見てみると、「大隈邸」が建設されることになる敷地の一帯には、当時、多くの桑畑や茶畑が広がってい

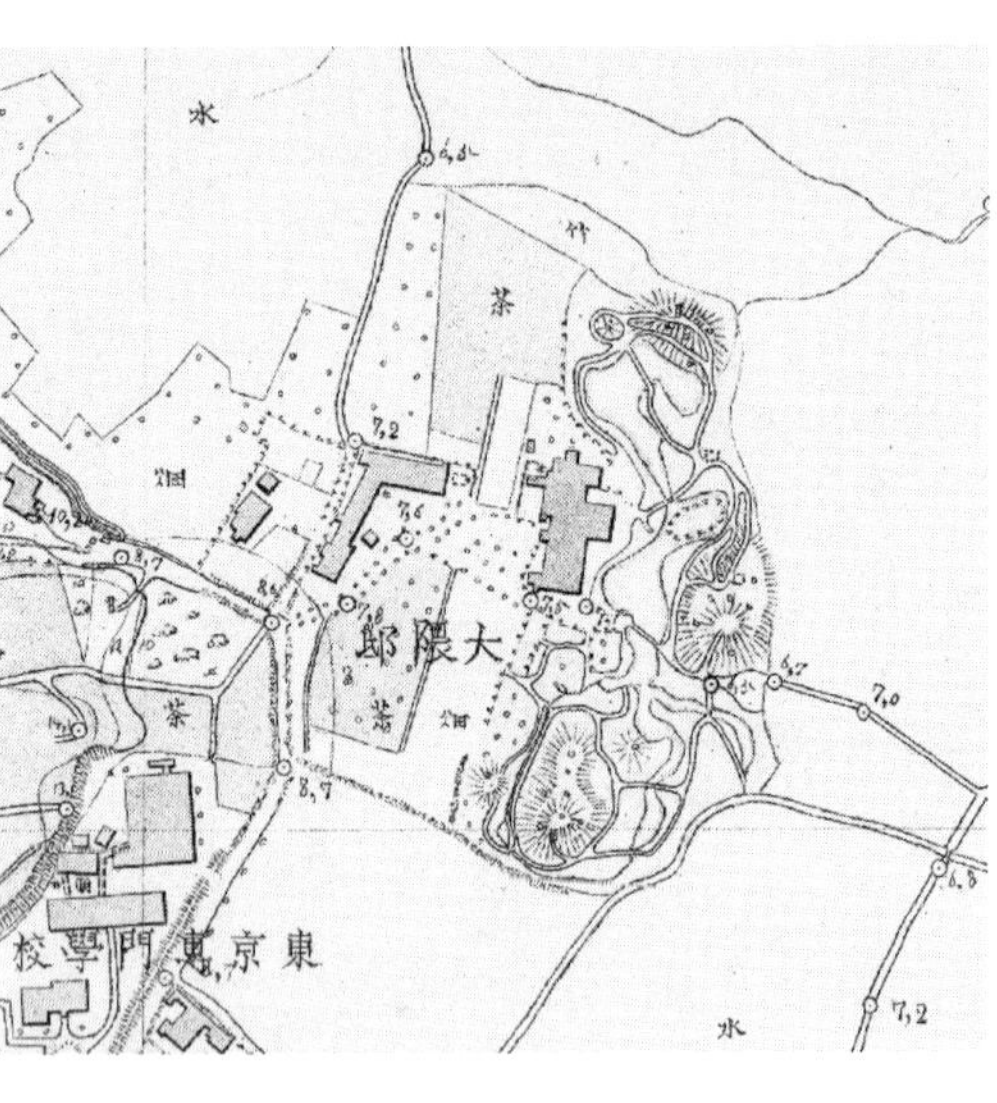

［図55］大隈邸と東京専門学校『東京府武蔵国北豊嶋郡高田村近傍』一八八三年（明治一六年）。国土地理院蔵。

たことがわかる［図55・口絵⑫］。これは、一八六九年（明治二年）以降になって東京府が推進し、大名屋敷の跡地などに桑や茶が植えられることになった、いわゆる「桑茶政策」の影響によるものだろう。

かつて大隈重信の邸宅があったのは、大隈記念講堂に隣接する、現在の大隈庭園の敷地だった。この別邸の西側の丘陵には、当時、茗荷畑のほか、桑畑や茶畑が続いていた。それ以前、この敷地の一角には、私塾や学校が存在していた。そうしたことも手伝って、この場所に大隈の学校設立の構想が実現されることになったのだろう。大隈邸の敷地の南西にある通りの向こう側には、東京専門学校が造られつつあったが、大隈邸には、専門学校以上に広大な敷地が確保されていた。

現在の高田早苗記念図書館がある場所には、開校当時は、一棟の講堂と二棟の寄宿舎からなる、もとの学校本部が建設された。現在、この図書館は、大学正門の真隣りに位置しており、高田早苗（一八六〇―一九三八）の名が付けられている。

高田は大隈重信の腹心として、東京専門学校の創設に参画し、その後は、総長となって学校経営に力を注ぐなど、長きにわたって後の早稲田大学にとって指導的な役割を果たした人物であった。

当時、大隈の邸宅は南豊島郡早稲田村にあり、一八八七年には大隈が伯爵に叙せられたため、この館は、「早稲田の伯爵邸」ともよばれた。

『早稲田大学百年史』によると、専門学校の新校舎は、同郡下戸塚村にあったことから、この学校は、「早稲田の学校」あるいは「戸塚の学校」と呼ばれていたという。そして後に、首都である「東京」の名を冠し、東京専門学校と称されるようになった。「官立の東京大学に比肩する存在たらんとする意図」が、そこにはあったものと考えられている。

今日、大隈庭園の入り口に掲げられている案内には、江戸時代には、この庭園の敷地が二つの有力な大名家の下屋敷だったことが記されている。

その一つが、「井伊掃部頭」と称していた彦根藩井伊家だった。この一族には、江戸末期に大老の地位にあったことで知られる井伊直弼（一八一五―一八六〇）がいる。一八五八年には、米国との間に日本側に不利な不平等条約と言われている、日米修好通商条約を締結した人物である。さらに同年には、オランダ、ロシ

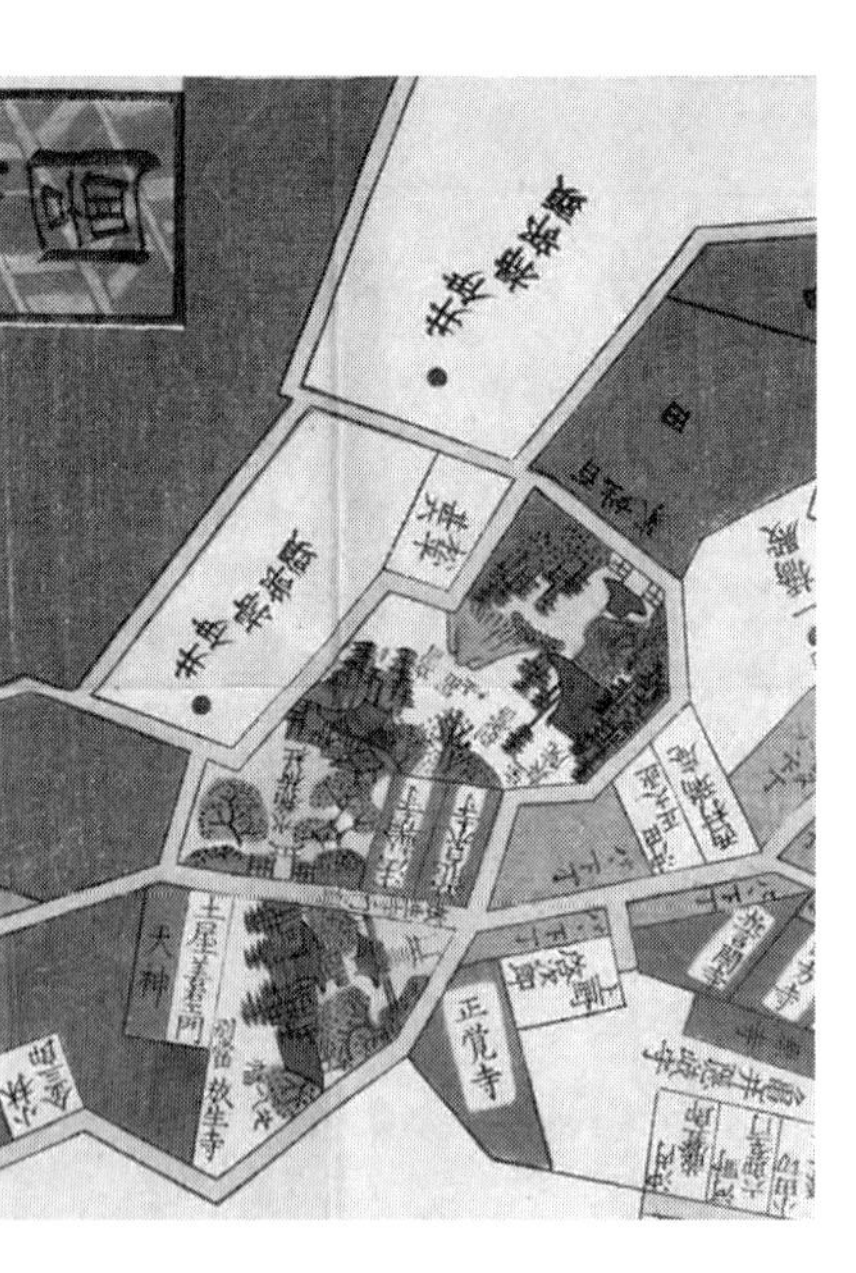

［図56］二ヶ所の井伊家の敷地「大久保絵図」『江戸切絵図』一八五四年（嘉永七年）。国立国会図書館蔵。

ア、イギリス、フランスとの間にも、同様の条約（安政の仮条約）が結ばれている。

そして、もう一つが、「松平讃岐守」と称していた高松藩松平家である。この大名家は、徳川御三家の一つである水戸徳川家の支藩にあたる一族として知られている。

江戸の末期は、幕府にとって激動の時代だった。幕末期にあたる一八五四年に作製された「大久保絵図」『江戸切絵図』を手にとってみると、第二章で紹介した「水稲荷神社」や「高田富士」の眼と鼻の先には、井伊家の敷地が二ヶ所あったことがわかる［図56・口絵⑬］。

この二つの敷地は地続きになっていて、一方の敷地に隣接しているのが、松平甚六の名が付せられた小さな土地だった。そして、これらを合わせた土地が、後の大隈重信の別邸の敷地となった。

松平甚六がどのような人物であったのかは不明だが、讃岐高松藩の藩主である第一一代松平頼聰（まつだいらよりとし）（一八三四―一九〇三）の近親者の一人だったのだろうと想像で

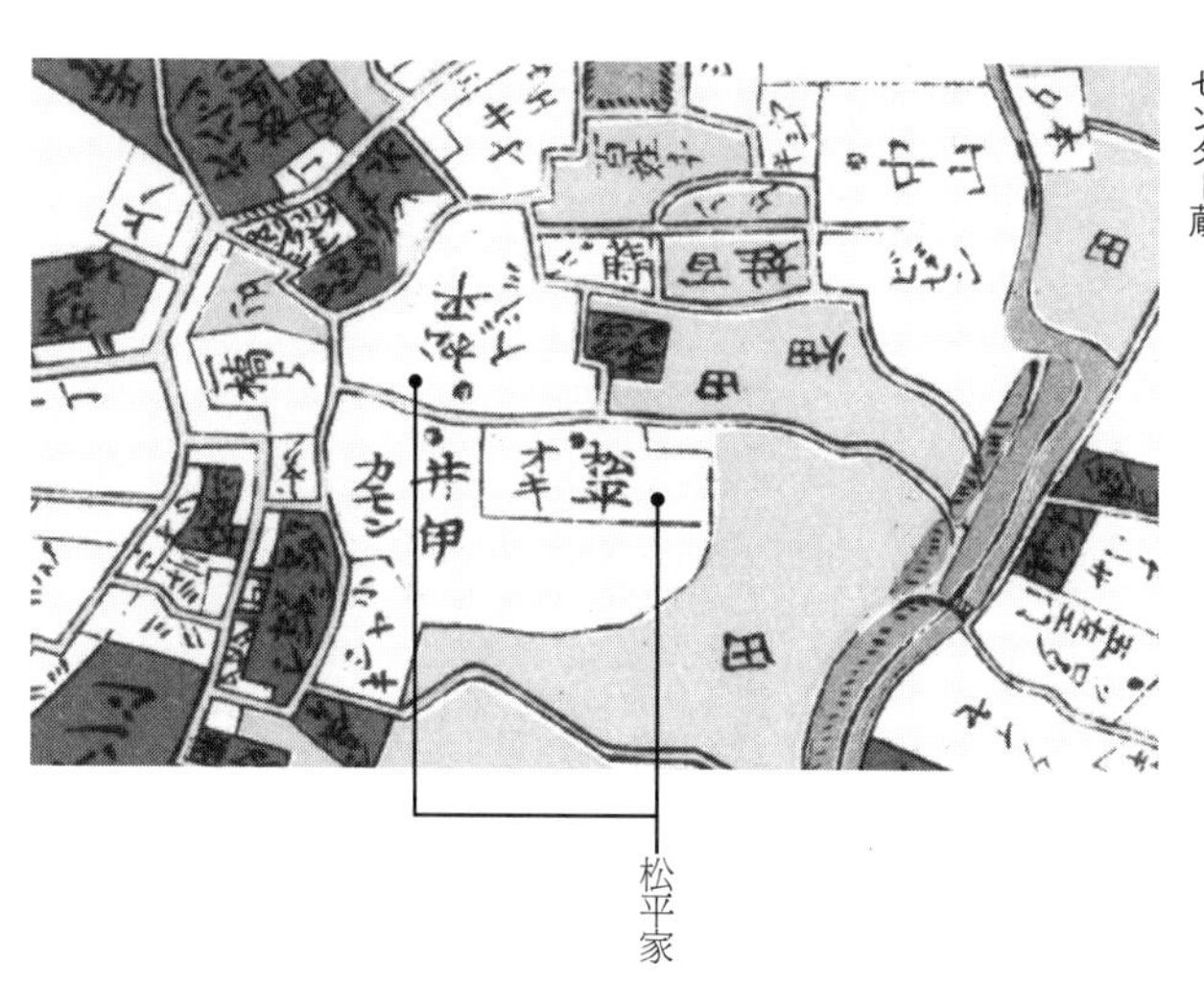

［図57］早稲田の近郊『安政江戸図』一八五九年（安政六年）。国際日本文化研究センター蔵。

きる。高松藩松平家は、一二万石の大名であった。

次に、一八五九年に作製された『安政江戸図』を見てみると、一八五四年の時点では、井伊家の所有だった二ヶ所の土地が、その数年後には松平家の手に渡っていることがわかる［図57・口絵⑭］。

一八五八年、松平頼聰は、井伊直弼の次女にあたる千代子と結婚している。井伊家から松平家への土地の譲渡には、こうした事情がはたらいていたものと推測される。

ちなみに、松平頼聰と千代子の八男である松平頼寿（一八七四—一九四四）は、大隈重信に傾倒して東京専門学校に学び、邦語法律科を卒業している。

一八七一年（明治四年）、東京府全域は、六つの大区と九七の小区に画定された。これを踏まえて、一八七六年（明治九年）に刊行された『明治東京全図』からは、この時期の東京の姿を窺い知ることができる。その当時は、現在の早稲田大学の敷地を含め、大学の北側を流れる神田川の流域までの地域一帯が、「早稲田村」と称されていた。

一八七八年（明治一一年）に作製された『実測東京全図』を見ても同様で、この地域一帯が「早稲田村」となっており、その西側は「下戸塚村」と記されている。

前述の一八八三年（明治一六年）の地図「東京府武蔵国北豊嶋郡高田村近傍」になると［図55参照］、ようやく大隈重信の別邸の記載を確認することができる。その敷地には、二棟の大きな建築物が描かれている。大隈邸の庭園には、緩やかな起伏をぬうように水が流れており、そのすぐ脇では茶が栽培されていた。敷地の南西側に沿って延びる通りの向こう側には、東京専門学校があったが、大隈邸には、専門学校以上に広大な敷地が確保されていた。大隈邸から神田川流域までのわずかな距離は、田圃と畑で埋め尽くされていた。

一八八九年には、いわば「郊外」の一地域に過ぎなかった早稲田が、牛込区に編入された。これは、大隈重信による専門学校の設立と、彼自身のこの地への移住による地域の発展の結果であったといえるかもしれない。

ところで、第三章で言及したように、早稲田の低地からみて、神田川の対岸に広がるのが椿の山で、その山中に鎮座しているのが山県有朋の邸宅「椿山荘」だった。つまり、政敵であった大隈重信と山県有朋の二人は、早稲田を流れる神田川をはさんで、その両岸にそれぞれが邸宅を構えることになった。

こうしたことから、今でもなお早稲田大学の内外で囁かれている言い伝えがある。その噂とは、山県有朋は、政敵であった大隈重信を眼下に見下ろすために、一八七八年、現在の目白台にあたる椿の山に居を移したというものである。この噂に、信ぴょう性があるかどうかは、大隈重信が早稲田に邸宅を購入した年を歴史的に解明することが重要である。

元早大教授で英語学者の伊地知純正（いじちすみまさ）（一八八四―一九六四）が、「Smimasa Idditi」の名義で執筆し、一九四〇年に刊行した大隈の伝記がある。この英文で書かれた伝記によれば、大隈は私財を投げうって、専門学校の設立に尽力したことになっている。学校の建設にあたっては、第一に、それ相応の土地の取得が必要だったが、大隈は自分自身が所有していた邸宅の敷地を惜しげもなく提供したという。

実際には、大隈重信が早稲田に別邸を所有するようになった時期については、意見が分かれるところである。一説によれば、大隈は本宅を所有するのと並行して、一八七四年に早稲田の別宅を購入したと考えられている。大隈は、政府から拝領して、一八六九年に初めて東京の築地に屋敷を構えて以来、一八七一年には有楽町、一八七四年には神田錦町に移り住んでいる。一八七六年の一〇月から一八八四年の三月までの間は、雉子橋の邸宅（現在の千代田区九段南付近）を住まいとし、同じ一八八四年のうちには、早稲田の地に本邸を移したという説である。

その後の一八八七年には、雉子橋の大隈邸は人手に渡った。その相手とは他でもない渋沢栄一（一八四〇―一九三一）だった。渋沢は、日本の資本主義の育ての親と称される経済界の巨人で、明治・大正期の大実業家であった。早稲田大学の中央図書館には、一八八七年（明治二〇年）二月一〇日に、その渋沢と大隈のあいだで交わされた『雉子橋邸売渡約定書』が保管されている。

大隈は、一八八二年の東京専門学校の設立にあたって土地を購入し、その二年後の一八八四年に早稲田の地を本邸としたのだろうか。

先述のように、一八八三年に発行された地図には【図55参照】、すでに大隈邸の記載が見てとれる。このことからすると、この時すでに、早稲田の地に大隈邸が存在していたようにも思えるが、実際のところはどうだったのだろうか。

一九七六年になり、大隈重信の孫にあたる大隈信幸によって、早稲田大学に大隈重信関連の多数の文書が寄贈され、目録化が行われた。そのなかに一八八四年（明治一七年）二月八日の日付のある『地所売渡之証』がある。武蔵国南豊島郡早稲田村第一三番、第一四番の土地が、井原新兵衛から大隈重信に売却されたことを示す文書である。この住所は、現在の大隈庭園がある敷地に相当しており、まさしく大隈重信が、かつて私邸を置いていた場所である。この文書を決め手とするなら、大隈が公式に土地を購入したのは、一八八四年と考えて良さそうである。

大隈がどのような経緯で早稲田の土地を取得したのかについては、不明な点が残るところである。大隈の親しい友人で、著名な歴史学者の久米邦武（一八三九―一九三一）は、論文「神道は祭天の古俗」が原因で神道家からの攻撃を受け、一八九二年に東京帝国大学教授の職を辞した。そして、その後に東京専門学校の教員となった人物である。

その久米によれば、大隈がとくに裕福だったという事実はなく、早稲田の地所の半分は、旧肥前藩主である鍋島家の援助で手に入れたものであり、この土地に建てられた本邸は、岩崎家の寄付によるものだったとされている。

ここで久米が述べているのは、おそらく岩崎弥太郎（一八三五―一八八五）のことである。岩崎弥太郎は、もとは土佐藩の出で、後に三菱財閥の創設者となった。そして、三菱は続く時代のなかで急速な発展を遂げていった。

実際に、明治という時代における、政界と実業界の強固な結びつきを思い起こ

［図58］大隈庭園『早稲田』早稲田大学出版部、一九〇九年（明治四二年）。国立国会図書館蔵。〈次頁〉

してみると、まさしくその典型といえるのが、大隈重信と三菱財閥の岩崎家との関係だったといえるだろう。

一八八一年に辞職に追い込まれるまでの期間、政府を後ろ盾にしていた大隈は、実業界の最大の擁護者であった。したがって、大隈に対する岩崎家の資金援助をめぐる仮説は、どれもが想像に難くない。他方で、立憲改進党を支援していた三菱財閥と大隈のあいだの癒着は、大隈の評判に傷をつけようとしていた敵対者たちからは、しばしば俎上に載せられることになった。

いずれにしても、大隈が早稲田の敷地を手に入れると、引き継いだ下屋敷は、広大な庭に囲まれた瀟洒な邸宅へと姿を変えていった［図58］。もともとあった草むらや小高い丘や湧水は、大隈の希望に応じて、部分的に西洋風の意匠が凝らされて改修された。こうして、早稲田の邸宅は、知識人や文学者たちを歓待するのに相応しい館となっていった。

早稲田の伯爵邸（大隈は一九一六年には侯爵にも叙せられている）は、国内はもとより、国外においてもその名を轟かせるようになり、その様相は数多くの写真で紹介された。

一八八七年の叙勲を後押しした背景には、大隈が政敵に対して行っていた活動

を和らげようとする、政府の目論見があったとされている。また、大隈のこうした政治活動は、ジャーナリズムの分野をはじめとする世論のなかでも人気を得ていた。

ところで、大隈は屋敷の庭の一角に温室を設けている。この温室では、日本で初めてのメロン栽培が行われたり、世界中から蒐集した稀少種の洋ランや熱帯の植物が栽培されたりしていたことで、広く世に知られていた。

一八九六年（明治二九年）以降になると、大隈は、本格的な菊作りにも着手している。そこでは、大菊、狂い菊（江戸菊）、嵯峨菊といった様々な種類の菊が栽培されていた。秋になると各界の名士を招いて観菊会が催され、その会は幾日にもわたって続けられた［図59］。

〔図59〕大隈庭園の菊花壇『東京風景』小川一真出版部、一九一一年（明治四四年）。国立国会図書館蔵。

安井弘著『早稲田わが町』には、こうした園遊会の会場では、後述する「八幡屋（はちまんや）」の五色だんご、「三朝庵」の蕎麦、「高田牧舎」のミルクセーキなどが振る舞われていたと記されている。

この庭園に囲まれるように建っていたのが、豪壮な造りの二棟の屋敷だった。これらの屋敷は、和洋折衷の様式になっており、和様式の棟はおもに私邸として使用されていた。そして、洋風の棟は、大隈の仕事場として、あるいは様々な来客を歓待したり、贅を尽くした大宴会を行ったりするための場所として利用されていた。

屋敷の規模はというと、一九〇二年（明治三五年）の時点で、「大隈邸では、平均で、毎月八〇〇人前の客膳を用意している」と噂されていたほどだった。また、大隈の邸宅で開かれた傘寿（さんじゅ）を祝う祝賀会には、五〇〇〇人ほどの招待客が集まったとも言われている。

二五坪あったという大隈邸の広々とした台所には、水

［図60］大隈邸台所『食道楽』（春の巻）。国立国会図書館蔵。

道や電気、ガスを利用したストーブや竈、そして様々な調理器具が並べられていた。この様子は、一九〇三年に、人気作家であった村井弦斎（一八六三―一九二七）が発表したベストセラー小説『食道楽』のなかで詳細に言及されている［図60］。

この小説では、挿入されている挿絵とともに、大隈邸の台所が、その当時、「現今上流社会台所の模範」と称されていたと紹介されている。ちなみに、この作品は、村井弦斎が、初めて「食育」という造語を用いて、その大切さを説いた作品としても知られている。

『食道楽』を発表する以前、村井が結婚した相手は、大隈重信の従兄弟の娘にあたる尾崎多嘉子だった。そして、この明治の人気作家である村井弦斎や大隈重信といった人物たちに触発され、生み出された作品に、火坂雅志（一九五六―二〇一五）の小説『美食探偵』がある。この探偵小説の舞台は一九世紀末の東京、場所は早稲田にある大隈邸で、不可解な失踪事件が起きたことから、物語は動き出していくことになる。

初期の東京専門学校（一九〇二年には早稲田大学と改称）の学生や教員たちに加えて、大隈邸では多くの政界の有力者たちが歓待を受けていた。この邸宅では、しばしば歴史的に重大な事柄が決定された。とりわけその傾向が顕著だったのが、大隈が政府の要職に復帰を果たしてからのことだった。

大隈が政府とにらみ合う姿勢を軟化させようという意図もはたらいて、一八八八年、大隈は第一次伊藤内閣の外務大臣に迎えられた。

伊藤は、大隈の外交手腕を高く評価していたため、政敵でもあった大隈をあえて指名した。その時、大隈に課せられていた困難な使命は、なんとか民衆の支持を得られるように、屈辱的な不平等条約の再交渉に当たることだった。

実際、条約改正に尽力した大隈は、アメリカ、ドイツ、ロシアなどの列強から一定の歩み寄りを引き出し、新たな条約の締結に漕ぎ着けようとしていた。しかし、その内容の一部が、超国家主義者たちの間で高まりつつあった不満に、一挙に火を点けることとなった。

一八八九年、超国家主義者たちのうち、玄洋社社員である来島恒喜（一八六〇―一八八九）が首謀者となった事件が起こり、大隈は片足を失う大怪我を負った。痛手を負った大隈は、同年の年末には外務大臣を辞任した。その後しばらくの間、大隈は政府からは距離をとっていたが、一八九六年から翌年にかけて、再び外務大臣を務めている。

一八九八年、憲政党の結成にともない、大隈は最初の政党内閣の総理大臣に指名された。一八九六年から大隈が党首を務めていた進歩党（旧立憲改進党）と板垣退助の自由党が合流することにより結成されたのが憲政党だった。

しかし、第一次大隈内閣は、両派の対立と閣内の確執により、わずか四ヶ月で総辞職に追い込まれた。続いて、党は進歩党系の憲政本党と自由党系の憲政党とに分裂したが、大隈は、一九〇七年まで憲政本党の党首の立場にあった。

大隈内閣を引き継いだのは、第二次山県内閣だった。それ以降、一九〇〇年までの期間、山県有朋は総理大臣を務めている。

一方の大隈は、一九一四年から一九一六年にかけて第二次大隈内閣を組織、その間、外務大臣や内務大臣を兼任した。

早稲田の邸宅の一室では様々な会合が催された。そのうちの一つは、大隈重信自身が議長を務めた閣議だった。一九一四年八月七日の夜更けに始められたこの閣議では、翌朝までかかって第一世界大戦への参戦が決定された。これにより、日本は、英国の要請を受けて、ドイツへ宣戦を布告することとなった、と伊地知純正は記している。

早稲田の大隈邸には、各界の要人たちもこぞって訪れている。そのなかには海外からの来客も数多く含まれていた。大隈は、様々な話題について、彼らと長時間にわたって対話を重ねることをとても好んでいたという。そうすることで、自分の興味関心を満たし、知識に磨きをかけていたのだった。とはいえ、大隈は、ただの一度も海外に赴くこともなければ、外国語に堪能だったわけでもなかったと言われている。

日本がロシアに勝利し、日露講和条約が公布された直後の一九〇五年一〇月一七日、大隈が歓待したのが、英国の中国艦隊司令長官として日本にやってきたジェラード・ノエル（一八四五―一九一八）の一行だった。一九〇二年には、英国との間に日英同盟が締結されていたため、もっとも重要な同盟国からの客人として、彼らは格別の敬意をもって迎えられた。

そのさらに翌日、大隈邸を訪れたのは、当時はアメリカの民主党議員で、後に

［図61］米国前大統領候補ブライアン一行の大隈邸訪問一九〇五年（明治三八年）。早稲田大学史資料センター蔵。
〈次頁〉

国務長官となるウィリアム・ジェニングズ・ブライアン（一八六〇―一九二五）だった。大雄弁家として知られたW・J・ブライアンは、依頼されて早稲田大学で講演を行った。その様子は若い聴衆たちに強い印象残したと言われている【図61】。

午餐会（ごさんかい）に招かれたW・J・ブライアンは、「生まれた国を一歩たりとも出ることなしに、国際的な名声を得ることができた人物は、ほとんどおりません」と述べ、「それにもかかわらず、私は世界的に名の知られたお二人にお目に掛かるという幸運にあずかりました。それは、トルストイ氏（一八一七―一八七五）と、もう一人がここにおいでの大隈氏です」と賛辞を送ったと伝えられている。

さらにW・J・ブライアンは、アメリカの民主共和党の創設者であり、ヴァージニア大学の設立者でもあるトーマス・ジェファーソン（一七四三―一八二六）と大隈との類似点を挙げて、早稲田の邸宅の主を褒め称えた。

伊地知純正が記した大隈重信の伝記には、他にも多くの外国人訪問客についての記述がある。イギリスのメソディスト派の牧師であり、救世軍を創始したことでも知られるウィリアム・ブース（一八二九—一九一二）、スウェーデンの地理学者で著名な探検家でもあったスヴェン・ヘディン（一八六五—一九五二）、シカゴ大学の人類学者のフレデリック・スタール（一八五八—一九三三）などである。

スタールは、大隈との面会を果たす以前に、アイヌ民族についての著作を発表していた。一九〇四年に初めて来日して以来、数え切れないほど日本を訪れた大の親日家でもあった。一九三三年に、日本で急逝したスタールの墓碑は、その後、彼がこよなく愛した富士山の山麓に建立されている。

大隈邸の来訪者のなかには、イギリスの社会学者、経済学者で『労働組合運動史』の著者としても知られるシドニー・ウェッブ（一八五九—一九四七）、オックスフォード大学教授でアッシリア学の泰斗だったアーチボルド・ヘンリー・セイス（一八四五—一九三三）、一八六九年から四〇年という長きにわたってハーバード大学総長を務め、その職を退いたばかりだったチャールズ・ウィリアム・エリオット（一八三四—一九二六）などがいた。C・W・エリオットは、大学のカリキュラムの改革をはかり、それまでは大半の授業が必修科目であったのを自由選択制にした人物として知られている。

また、イギリスの法学者、歴史学者であり、政治家でもあったジェイムス・ブライス（一八三八―一九二二）も大隈邸を訪れたうちの一人だった。ブライスは、駐米アメリカ大使としての役割を終えたのちに、ロンドンに戻るための帰路で、日本に立ち寄っている。

アメリカの評論家ハミルトン・ライト・マビー（一八四六―一九一六）は、著書『Japan-To-day and To-morrow』のなかで、日本で出会った大隈の印象を綴っている。そこで大隈は、「近代的な考え方の持ち主で、かつ昔気質の人」であり、「生まれながらの改革者」にして、「大衆を惹きつける性分と民主主義的な気質を備えた人物」と評されている。

続けてマビーは、「大隈氏は、すでに七〇代半ばを過ぎていたが、この先一二五歳まで生き延びて、保守的な同時代人たちの葬儀に参列してやろうと考えていた」とも語っている。

もちろん我々には、大隈の政敵といわれていた政治家のなかで、彼が誰かを念頭において、こうした発言をしたのかどうかは知る由もない。しかし、かりにそれが大隈の同時代人の一人で、椿の山にそびえ立つ邸宅から、長年にわたって彼を見下ろしていた人物、つまり山県有朋だったとしたら…。

もしそうだとしたら、マビーが書き残している大隈の期待は、思い通りにはならなかった言うべきだろう。というのも、大隈は八五歳まで生き、一九二二年一月一〇日にその生涯を終えたが、それは、山県有朋がこの世を去る、わずか三週間前のことだったからである（山県は、同年二月一日に死去）。

同じ年に生まれ同じ年に亡くなった宿敵同士の老政治家は、今ではそろって東京都の文京区にある護国寺に埋葬されている。護国寺は、一六八一年に五代将軍徳川綱吉によって創建された寺院だった。

大隈と山県の二人について記された『二人の日本の政治家 大隈侯爵と山県公爵』（日刊英字新聞『ジャパン・クロニクル』が刊行）は、次のような序文で始められている。

　　大隈侯爵と山県公爵が、この短い期間に立て続けに死去したということは、日本社会が、最後の真の政治家を失ったということを意味している。

　　まるで中世のような、古風な日本に生まれ育った彼らは、明治維新と呼ばれることになる国家的な変革のなかで、大きな役割を果たし、日本の運命を左右し続けた。彼らの死去とともに、あらゆる実際の目的におよんでいた、元老や大御所の政治家による政治主導が、衰退したのである。大隈重信と山県有朋の生涯は、日本の歴史のなかのもっとも重要な時期と軌を一にしている。伝記的な素描を試みたこの著作は、日本がアジア的な封建制度から脱却し、世界第三位の大国の地位を獲得するまでの歩みを歴史的に簡潔に描いている。まさにこうした時代に、彼ら二人は大きな役割を担ったのである。

同書のなかで山県が、「まるで「毒物」であるかのように、あらゆる政党を忌み嫌った、一貫した軍国主義者」として描かれているのに対して、一八八一年に、大隈が北海道開拓使の振る舞いを世間に告発したことを、「忠実さに欠ける態度」と言ってしまうのは、大隈の長い人生における政治的役割に対する評価としては、いささか手厳しすぎるように思える。

あるいは、政府への抵抗として、社会的に緊張を高めたり、民衆の異議申し立てを盛り上げるための要素として、大隈が次々と敵対する政党を創り出していったことを、同じように「忠実さに欠ける態度」と言ってしまうのも、厳しすぎる評価だろう。

この小冊子を読み進めてみると、「おそらく、大隈が持っていた明らかに傑出した資質というのは、類まれな勇敢さである［中略］しかし、あらんかぎりの勇敢さをもっていたとしても、大隈には原則が欠落していた。つまり彼の野心が、目的を達成するために、どのような手段を用いるべきかということを見落とさせていた。大隈は、いかなる手段を駆使しても、目的を達成しようとしたのである」と記されている。

これに対して、教育分野における大隈の貢献の大きさについての評価は、まったく異なっている。小冊子のなかでは、「日本の繁栄に対する、大隈のもっとも大きな貢献は、政府が定める法令や規制の束縛から独立性を保ち、自立した機関である早稲田大学を設立したことである。この教育機関は、規模を拡大しながら力強く発展した。そして、個人が独立独歩で歩むことの重要さを気づかせてくれる手本となっている」と評されている［ジャパン・クロニクル　一九二二］。

［図62］大隈重信・綾子と学生たち　一九〇一年（明治三四年）頃。早稲田大学史資料センター蔵。大隈重信の隣が東京専門学校第二代校長、前島密。〈次頁〉

東京専門学校から早稲田大学へ

大隈重信の腹心だった高田早苗の述懐によると、大隈は東京専門学校の開学の動機について、次のように述べている。

「自分は早稲田に別邸を有つて居る。今回養子英麿が米国で天文学を研究して帰り、理科の学校を開かうといふので、それが為に別邸内に建築した小さい校舎を充てようと思つて居た。」〔高田早苗　一九二七〕

「大隈学校」（開校当時、しばしば東京専門学校はこうも呼ばれていた）は、一八八二年一〇月二一日に開校の運びとなった。『早稲田大学百年史』によれば、入学を許されたのは、政治（経済）学科二九名、法律学科四六名、理学科三名の合計七八名（「傍聴」二名を加えて八〇名とする史料もある）だった。なお六〇名の入学が許された英学科は、当初は、いわゆる上記の「正則三学科」には含まれていなかった［図62］。

そして、一八九〇年には、著名な作家で評論家でもあった坪内逍遥（一八五九―一九三五）が、自ら主宰するかたちで、文学科が創設された。

近代文学の分野で、最初の文学論である『小説神髄』の著者として知られる逍遥は、独立した芸術の一分野としての小説の確立に大きく貢献した。また、ヨーロッパ演劇の普及やシェイクスピア作品の多くの翻訳紹介に尽力した人物でもあった。

一八九一年には、逍遥は、文芸誌『早稲田文学』を創刊、その刊行にも携わっている。その後、『早稲田文学』は、またたく間に日本国内でもっとも重要な文芸誌の一つに数えられるようになった。

一九二八年になると、早稲田大学の構内に、坪内逍遥の名を冠した、坪内博士記念演劇博物館が開館した。現在でも演博の名で親しまれているこの博物館は、逍遥自身の発案で、イギリスのエリザベス朝の建築様式を模した建物となっている。

一九〇三年の段階で、東京専門学校の生徒数は三〇〇〇人を超えた。自主独立の精神をもった教育機関として、広くその名を知られるようになった成果だった。

そしてこの年、専門学校は「大学」に昇格し、学校名は東京専門学校から「早稲田大学」に改称された。

戸塚村にあった東京専門学校が、なぜ大学の名称に「早稲田」の地名を用いたのかについては、諸説あるようだ。一八七〇年（明治三年）、蘭学者の松本良順（松本順）（一八三二―一九〇七）は、早稲田の地に東京で最初の洋式病院と洋学校を建て、それらを蘭疇（らんちゅう）医院および蘭疇学舎と命名した。東京専門学校が大学に昇格するとき、以前から病院や学校があり、学問の府とゆかりの深かった早稲田の地名をとって大学の名称とした、というのが由来のなかの一説とされている。

この学校で行われていた政治学研究のアプローチは、当時の東京帝国大学のものと比べて、様々な点で明確に異なっていた。まず、帝大の教育は、プロイセンの伝統から着想を得ており、日本の官僚を育成することに重きが置かれていた。これに対して、同校の教育は、イギリス流の思想に重きが置かれていたからである。さらに、政治経済学科では、学生や教員はもちろんのこと、来賓として貴族院や衆議院の議員も加わって、実戦さながらの国会演習の授業が行われるなど、民主制にのっとった実験的な試みが行われていた。

この教育機関の掲げている理念が、政界の保守層から問題視されるのは目に見えていた。伊地知純正は、「ほとんどの政府の人間たちは、大隈の私立学校を快くは思っておらず、彼らは学校では、政治的な陰謀が企てられているのではないかと疑っていた［中略］教室には、学生に扮した刑事が紛れ込んでいることもあった」と記している。

東京専門学校は、「思想的な独立の場であるだけでなく、政治的な独立の場でもある」と大隈は述べている。そう考えていた大隈が、一八八二年一〇月二一日の同校の開校式の場に姿を見せることはなかった。この学校が、同じ年に大隈自身が結党した立憲改進党と関わりをもつことにより、学校経営に悪影響がでるのを回避するためだった。

大隈がことあるごとに強調していたのは、「専門学校の設立は、政治的な動機に基づいていたわけではない。そうではなくて、日本が、西欧諸国から知的に独立できるようになること、それが学校設立に込められた願いである」ということだった。知的な独立というのは、知的に孤立してしまうことではなく、精神の独立と学問の独立を意味していた。

また、開校式の最後に行われた、「祝開校」と題された演説のなかで、開校に尽力した小野梓は、「今ある他の大学では、講義は外国語で行われており、学生たちには、外国語を身に着けることが求められている。けれども、知識の修得は、母国語である日本語を通じて行われるべきだ」と主張した。

これに対して、アメリカ人評論家のメビーは、一九一三年に実際に大隈との間で交わされた対話をもとに、「専門学校の設立が、大隈の政治的な目論見の一環であったことは明らかである」と著作のなかで述べている。

「聡明な人々であれば、十分に心得ている。鉄製の枠組のなかに精神を詰め込んでしまうことなど、不可能であることを。たとえ、そうした枠組みが作り出されても、精神を束縛することなどできはしないし、そうなれば、精神は反乱を企てるだろう。こうした枠組みを発明できる人間は、自分自身の弱さを十分に知っているし、反対意見に対する恐れとして、その弱さを見せることになる。それにも関わらず、個人主義、世界主義、社会主義、そして、あらゆる政治形態や少数派の社会形態といった新しい考え方を、政府は監視しているのだ［中略］日本人は、政府が強要しているそうした偏狭な愛国心にうんざりしているし、精神的にも政治的にも、そして教育の面でも疲れ果てている［中略］教育の分野では、不満がまん延しており、その証拠に、教育の見直しにむけた中央委員会が発足しようとしている［中略］日本に救いがあるとしたら、それは人々の生活と教育の発展なのである［中略］政党の設立は、人々の教育を促すことに繋がるだろう。教育を通じてのみ、国が全体として向上できるのであって、その向上こそが、国にとってもっとも大きな成果をもたらし続けることができる」というのが大隈の考えだった。

実際に、早稲田大学は、国外においても瞬く間に名声を獲得するようになっていった。創立から三〇周年を迎えた一九一二年に催された記念祝典の様子からも、大学の繁栄の一端をうかがい知ることができる。

教職員、来賓・交友、それに学生を合わせた式の参列者の数は、二万人にも及んだ。加えて、大学には世界中から一〇〇を超える祝辞や祝電が届けられたという。

一九二五年には、現在の高田早苗記念図書館が位置する場所に、当時としては東洋一を誇るといわれた新図書館（これ以前は、一九〇二年完成の図書館が使われていた）が竣工した。約一二〇〇坪もの広さを有し、書庫は六〇万冊が収蔵可能という、文字通りの大図書館であった。

「思想の自由」と「学問の自由」という理念に基づいて設立された早稲田大学は、自由に議論ができる場として評判を呼んでいたが、時には議論が白熱することもあった。

一九一七年には、大隈重信夫人である大隈綾子（一八五〇―一九二三）の銅像が早稲田大学の校庭に建立されようとしたことなどが発端となり、当時の学長だった天野為之（一八五九―一九三八）の天野派と前学長だった高田早苗の高田派に分かれて、大学幹部、教職員、学生までもが対立する、いわゆる「早稲田騒動」が、勃発した。実際には、両派閥の対立は、大学改革の方針の違いをめぐる対立でもあった。

結局のところ、この騒動は、大隈が早稲田大学を廃校にする決意をしたという噂が広まることによって、ようやく収束に向かうことになった。

大学の創立者である大隈重信が、一九二二年にこの世を去ってからも、彼の名は早稲田大学と揺るぎなく結びついていた。大隈邸とその庭園は、彼の意志を引き継いだ遺族によって、大学に寄付され、大隈会館と命名された。旧大隈邸の時代からの調度品が、そのまま大隈会館に保存されると、この会館は、教職員の懇談や会議の場、学生の集会場として利用されるようになった。

しかし、一九四五年五月の空襲に遭遇して、大隈会館は完全に焼け落ち、庭園は大きな被害を被った。また大学のほとんどの校舎が焼失した[図63]。

[図63] 一九四五年に被災した演劇博物館『早稲田大学百年史　第四巻』(一四六一—一四八頁)。背景には椿山。

その後、資金難のために、大隈会館の再建はなかなか進まなかったが、一九五〇年、前川喜作の資金援助により、ようやく実現された。前川喜作は、早大の卒業生でもあり、その五年後の一九五五年には、和敬塾を設立することになる人物だった。第三章で述べたように、一九六八年になって、この和敬塾に寄宿することになるのが、当時は早稲田大学の学生で、若き日の村上春樹だった。

一九九一年には、先に述べた二代目の大隈会館が取り壊され、その三年後には早くも再建された。そして、一九九四年になり、大隈庭園の北側に開業したのが、リーガロイヤルホテル早稲田(現在のリーガロイヤルホテル東京)だった。

大隈庭園はというと、大隈重信の没後には一般にも公開されていた。当時の入園料は二〇銭だった。大隈重信や小野梓を助け、高田早苗や坪内逍遥らとともに、早稲田大学の礎を築いた「早稲田四尊」にも数えらえている市島謙吉(いちじまけんきち)(一八六〇

[図64] 建設中の大隈講堂。Wikimedia Commonsより。〈次頁〉

—一九四四）の述懐によると、大隈庭園の来場者は、多い日には数千人にも及んでいたとされている。

戦争で大きな打撃を受けていた大隈庭園は、その後、国内外からの様々な寄贈や寄付によって、大隈会館とともに修復されていった。そのなかの一つに、卒業生でもある実業家の小倉房蔵（おぐらふさぞう）（一八八三—一九五二）によって寄贈された「完之荘（かんしそう）」がある。完之荘は、六〇〇～七〇〇年ほども前に飛騨の山村に建てられた古屋で、小倉氏が愛用していたが、一九五二年、大隈庭園内に茶室として移築された。

広大な庭園の敷地は、かつては大隈重信によって様々な手が加えられ、ここを訪れた客人たちが見て回れるようになっていた。その庭園は、現在では一般にも開放されている。広い眺望と趣きの異なる様々な要素からなるこの庭は、人を魅了して止まない当時の雰囲気を今も伝えているといえるだろう。

大隈庭園の南側に隣接する場所には、一九二七年になり、大隈講堂（正式名称は早稲田大学大隈記念講堂）が建設された［図64］。一目見れば早稲田大学のものと分かる、時計塔を備えたこの講堂は、一九九九年には、「東京都選定歴史的建造物」に、そして、二〇〇七年には、国の重要文化財に指定されている。大隈重信が馬場下町にあった高島屋洋服店に仕立てさせたという、独特な形をした大学の角帽とともに、大隈講堂は今でも大学のシンボルとなっている。

約三八ｍある講堂の高さは、「尺」の単位になおせば一二五尺ということになる。先にも述べたように、この「一二五」という数字は、大隈にとって特に思い入れの強い数字だった。人間は健康であれば、一二五歳まで生きられるという「人寿一二五歳説」が大隈の持論であり、講堂の高さは、この大隈の考えに由来していた。また、大隈重信に縁（ゆかり）の深いこの数字にちなんで、二〇〇七年には、早稲田大学創立一二五周年の記念式典が、厳粛に執り行われた。この場所に纏わるものとして人々の記憶に新しいのは、二〇一一年三月一一日の東日本大震災の際には、この大隈講堂をはじめとした早稲田大学の施設が、帰宅困難者のための一時待機施設として開放されたことである。

最後に、大隈庭園の入り口付近に残されている、白と薄桃色の木造の小屋に触れておくことにしよう。これは一九〇二年（明治三五年）に建てられた、「旧大隈邸門衛所」である［図65］。木造で平屋の簡素な造りであるこの小屋は、旧大隈邸の敷地内にあり、当時の門衛所がそのまま残されている。

［図65］大隈邸の門衛所だった大隈邸守衛詰所『伯爵大隈家写真帳』。早稲田大学図書館蔵。

この小屋は、写真「建設中の大隈講堂」［図64参照］でも、一九二七年に建設された大隈講堂のすぐわきに収められている。一九四五年の空襲で全焼した旧大隈邸の唯一の現存遺構であり、早稲田大学のキャンパスに残るもっとも古い建築物である。

早稲田大学が国際的な大学といわれる一面は、長い年月のあいだに、世界各国からこの大学にやって来た学生、研究者、政治家、科学者、芸術家といった人々の数の多さにも表れている。

そうした人々のなかには、科学者のアルバート・アインシュタイン（一九二二年来校）、イギリスの劇作家のバーナード・ショー（一九三三年来校）、大隈講堂で指文字で講演を行ったアメリカの教育家ヘレ

［図66］撤去される前の正門　一九三二年（昭和七年）。ノーベル書房編集部編『旧制大学の青春』より。

［図67］早稲田大学『早稲田』一九〇九年（明治四二年）。早稲田大学出版部。国立国会図書館蔵。

ン・ケラー（一九三七年来校）、インド首相ジャワハルラル・ネール（一九五七年来校）、アメリカ合衆国司法長官ロバート・ケネディ（一九六二年来校）、オーストリアの指揮者ヘルベルト・フォン・カラヤン（一九七九年来校）、アメリカ大統領ビル・クリントン（一九九三年来校）、南アフリカ共和国大統領ネルソン・マンデラ（一九九五年来校）、中国国家主席の江沢民（一九九八年来校）、フィリピンの女性大統領グロリア・アロヨ（二〇〇二年来校）、台湾出身でノーベル賞を受賞した科学者李遠哲（リーユアンツェー）（二〇〇四年来校）、マイクロソフト社の創業者ビル・ゲイツ（二〇〇五年来校）、ケニア出身で同じくノーベル賞受賞者のワンガリ・マータイ（二〇〇六年来校）などがいる。

　誰に対しても開かれた場であるという大学の特徴は、今日の早稲田大学の正門の様子にも象徴的に表れている。「正門」とはいっても、実際には、そこには一対の門扉すらなく、大学は誰に対しても開放されている［図66］。

早稲田界隈の発展

一八八二年、早稲田の地に「大隈学校」が創立された。このことにより、

この地に通ってくる人々が増えていった。早稲田とその界隈は、短い期間で大学街へと変貌を遂げた。

かつて、この低地の眺望を特徴づけていた田圃と茗荷畑は、大学の新校舎が立ち並び、商店や住居が建設され、新たな道路が張り巡らされていくにつれて、姿を消していった[図67]。

都市の周縁部に位置し、他の村から離れていて平穏な土地だった早稲田は、学生や学校の教職員たちで活気づいた。しばしば、彼らの多くは、早稲田から山の手の銀座ともいわれていた神楽坂方面へと歩みを向けた。そのまま道を進んで行けば、東京の街の中心にも辿りつくことができた。

やがて、早稲田から神楽坂へと続くこの通りは、早稲田通りと名づけられた。この道は、今では井草八幡前交差点(杉並区上井草)から、靖国神社の眼と鼻の先にある田安門交差点(千代田区九段北)までという広範囲にわたる幹線道路となった。ちなみに、この道のりうち、神楽坂下~神楽坂上にかけては、「神楽坂通り」の通称で呼ばれている。

一九一〇年になると、早稲田大学から一㎞ほどの場所に、山手線の駅の一つである高田馬場駅が開業した。この時代には、東京では次々と路面電

［図68］ 都電荒川線の面影橋駅近くの街角　一九七八年（昭和五三年）。新宿歴史博物館蔵。

車の線路が敷かれていった。

一九一三年の時点では、すでに軌道延長二〇〇kmを超える路線で、東京市電（現在の都電）が運行されていたと言われている。一九一八年には、市電が江戸川橋から早稲田まで延長されたことで、終点の早稲田界隈は、がぜん活気づいた。

続いて、一九三〇年（昭和五年）に三ノ輪橋〜早稲田間の全線で開通したのが、王子電車（現在の都電荒川線）だった。これにより早稲田界隈は、市電と王子電車の「終点」が向かい合う盛り場となった［図68］。

ちなみに、この荒川線のもう一方の終点である三ノ輪から、わずかな距離にあるのが歴史ある「吉原遊郭」だった。

残念なことに、全長わずか一二kmにすぎないこの荒川線は、東急世田谷線とともに、東京都内に今日まで残る数少ない路面電車の一つなっている。ともあれ、荒川線は、これまでもそして現在も変わらず、観光客たちが辿るルートからも、都心のハイパーモダンな街並みからも離れて、人々を魅了して

〔図69〕鶴巻町通り　一九一六年（大正五年）。早稲田大学史資料センター蔵。

やまない町のなかを走り抜けている。この早稲田の地に地下鉄東西線が開通するのは、さらに遅く一九六四年一二月を待ってのことだった。

大学の校舎の周りや教職員や学生たちが行き交う通りに沿って、以前にはなかった新たな商業活動を行う店舗が現れるようになった。その一つが古本屋だった。

東京専門学校が早稲田大学に改称された一九〇二年、現在の早稲田大学の正門の前方に広がっていた早稲田田圃が埋め立てられ、その真ん中に一直線の道路ができた。鶴巻町や山吹町に向かって延びるこの通り（現在の早大通り）沿いには、古本屋など多くの商店が軒を並べるようになった。この通りは、山吹町の交差点とぶつかるまで、数百mにわたって続いていた〔図69〕。

はじめに、経済、言語学、演劇、そして外国語で書かれた書籍を専門に扱う書店ができた。続いて開店したのが、様々な書籍を扱う古本屋だった。こうした書店ができたことで、早稲田は古本屋街として、その名を東京中に知られるようになった。『早稲田わが町』にもあるように、早稲田の古本屋街は、神田神保町の古本屋街に次ぐ大きさだった。大正の末期には、早稲田鶴巻町だけで、二六軒もの古本屋があったといわれている。しかしながら、一九四五年五月二五日の空襲により、古本屋街は大きな打撃を受け、書店の大半が焼失してしまった。

わずかに焼け残ったのが、高田馬場駅にむかう早稲田通り沿いの古本屋だった。その後、この通り沿いに新たな古本屋が開店していったが、こうした戦後にできた古本屋が形作っていったのが、現在の早稲田古本屋街である［図70］。

［図70］ 早稲田通り 早稲田松竹手前付近の商店街。一九五二年（昭和二七年）。新宿歴史博物館蔵。

早稲田の学生や教職員たちで町が活気づくにつれて、大学の周辺には飲食店も増えていった。その一つに、一九〇五年（明治三八年）に開業した「高田牧舎」があった［図71］。高田牧舎は、現在は「ピッツェリア・タカタボクシャ」としてリニューアルされたが、今でも開業当時と同じ、早稲田大学中央キャンパスの南門の向かいで営業を続けている。屋号の「高田牧舎」の名は、初代の店主が、高田町（現在の穴八幡宮の周辺）にあった牧舎の息子だったことに由来しているという。

創業した当時、高田牧舎はミルクホールだった。ミルクホールは明治末から昭和初期にかけて流行した手軽な飲食店で、明治政府が国民の体質改善のために、飲むことを推奨していた牛乳を扱う店だった。

［図71］戦前の高田牧舎

高田牧舎には、毎朝大隈重信邸に搾乳されたばかりの新鮮な牛乳を届けていた、というエピソードや、初めてフォークとナイフを使ってカツライスを食べさせようとして、教員に勧められた多くの学生たちがこの店を訪れていた、というエピソードが伝えられている。

高田牧舎を出て馬場下町にむかって緩やかなこう配のある早大南門通りを行くと、前身の蕎麦屋「平野庵」まで遡ると、江戸時代の創業になる「三朝庵」

があった。東京専門学校が創立されると、三朝庵は、学生や教職員たちで大変な賑わいを見せていた。

三朝庵には、早稲田一帯の地主だった大隈重信から、土地を借り受けて営業していた時代があり、大隈自身もこの店をとても贔屓(ひいき)にし、度々ここを訪れては舌鼓を打っていたと言われている。店の暖簾(のれん)や看板などに、「早稲田最老舗」や「元大隈家御用」といった文字が見えることも、こうした店の歴史や大隈重信との縁を如実に物語っている。

常連客で賑わっていた三朝庵だったが、こうした人気が陰りをみせた時代があった。早稲田界隈にもカレー店ができはじめ、学生たちの評判を奪ってしまったからだった。こうしたカレー店に対抗しようとして、店の主人が一念発起して考案したのが、カレーうどんだった。一九〇六年頃のことだった。カレーうどんは、「ハイカラ」志向の強かった早稲田の学生たちのあいだで人気となり、三朝庵は賑わいを取り戻した。三朝庵は、穴八幡宮の通りを隔てた斜め向かい、早稲田通り沿いの馬場下町の交差点に面した場所で長きにわたって営業を続けていたが、二〇一八年七月三一日、惜しまれつつ、店の長い歴史に幕を閉じた。

これらの老舗の中で、現在でも営業を続けているのが、早稲田通り沿いにある一九二六年（昭和元年）創業の焼き鳥屋「源兵衛」である。そして、この酒場からほど近く、西早稲田の交差点からすぐの場所にあるのが、大正時代の開業といわれる銭湯「松の湯」である（残念ながら、二〇二〇年七月三一日をもって閉店した）。同じ時代に遡ることができる飲食店としては、早稲田大学の中央図書館のそばにある、一九一九年（大正八年）創業の蕎麦屋「金城庵」がある。二階建てのこの蕎麦店の馴染みの客のなかには、あの三島由紀夫（一九二五―一九七〇）も含まれていた。自衛隊の市ケ谷駐屯地において三島が割腹自殺を遂げる直前にも、同志とともにこの蕎麦屋を訪れていたといわれている。

　こうした様々な飲食店は、一八六八年創業の和菓子屋「八幡」（だんご屋）のような、以前からあった店に混じって営業を始めた。この和菓子屋は、現在の馬場下町の交差点に面した、穴八幡宮の階段下にある大鳥居の脇で商売を営んでいた。和菓子屋「八幡屋」が開業した二年後の一八七〇年には、穴八幡宮の向かい、当時の住所で東京府牛込区馬場下町二四番地（現在の新宿区馬場下町）には、上述した蘭疇医院と蘭疇学舎が開設された。一八六一年に設立された日本で最初の近代的な洋式病院「長崎養生所」に続いて、西洋医学者であった松本良順によって開設された東京で初めての洋式病院だった。

松本良順は、徳川家最後の将軍慶喜の御典医を務めた医者でもあった。後には軍医制度の発足にあたって、山県有朋に乞われて兵部省に出仕し、一八七三年には、明治新政府の初代陸軍軍医総監にも就任している。

関東大震災の数年前に、明治元年創業の和菓子屋「八幡屋（はちまんや）」は、早稲田通り沿いにある現在の西早稲田の交差点付近、グラウンド坂上に店を移転、鮨屋を開業した。現在でも営業を続けている老舗鮨屋「八幡鮨（やはたずし）」である。初代の和菓子屋に縁の深い八幡宮の名は、現在の屋号の一部「八幡」として記憶されている。

今でも現役で鮨を握る八幡鮨の主人は、カウンター越しに客をもてなしながら、早稲田の地の移り変わりやこの地にまつわる逸話を語り継いでいる。郷土史家でもある四代目の安井弘氏には、先に述べた『早稲田わが町』の著書がある。

松尾芭蕉が神田川の対岸にある庵に隠棲していた、江戸時代初期にまで遡れる商店には、早稲田通り沿いにある酒屋「小倉屋（こくらや）酒店」がある。現在の早稲田界隈を通る早稲田通りは、江戸の初期には穴八幡宮の参道として知られていた。三代将軍家光の命によって造営された高田馬場の坂下に位置していたこのあたりは、馬場下町とよばれた。そして、この穴八幡宮の参道沿いで、牛込馬場下の辻に開業していたのが小倉屋だった。

一五代目店主の栗林昌輝氏は、小倉屋酒店の沿革について次のように記している。

初代小倉屋半右衛門は九州小倉の人で延宝年間（一六七〇年頃）に小倉屋という酒屋を当地にひらいたといわれています［中略］この、高札場は小さな馬場下一町では費用を賄いきれず、早稲田町、馬場下町、馬場下横町の持ちあいで維持していたようです［中略］明暦の大火（明暦三年一六五七年）で三分の一を焼失した江戸の町が復旧、新しい町が周囲に開かれた頃にあたります。茗荷畠や田圃のなかに大名の下屋敷、旗本屋敷や、その利用人たちに酒を売っていたと云われます。延宝から元禄にかけては町人文化の勃興期で江戸の人口増加は著しく、また男子多数のいびつな社会であったので酒はかなり売れたようです。当時はまだ居酒屋という商売が成立する以前で自らの住まいで飲まれるのが普通で、異常なほどの量の酒が消費された時代でした。

小倉屋の馴染みの客のなかには、第二章で触れた堀部安兵衛もいた。一六九四年に行われたとされる「高田馬場の決闘」に、助太刀を買って出た安兵衛が駆けつけるにあたって、酒を飲むために立ち寄ったとされているのが、この小倉屋だった。小倉屋は、東西線の早稲田駅の出口にほど近い夏目坂の坂下で、リカーショップ「小倉屋」として、現在でも営業を続けている。

そして、小倉屋から見て、早稲田通りを隔てて反対側にあるのが、一八七七年(明治一〇年)創業のうなぎ屋「すず金」である。「すず金」で使用されている割り箸を包んでいる箸袋には、「吾輩もかつて食した　ここの蒲焼」の文字が記されている。「吾輩」とは、もちろん『吾輩は猫である』の著者、文豪夏目漱石(一八六七―一九一六)のことである。このすぐそばで生まれた漱石はこのうなぎ屋の馴染みの客だった。

一九一五年に、夏目漱石が新聞紙上で発表した随筆『硝子戸の中』には、次のような一節がある。

私の旧宅は今私の住んでいる所から、四、五町奥の馬場下という町にあった。町とはいい条、その実小さな宿場としか思われない位、小供の時の私には、寂れ切ってかつ淋しく見えた。もともと馬場下とは高田の馬場の下にあるという意味なのだから、江戸絵図で見ても、朱引内か朱引外か分らない辺鄙な隅の方にあったに違ないのである。

それでも内蔵造の家が狭い町内に三、四軒はあったろう。坂を上ると、右側に見える近江屋伝兵衛という薬種屋などはその一つであった。それから坂を下り切った所に、間口の広い小倉屋という酒屋もあった。尤もこの方は倉造りではなかったけれども、堀部安兵衛が高田の馬場で敵を打つ時に、此処へ立ち寄って、枡酒を飲んで行ったという履歴のある家柄であった。私はその話を小供の時分から覚えていたが、ついぞ其所にしまってあるという噂の安兵衛が口を着けた枡を見たことがなかった。その代り娘の御北さんの長唄は何度となく聞いた。私は小供だから上手だか下手だかまるで解らなかったけれども、私の宅の玄関から表へ出る敷石の上に立って、通りへでも行こうとすると、御北さんの声が其所から能く聞こえたのである。春の日の午過などに、私はよく恍惚とした魂を、麗かな光に包みながら、御北さんの御浚いを聴くでもなく聴かぬでもなく、ぼんやり私の家の土蔵の白壁に身を靠たせて、佇立んでいた事がある。その御蔭で私はとうとう「旅の衣は篠懸の」などという文句を何時の間にか覚えてしまった。

実際には、漱石は生まれると間もなく、養子となって生家を離れている。今日では、漱石の生家は残されてはいないが、その跡地には、「夏目漱石誕生之地」

と刻まれた、黒御影石の記念碑が建立されている。記念碑は、漱石の生誕百年を記念して建てられたもので、その文字は、弟子の一人である安倍能成（一八八三―一九六六）の手によるものである。

漱石の生家があったのは、江戸時代の牛込馬場下横町で、現在の住所では新宿区喜久井町一番地に当たる。先述の酒屋「小倉屋酒店」のすぐ脇、うなぎ屋「すず金」の通りをはさんだ向かい側で、夏目坂の坂下という立地であった。

漱石の生家から若松町方面に上っていくこの坂を「夏目坂」と命名したのは、『硝子戸の中』にしるされているように、漱石の父・夏目直克（一八一七―一八九七）だったようである。

江戸幕府が開かれる以前から、夏目氏は牛込に住んでいたようで、元禄時代（一六八八―一七〇四）からは、代々、馬場下の名主を務めており、この地に縁の深い家柄だった。

漱石は、五〇代の父と四〇代の母という、決して若くはない両親のもとに、八番目の子供として生まれた。生後すぐに、漱石は、四谷の古道具屋の家に里子に出されたが、ほどなくして生家に戻っている。そして、一歳半のときに、内藤新宿の名主塩原昌之助の養子となった。

七歳のときには、養夫婦が離縁したために、しばらく生家に戻されたが、その時、漱石は実の両親のもとにいることに気づいていなかった。塩原家に籍を置いたまま、夏目の姓を名乗ることなく、生家に引きとられていた。漱石が、塩原家より復籍して、夏目姓にもどったのは、二一歳のときのことだった。

漱石が、生家で暮らしたのは、一八九三年（明治二六年）までだった。この年、二六歳となった漱石は、東京帝国大学英文科を卒業し、大学院に進学した。ある年齢まで、漱石は限られた小さな世界で暮らしていたといえる。こうした幼少の頃の記憶は、『硝子戸の中』のなかでも、いきいきとした筆致で描き出されている。

> この外には棒屋が一軒あった。それから鍛冶屋も一軒あった。少し八幡坂［図13参照］の方へ寄った所には、広い土間を屋根の下に囲い込んだやっちゃ場もあった。私の家のものは、其処の主人を、問屋の仙太郎さんと呼んでいた。
>
> どんな田舎へ行ってもありがちな豆腐屋は無論あった。その豆腐屋には油の臭の染み込こんだ縄暖簾がかかっていて門口を流れる下水の水が京都へでも行ったように綺麗だった。その豆腐屋について曲ると半町ほど先に西閑寺という寺の門が

小高く見えた。赤く塗られた門の後は、深い竹藪で一面に掩われているので、中にどんなものがあるか通りからは全く見えなかったが、その奥でする朝晩の御勤の鉦の音は、今でも私の耳に残っている。ことに霧の多い秋から木枯の吹く冬へ掛けて、カンカンと鳴る西閑寺の鉦の音は、何時でも私の心に悲しくて冷たい或物を叩き込むように小さい私の気分を寒くした。

誓閑寺（漱石は西閑寺と記している）は、一六三〇年（寛永七年）に創建された寺である。この寺は、漱石の生誕の地からほど近い、新宿区喜久井町六一番地に今もある。その境内には、漱石が『硝子戸の中』で、その音色を書き記した梵鐘が残されている。

第二章で述べたように、現在の新宿区戸山に最初に下屋敷を置いたのが、尾張徳川家だった。誓閑寺のある地域は、この尾張家の下屋敷にも隣接していたことから、この寺には当家に仕えていた奥女中の墓が多かったようで、境内には大奥老女の墓が残されている［図72］。

さらに、漱石はこう続けている。

［図72］「誓閑寺　西方寺」『江戸名所図会』一八三四—一八三六年（天保五—七年）。国立国会図書館蔵。挿絵の右上が「誓閑寺」で、境内に「本堂」、「如来堂」、「鐘」がある。中央下が、「西方寺」で「観音」がみえる。誓閑寺は現在の新宿区喜久井町六一番地にある。

〈次頁〉

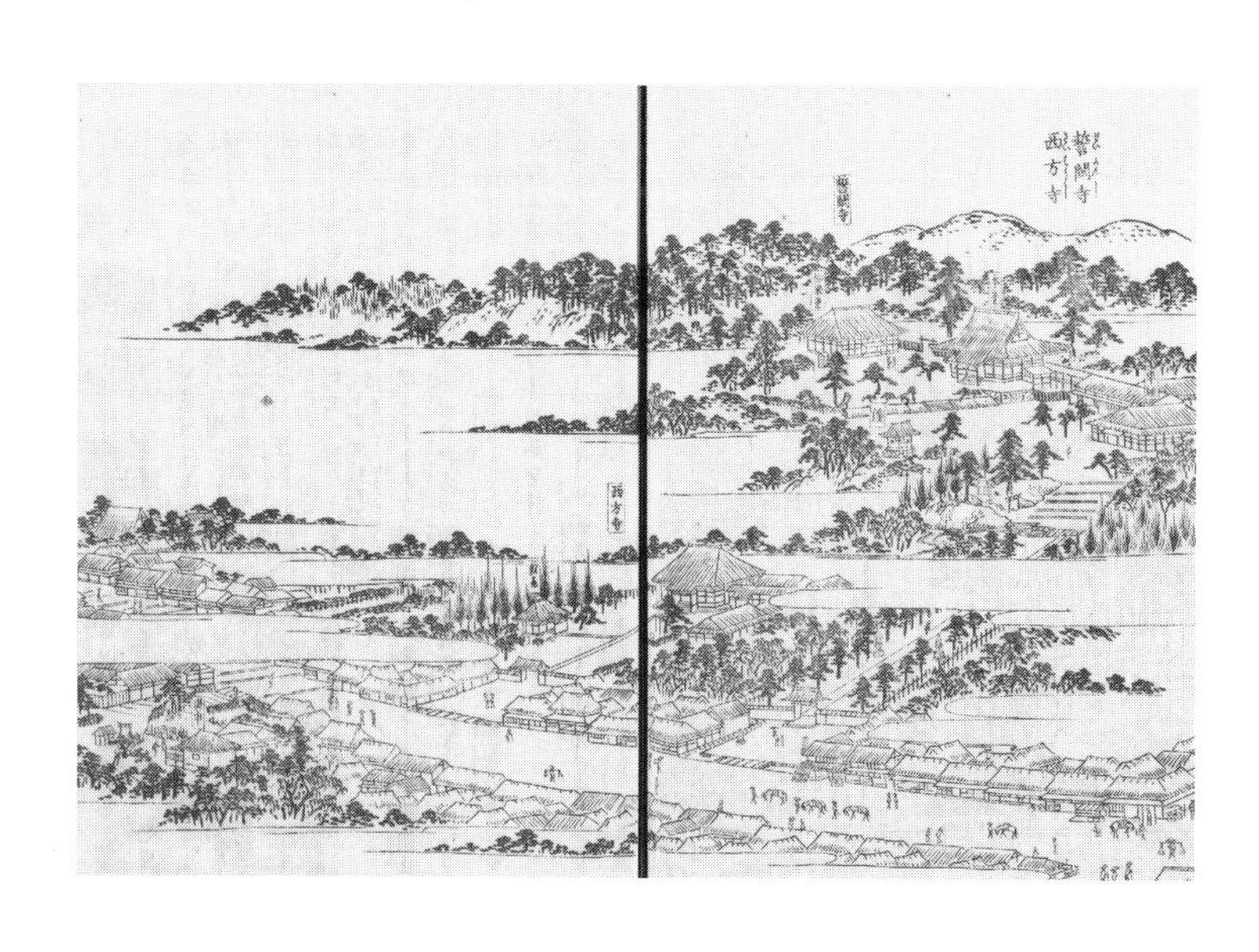

この豆腐屋の隣に寄席が一軒あったのを、私夢幻のようにまだ覚えている。こんな場末に人寄場のあろうはずがないというのが、私の記憶に霞を掛けるせいだろう、私はそれを思い出すたびに、奇異な感じに打たれながら、不思議そうな眼を見張って、遠い私の過去をふり返るのが常である。

その席亭の主人というのは、町内の鳶頭で、時々目暗縞の腹掛に赤い筋の入った印袢纏を着て、突っ掛け草履か何かでよく表を歩いていた。其所にまた御藤さんという娘があって、その人の容色が能く家のものの口に上った事も、まだ私の記憶を離れずにいる。後には養子を貰ったが、それが口髭を生やした立派な男だったので、私はちょっと驚ろかされた。御藤さんの方でも自慢の養子だという評判が高かったが、後から聞いて見ると、この人はどこかの区役所の書記だとかいう話であった。

この養子が来る時分には、もう寄席もやめて、仕舞うた屋になっていたようであるが、私は其所の宅の軒先にまだ薄暗い看板が淋しそうに懸っていた頃、よく母から小遣を貰って其所へ講釈を聞きに出掛けたものである。講釈師の名前はたしか、南麟とかいった。不思議な事に、この寄席へは南麟より外に誰も出なかったようである。この男の家はどこにあったか知らないが、どの見当から歩いて来るにしても、道普請が出来て、家並の揃った今から見れば大事業に相違なかった。そのうえ各の頭数は何時でも十五か二十位なのだから、どんなに想像を逞ましくしても、夢としか考えられないのである。「もうしもうし花魁へ、といわれて八ッ橋なんざますえと振り返る、途端に切り込む刃の光」という変な文句は、私がその時分南麟から教わったのか、それとも後になって落語家の遣る講釈師の真似から覚えたのか、今では混雑してよく分らない。

当時私の家からまず町らしい町へ出ようとするには、どうしても人家のない茶畠とか、竹藪とかまたは長い田圃路とかを通り抜けなければならなかった。買物らしい買物は大抵神楽坂まで出る例になっていたので、そうした必要に馴らされた私に、さした苦痛のあるはずもなかったが、それでも矢来の坂を上って酒井様の火の見櫓を通り越して寺町へ出ようという、あの五、六町の一筋道などになると、昼でも陰森として、大空が曇ったように始終薄暗かった。

漱石は、都心から離れた郊外に位置する早稲田界隈のイメージを描き出してみせるだけでなく、この土地の地名の由来についても解き明かしている。

今私の住んでいる近所に喜久井町という町がある。これは私の生れた所だから、外の人よりもよく知っている。けれども私が家を出て、方々漂浪して帰って来た時には、その喜久井町が大分広がって、何時の間にか根来の方まで延びていた。私に縁故の深いこの町の名は、あまり聞き慣れて育ったせいか、ちっとも私の過去を誘い出す懐かしい響を私に与えてくれない。しかし書斎に独り坐って、頬杖を突いたまま、流れを下る舟のように、心を自由に遊ばせて置くと、時々私の聯想が、喜久井町の四字にぱたりと出会ったなり、其所でしばらく低徊し始める事がある。

この町は江戸といった昔には、多分存在していなかったものらしい。江戸が東京に改まった時か、それともずっと後になってからか、年代はたしかに分らないが、何でも私の父が拵えたものに相違ないのである。

> 私の家の定紋が井桁に菊なので、それにちなんだ菊に井戸を使って、喜久井町としたという話は、父自身の口から聴いたのか、または他のものから教わったのか、何しろ今でもまだ私の耳に残っている。父は名主がなくなってから、一時区長という役を勤めていたので、あるいはそんな自由も利いたかも知れないが、それを誇にした彼の虚栄心を、今になって考えて見ると、厭な心持は疾くに消え去って、ただ微笑したくなるだけである。
>
> 父はまだその上に自宅の前から南へ行く時に是非とも登らなければならない長い坂に、自分の姓の夏目という名を付けた。不幸にしてこれは喜久井町ほど有名にならずに、ただの坂として残っている。しかしこの間、或人が来て、地図でこの辺の名前を調べたら、夏目坂というのがあったといって話したから、ことによると父の付けた名が今でも役に立っているのかも知れない。

イギリス留学などを経て、四〇歳となった漱石が、生家からわずかな距離にある、牛込早稲田南町七番地に居を構えたのは、一九〇七年九月のことだった。肉体的にも、そして内面的にも長い旅を終えて、漱石が早稲田へ帰り着いたとき、彼が目にしたのは、懐かしい記憶とは異なる現実だった。

私が早稲田に帰って来たのは、東京を出てから何年ぶりになるだろう。私は今の住居に移る前、家を探す目的であったか、また遠足の帰り路であったか、久しぶりで偶然私の旧家の横へ出た。その時表から二階の古瓦が少し見えたので、まだ生き残っているのかしらと思ったなり、私はそのまま通り過ぎてしまった。

早稲田に移ってから、私はまたその門前を通って見た。表から覗くと、何だか故と変らないような気もしたが、門には思いも寄らない下宿屋の看板が懸っていた。私は昔の早稲田田圃が見たかった。しかし其所はもう町になっていた。私は根来の茶畠と竹藪を一目眺めたかった。しかしその痕迹はどこにも発見する事が出来なかった。多分この辺だろうと推測した私の見当は、当っているのか、外れているのか、それさえ不明であった。

私は茫然として佇立した。何故私の家だけが過去の残骸の如くに存在しているのだろう。私は心のうちで、早くそれが崩れてしまえば好いのにと思った。

「時」は力であった。去年私が高田の方へ散歩したついでに、何気なく其所を通り過ぎると、私の家は綺麗に取り壊されて、そのあとに新らしい下宿屋が建てられつつあった。その傍には質屋も出来ていた。質屋の前に疎らな囲をして、その中に庭木が少し植えてあった。三本の松は、見る影もなく枝を刈り込まれて、殆んど畸形児のようになっていたが、どこか見覚のあるような心持を私に起させた。昔し「影参差松三本の月夜かな」と咏ったのは、あるいはこの松の事ではなかったろうかと考えつつ、私はまた家に帰った。

早稲田に帰り、新たな生活のなかで落ち着きを取り戻した漱石は、その時代の若い知識人たちと集うようになった。

そのなかには、上述の哲学者で教育家の安倍能成、科学者で随筆家の寺田寅彦（一八七八―一九三五）、独文学者で評論家の小宮豊隆（一八八四―一九六六）、哲学者の和辻哲郎（一八八九―一九六〇）、小説家の野上弥生子（一八八五―一九八五）、小説家で劇作家の久米正雄（一八九一―一九五二）、小説家の芥川龍之介（一八九二―一九二七）などがいた。彼らは漱石宅で、週に一度開かれていた文学サロン「木曜会」に出入りしていた。

こうして、早稲田の自宅で生活を送るなかで、漱石が執筆した作品には、傑作にも数えられる『三四郎』（一九〇八年）、『それから』（一九〇九年）、『門』（一九一〇年）、『こころ』（一九一四年）などがある。

漱石は、一九一六年に死去するまでの九年間をこの早稲田南町の家で過ごし

［図73］早稲田南町の漱石山房の夏目漱石『漱石全集』（第八巻、一九三五―一九一四年）。国立国会図書館蔵。〈次頁〉

た［図73］。この住居は、「漱石山房」として知られ、その敷地の一部は、新宿区立漱石公園として整備されていた。そして、二〇一七年になり、漱石生誕一五〇周年を記念して、この地に漱石山房記念館が建設された。

　漱石自身はというと、小説『こころ』に登場する「K」との縁もあってか、「K」と同じ霊園に埋葬されている。

> 国元からKの父と兄が出て来た時、私はKの遺骨を何処へ埋めるかに就いて自分の意見を述べました。私は彼の生前に雑司ヶ谷近辺をよく一所に散歩した事があります。Kには其所が大変気に入っていたのです。それで私笑談半分に、そんなに好なら死んだら此所へ埋めて遣ろうと約束した覚があるのです。私も今その約束通り

Kを雑司ヶ谷へ葬ったところで、どの位の功徳になるものかとは思いました。けれども私は私の生きている限り、Kの墓の前に跪まずいて月々私の懺悔を新たにしたかったのです。今まで構い付けなかったKを、私が万事世話をして来たという義理もあったのでしょう、Kの父も兄も私の云う事を聞いてくれました。

雑司ヶ谷霊園があるのは、第二章で触れた、出産と育児の神を祀った雑司ヶ谷鬼子母神から徒歩で一〇分ほどの場所である。すでに述べたように、かつては、武家の守護神を祀る早稲田の穴八幡宮からこの鬼子母神までのあいだには、たくさんの巡礼の路が延びていた。

早稲田を後にした人々は、高田の馬場の裏手に設けられていた茶屋街で一息つくと、面影橋を渡り、砂利場を超えて、右手にある椿の山に構えられた豪奢な屋敷を背にしながら、鬼子母神をめざした。

人々が歩んだ順路は、江戸のなかの聖なる空間の地勢図を形づくっていった。こうした道沿いには、人々が立ち止まっては祈りを捧げたり、空腹を満たしたりするための場所が、新たに生み出されていった。

漱石が眠る雑司ヶ谷霊園には、早稲田界隈をめぐる逸話に登場した人々の墓も残されている。その一人が、日本画家の尾形月耕である。彼は、『美人名所合』【図47参照】の連作のなかで、神田川の対岸にある関口芭蕉庵や水神社や椿山荘を淡い色合いで示しながら、手前には、岸辺を歩く一組の男女を描き出した。

さらには、空襲で焦土と化してしまう間際の早稲田界隈を散策した永井荷風、早稲田の漱石宅を幾度となく訪れた芥川龍之介。こうした人物たちの墓も同じく雑司ヶ谷霊園のなかに見いだすことができる。

早稲田界隈という限られた世界を飛び出し、幾重にも分かれる小径をたどってゆけば、私たちは、さらに多くの逸話や歴史に遭遇することができるだろう。今日では、この早稲田界隈は、新宿区、豊島区、そして文京区にもまたがる場所になっている。これまでも、この早稲田界隈の歴史や空間を、様々な逸話や人物たちが交差していったはずである。

「歩」という漢字が、文字通り示しているように、時には立ち止まって一息つくことを忘れずに、歩みを進めてみることである。

訳者あとがき

大内紀彦

二〇一八年六月末の夕刻、本書の原著者であるヴェネツィア大学教授ローザ・カーロリ氏の案内で、訳者の一人である私と共訳者のドルネッティ氏、そしてシンポジウムに参加するために来日中だったイタリアからの来客のあわせて四人は、目白台の周辺にある史蹟を巡っていた。

カーロリ氏はもとより、私自身そしてドルネッティ氏にとっても、早稲田から目白台、高田馬場にまたがる一帯は、学生時代からの長い期間にわたって、とても縁の深い場所だった。それにもかかわらず、こうした歴史の舞台を丹念に訪ね歩く経験は、終ぞしたことがなかった。私にとっての早稲田界隈は、大学や図書館に通うための、忙し気な日常に埋もれた場所であって、その時々の目的に応じて、せかせかと足早に通り過ぎてしまう、ありきたりな風景に過ぎなかった。

夕暮れがせまる頃、早稲田大学のキャンパス近くにある喫茶店を後にした私たちは、大隈庭園に隣接するリーガロイヤルホテル東京を背にして、神田川に架かる駒塚橋を渡り、胸突坂の坂下に位置する関口芭蕉庵（江戸の俳人、松尾芭蕉が住んだとされる）や水神社に立ち寄った。そして、ホテル椿山荘東京（旧山県有朋邸）にまで足を延ばすと、冠木門をくぐって庭園を散策したのち、室町時代から受け継がれているという「無茶庵」で蕎麦をすすった。

静寂に包まれた空間に身を置くことで、私たちはしばし都会の喧騒を忘れることができた。草木が繁茂するその庭園には、山県有朋が「椿山荘・十勝」に数えた、井戸「古香井」、大池「幽翠池」、小滝「聞秋瀑」などが残されており、そのすぐ傍らには、江戸中期の画家伊藤若冲の下絵による五百羅漢の石像や江戸初期に造られたという庚申塔が横たわっていた。

さらに進むと、室町期の作とされる三重塔「圓通閣」、鎌倉時代後期の作とされる「般若寺式石燈籠」、樹齢約五〇〇年と推定される御神木などが目にはいった。これらの旧蹟にふれることで、私たちは椿山荘の往時の面影を偲ぶことができた。

スニーカー履きの足で軽やかに歩みを進めながら、嬉々として名所を案内するカーロリ氏の姿には、あたかも異国の文化を学び始めたばかりの初学者のような、初々しい昂奮と好奇心が溢れているようにみえた。

この日を境にして、訳者自身もまた、カーロリ氏の著作を手引きとしながら、この地域に幾重にも折り重なっている歴史的、文化史的な地層を一つ一つ掘り起こす作業に取りかかることになった。


本書『土地の記憶から読み解く早稲田――江戸・東京のなかの小宇宙（ミクロコスモ）』は、カーロリ氏の著作『Tokyo segreta――Storie di Waseda e dintorni――』（二〇一二年刊）を底本としながら、大幅な加筆・修正を行った新装改訂版である。

著者のローザ・カーロリ氏は、日本近代史を多様な視点から問ういている歴史学者で、沖縄史に関する著作を多数発表するとともに、江戸・東京に関する研究も行っている。イタリアのヴェネツィア大学で長らく教鞭をとるほか、現在は法政大学の江戸東京研究センター（ETOS）でも客員研究員を務めている。

カーロリ氏は大学生だった頃、憧れてやまない日本の地を初めて踏んだという。それ以来、幾度となく日本を訪れては、沖縄をはじめとして、日本の各地で調査・研究を積み重ねてきた。なかでも早稲田大学の周辺には、幾度かの長期の滞在経験があり、この地は、著者にとってもっとも慣れ親しんだ、特別な思い入れのある土地となった。研究者としての足取りとともに、生活者としての足取りで歩きまわり、人々と出会い交流し、時には立ち止まって観察を続けてきたのが、著者にとっての早稲田界隈である。本書では、早稲田の地が、歴史、政治、社会から、文学、文化、風俗といった、極めて広範で重層的な射程から描き出されているが、その源泉にあるのは、著者自身が尽きない好奇心と繊細な感受性をもって接してきた、瑞々しい実体験の場としての早稲田界隈である。

さて、本書の舞台となっているのは、今日の早稲田、目白台、高田馬場にまたがる地域である。江戸前史から江戸幕府の成立、そして現代へという長大な時間軸のなかでみると、早稲田界隈は、もともとは江戸の「中心」からすると、「郊外」に位置する一集落に過ぎなかった。江戸という大宇宙（マクロコスモ）に対して、早稲田の一帯が、どのような特徴を持つ小宇宙（ミクロコスモ）を形成し発展していったのか、こうした様相が本書ではいきいきと描き出されている。

本書の独自性を支えているのは、第一に挿入されている視覚史料の「豊富さ」と参照されている文献の「多彩さ」にあると言ってよいだろう。本書を手に取って頂ければ分かるように、ここには絵画、古地図、様々な書物に掲載された挿絵や図版、そして著者自身が撮影した写真など、膨大な史料が掲載されている。本書で参照されている文献だけをとっても、日本語および英語で書かれた様々な研究書から、江戸時代の地誌などの歴史書や事典、外国人の見聞録などの記録、詩、小説、日記などの文学作品まで極めて多岐にわたっている。

また、ここに登場する人物たちの顔ぶれの豊かさにも、本書の大きな特徴が表れている。早稲田界隈の歴史の地層を織り成しているのは、室町時代から江戸時代にかけての武将や大名たち、歌川広重などの画家、山県有朋や大隈重信といった政治家、松尾芭蕉、夏目漱石、永井荷風、村上春樹などの文学者、そして、この地域で暮らした名もなき庶民たちの生活の「痕跡」である。

膨大かつ多彩な文献史料を渉猟すること、そして、様々な登場人物たちの複眼的な視点からこの地を描き出すこと、こうした極めて野心的な試みによって、この地をめぐる多種多様な記録や記憶が互いに交差しあい、重層的かつ多声的な早稲田界隈の歴史を織り上げている。ともすれば視野狭窄ともいえる専門領域にとらわれてしまい、領域横断的な研究を行うことに二の足を踏みがちな昨今、外国人研究者ならではのユニークで大胆な構想に基づいて記されたのが本書であると言えるだろう。

本書の訳出にあたっては、以下のように作業を進めた。まず二〇一二年に原著が刊行されているという時間的な隔たりを踏まえて、カーロリ氏が、自身の最新の調査・研究の成果および知見をもとにして内容を精査しなおし、全編を通じて、大幅な加筆・修正を加えた改稿を行った。

次に具体的な翻訳作業を進めるにあたり、ドルネッティ氏が中心となって、原著に掲載されている参考文献および古地図、絵画等の史料の収集を行った。次に大内が、これらの資料とその都度必要となった文献を広く渉猟しながら、原著の内容を再検討しつつすべての下訳を作成した。続いて、訳者二人で、原文と訳文を照らし合わせながら、記された内容および訳文の確認作業を進めていった。

その際、本書刊行までの時間的な経過のなかで修正が必要となった事がら、さらに日本の読者を想定したときの記述内容の相応しさという観点から、訳文の検討を要する箇所が散見された。こうした部分については、日本の最新の研究の動向を参照しながら、原著者であるカーロリ氏と翻訳者とのあいだで、相互に訳文の提案と確認を繰り返しながら、必要に応じて加筆・修正を行い作業を進めていった。

また、原著に付された膨大な参考文献には多くの英語文献が含まれていたが、本書の刊行にあたっては、入手しやすい日本語文献を主として、参考文献一覧を作成するように努めた。そして、訳文の正確さや読みやすさという観点から、大内が幾度となく推敲を重ね、ようやく完成をみたのが本書である。それゆえ、翻訳に関する最終的な責任はひとえに私にある。

最後になるが、本書を手に取って下さった読者の方々が、実際に町に出て歩みを進め、身近な場所に横たわっている歴史の「痕跡」を発見するとともに、過去の遺産として現在を改めて捉え直し、そうした視座のもとに、未来を思い描くという体験をして下さるとしたら、訳者として望外の喜びである。

謝辞

著者・訳者

今回の翻訳出版にあたって、本書にも引用させて頂いた法政大学名誉教授で、これまで江戸東京学を牽引して来られたお一人でもある陣内秀信氏には、拙訳に目を通して頂いたうえに、ご多忙を極めるなか、本書冒頭に掲載した「読書案内」をご執筆頂いた。早稲田大学名誉教授の勝方＝稲福恵子氏は、出版の目途がまったく立たない段階でいち早く拙訳をご覧下さり、実際に本書の引き受け手となる出版社探しにも立ち会って下さった。また、法政大学教授の小林ふみ子氏には、ご多忙のなか、長い期間にわたって出版社との橋渡し的な役割を担って頂くなど大変なご面倒をおかけした。そして、早稲田大学名誉教授の日下力先生には、拙訳に懇切丁寧に目を通して頂き貴重なご助言を賜った。思えば、訳者二人と日下先生およびご家族との関係性も、ヴェネツィア大学と早稲田大学を介して生まれたご縁である。こうした方々の多大なご支援やご助言なくして、本書が日の目を見ることは決してなかった。ここに記して衷心より感謝申し上げる次第である。

本書を担当して頂いた編集者の松澤耕一郎氏と黒古麻己氏には、コロナ禍という厳しい状況のなかで、原著者カーロリ氏と訳者二人とのあいだの連絡調整や、地図などの掲載資料の作成および整理、さらに、本書に挿入した数多くの図版の掲載許可に奔走して頂くなど、大変なご苦労をおかけした。深く深く御礼申し上げたい。

二〇二一年二月一二日

参考文献一覧

蘆田伊人編『御府内備考 大日本地誌大系』第三巻（巻之四十八）（雄山閣、一九三一）（国立国会図書館デジタルコレクション https://dl.ndl.go.jp/info:ndljp/pid/1214872/16）
穴八幡神社遺跡調査団編『穴八幡神社遺跡』（新宿区教育委員会、一九九三）
有坂蓉子「江戸っ子の富士山信仰」（『東京人』（三一六号）二〇一二年一〇月号）
池波正太郎『江戸切絵図散歩』（新潮社、一九八九）
市古夏生、鈴木健一校訂『新訂 江戸名所図会4』（筑摩書房、一九九六）
伊藤好一『江戸の町かど』（平凡社、一九八七）
岩本馨『江戸の政権交代と武家屋敷』（吉川弘文館、二〇一二）
ヴァポリス・コンスタンチン（小島康敬、M・ウィリアム・スティール訳）『日本人と参勤交代』（柏書房、二〇一〇）
内野正「尾張藩江戸屋敷の考古学的諸相」（江戸遺跡研究会編『江戸の大名屋敷』、吉川弘文館、二〇一一）
梅津章子他著、歴史・文化のまちづくり研究会編『東京の近代建築』（地人書館、二〇〇〇）
永青文庫学芸部編『季刊永青文庫』（七四号）（二〇一一、春号）
追川吉生『江戸のなりたち1 江戸城・大名屋敷』（新泉社、二〇〇七）
追川吉生『江戸のなりたち2 武家屋敷・町屋』（新泉社、二〇〇七）
大石学編『大江戸まるわかり事典』（時事通信出版、二〇〇五）
大石学『地名で読む江戸の町』（PHP研究所、二〇〇一）
大隈重信、渋沢栄一『雉子橋邸売渡約定書』（一八八七）（早稲田大学大学史資料センター）
『大隈侯記念写真帖――世界的大偉人』（昇山堂出版部、一九二二）
『大隈信幸氏寄贈大隈重信関係文書 家屋売渡之証』（明治一四年（一八八一）四月四日）（早稲田大学大学史資料センター）
『大隈信幸氏寄贈大隈重信関係文書 地所売渡之証』（明治一七年（一八八四）二月八日）（早稲田大学大学史資料センター）

『大隈信幸氏寄贈大隈重信関係文書　地所売渡之証』（明治一七年二月八日、早稲田大学大学史資料センター、一八八四）
岡義武『近代日本の政治家――その運命と性格』（文芸春秋新社、一九六〇）
小木新造『江戸東京学』（都市出版、二〇〇五）
小木新造・竹内誠・前田愛・陣内秀信・芳賀徹編『江戸東京学事典』（三省堂、二〇〇三）
奥田尚良「永青文庫の過去、現在、未来」（細川護熙・竹内順一他著・芸術新潮編集部編『細川家の700年永青文庫の至宝』新潮社、二〇〇八）
河合敦『河合敦のぶらり大江戸時代劇散歩』（学研、二〇一二）
川田寿『続　江戸名所図会を読む』（東京堂出版、一九九五）
神田川ネットワーク編『神田川再発見――歩けば江戸・東京の歴史と文化が見えてくる』（東京新聞出版局、二〇〇八）
菊岡沾涼『江戸砂子』（巻之四）（若菜屋小兵衛（享保十七年（一七三二））（早稲田大学図書館）
菊池万雄編『近世都市の社会史』（名著出版、一九八七）
北原進『百万都市江戸の生活』（角川書店、一九九一）
金田一京助・山田明雄・柴田武・山田忠雄編『新明解国語辞典』（第四版）（三省堂、一九八九）
クーパー・マイケル（松本たま訳）『通辞ロドリゲス――南蛮の冒険者と大航海時代の日本・中国』（原書房、一九九一）
栗林昌輝『昔も今も　牛込馬場下　早稲田に生まれて、育って八十年』（リカーショップ小倉屋、二〇一八）
グリフィス・ウィリアム・エリオット（山下英一訳）『明治日本体験記』（平凡社、一九八四）
ケンペル・エンゲルベルト（今井正訳）『日本誌――日本の歴史と紀行』（霞ケ関出版、一九七三）
古泉弘『地下からあらわれた江戸』（教育出版、二〇〇二）
国史大辞典編集委員会編『国史大辞典』（第一四巻）（吉川弘文館、一九九三）
小寺武久『尾張藩江戸下屋敷の謎――虚構の町をもつ大名庭園』（中央公論社、一九八九）
後藤宏樹「江戸の大名屋敷跡――江戸城外郭での屋敷整備」（江戸遺跡研究会編『江戸の大名屋敷』吉川弘文館、二〇一一）

坂田正次『江戸東京の神田川』（論創社、一九八七）
斎藤幸雄編・武笠三校訂『江戸名所図会』（七巻）（一一）天権之部　巻之四（須原屋伊八他、天保五―七年（一八三四―一八三六））（国立国会図書館デジタルコレクション　https://dl.ndl.go.jp/info:ndljp/pid/964492?tocOpened=1）
佐藤能丸編「「大隈信幸氏寄贈文書」目録」（『早稲田大学史記要』（第一二巻）一九七九）
史蹟関口芭蕉庵保存会編『史蹟　関口芭蕉庵案内記』（史蹟関口芭蕉庵保存会、一九七四）
島善高『早稲田大学小史』（早稲田大学出版部、二〇〇八）
松亭金水解説他『絵本江戸土産』（十編）（菊屋三郎）（国立国会図書館デジタルコレクション　https://dl.ndl.go.jp/info:ndljp/pid/8369309?tocOpened=1）
陣内秀信『東京の空間人類学』（筑摩書房、一九八五）
人文社第一編集部編『明治の東京――江戸から東京へ古地図で見る黎明期の東京』（人文社、一九九六）
人文社編集部編『嘉永・慶応新・江戸切絵図――時代小説の舞台を見に行く』（人文社、二〇一〇）
『新編武蔵風土記稿』巻之一一（豊島郡之四）（内務省地理局、明治一七（一八八四））（国立国会図書館デジタルコレクション　https://dl.ndl.go.jp/info:ndljp/pid/763977）
鈴木直人・谷口榮・深澤靖幸編『遺跡が語る東京の歴史』（東京堂出版、二〇〇九）
スタール・フレデリック『アイヌ謎集』（鶴岡信治出版、一九一一）（国立国会図書館デジタルコレクション　https://dl.ndl.go.jp/info:ndljp/pid/767830）
成美堂出版編集部編『江戸散歩・東京散歩』（改訂版）（成美堂出版、二〇〇八）
祖田浩一『江戸切絵図を読む』（東京堂出版、一九九九）
タイタス・ディビッド・A（大谷堅志郎訳）『日本の天皇政治――宮中の役割の研究』（サイマル出版会、一九七九）
高田早苗『半峰昔ばなし』（早稲田大学出版部、一九二七）（国立国会図書館デジタルコレクション　http://dl.ndl.go.jp/info:ndljp/pid/1192045）
滝本誠一編『日本経済叢書』（第二四巻）（日本経済叢書刊行会、一九一六）

竹内誠編『東京の地名由来辞典』（東京堂出版、二〇〇六）
竹内誠他『東京都の歴史　県史』（一三）（山川出版社、二〇一〇）
竹内正浩「権力者は崖線をめざす」（『東京人』（三一六号）二〇一二年一〇月号）
田中善信『芭蕉 転生の軌跡』（『近世文学研究叢書4』若草書房、一九九六）
塚田孝「人足寄場収容者について」（『論集きんせい』第四号、一九八〇）
造事務所編『早稲田大学の「今」を読む』（実業之日本社、二〇一四）
東京都江戸東京博物館・東京新聞編『参勤交代――巨大都市江戸のなりたち』（江戸東京博物館、一九九七）
東京都新宿区教育委員会編『新宿区町名誌――地名の由来と変遷』（東京都新宿区教育委員会、一九七六）
『東京都の地名――日本歴史地名大系』（第一三巻）（平凡社、二〇〇二）
徳川恒孝『江戸の遺伝子――いまこそ見直されるべき日本人の知恵』（ＰＨＰ研究所、二〇〇七）
戸畑忠政編『ぶんきょうの坂道』（改訂版）（文京区、二〇一三）
富田昭次『絵はがきで見る日本近代』（青弓社、二〇〇五）
ドン・ロドリゴ（村上直次郎訳）『ドン・ロドリゴ日本見聞録ビスカイノ金銀島探検報告』（雄松堂出版、二〇〇五）
内藤昌『江戸と江戸城』（鹿島研究所出版会、一九六六）
永井荷風『新版　断腸亭日乗』（第六巻）（岩波書店、二〇〇二）
永井荷風『日和下駄――一名東京散策記』（講談社文芸文庫、講談社、一九九九）
中野了随『東京名所図絵』（小川尚栄堂、一八九〇）（国立国会図書館デジタルコレクション　https://dl.ndl.go.jp/info:ndljp/pid/764239）
夏目漱石『硝子戸の中』（岩波文庫、岩波書店、一九九〇）
夏目漱石『坊っちゃん』（角川文庫、角川書店、一九五五）
夏目漱石『こころ』（新潮文庫、新潮社、一九八四）
西山松之助『大江戸の文化』（日本放送出版協会、一九八一）

ヌエット・ノエル（川島順平訳）『東京誕生記』（朝日新聞社、一九五五）
芳賀善次郎『新宿の散歩道――その歴史を訪ねて』（三交社、一九七二）
長谷章久『東京の中の江戸』（角川書店、一九八〇）
原田勝正「移行期の交通・運輸事情――1868～1891（明治元～24）年」（山本弘文編『交通・運輸の発達と技術革新――歴史的考察国連大学プロジェクト「日本の経験」シリーズ』、国際連合大学、一九六八）
原史彦「参勤交代と巨大都市江戸の成立」（江戸遺跡研究会編『江戸の大名屋敷』、吉川弘文館、二〇一一）
ハンレー・スーザン・B（指昭博訳）『江戸時代の遺産――庶民の生活文化』（中央公論新社、二〇〇九）
火坂雅志『美食探偵』（講談社、二〇〇三）
藤田英子「屋号のことども　レストラン高田牧舎」（『古本共和国』第六番、一九九一）
藤田英子編『牛の歩み――高田牧舎創業八十周年記念』（高田牧舎、一九八二）
藤森照信『日本の洋館――歴史遺産』第一巻（明治篇1）（講談社、二〇〇二）
双川富田幸次郎『田中青山伯』（青山書院、一九一七）
文京ふるさと歴史館編『水戸黄門邸を探る――徳川御三家江戸屋敷発掘物語』（文京区、二〇〇六）
堀内秀樹「大名藩邸で使用された陶磁器と御殿の生活」（江戸遺跡研究会編『江戸の大名屋敷』吉川弘文館、二〇一一）
堀越正雄『水道の文化史――江戸の水道・東京の水道』（鹿島出版会、一九八一）
堀晃明『広重の大江戸名所百景散歩――江戸切絵図で歩く』（人文社、一九九六）
街と暮らし社編『江戸・東京歴史の散歩道2――江戸の名残と情緒の探訪　千代田区・新宿区・文京区』（街と暮らし社、二〇〇〇）
松本泰生「都心の山への階段10選」（『東京人』（三一六号）（二〇一二年一〇月号）
宮崎勝美「大名江戸屋敷の展開過程」（江戸遺跡研究会編『江戸の大名屋敷』）（吉川弘文館、二〇一一）
村井弦斎『食道楽　上・下』（岩波文庫）（岩波書店、二〇〇五）
村上春樹『ノルウェイの森』（講談社、一九八七）

森下雄治・山﨑正史「江戸の主要防火政策に関する研究――享保から慶応までの防火環境とその変遷について」（『地域安全学会論文集』（一九巻）二〇一三）
師橋辰夫監修・解説『嘉永・慶応江戸切絵図尾張屋清七板』（人文社、一九九五）
安井弘『早稲田わが町』（書籍工房早山、二〇一七）
山野勝『江戸の坂――東京・歴史散歩ガイド』（朝日新聞社、二〇〇六）
山本成之助『川柳食物事典』（牧野出版、一九八三）
横浜文孝『芭蕉と江戸の町』（『同成社江戸時代史叢書5』同成社、二〇〇〇）
リブラ・J・C『大隈重信――その生涯と人間像』（『早稲田大学社会科学研究所翻訳叢書』早稲田大学出版部、一九八〇）
『歴史――椿山荘選書』（藤田観光、二〇一一）
早稲田大学大学史編集所編『早稲田大学百年史』（第一巻）（早稲田大学出版部、一九七八）
早稲田大学大学史編集所編『早稲田大学百年史』（第二巻）（早稲田大学出版部、一九八一）
早稲田大学大学史編集所編『早稲田大学百年史』（第三巻）（早稲田大学出版部、一九八七）
早稲田大学大学史編集所編『早稲田大学百年史　稿本』（第四巻上）（早稲田大学出版部、一九八九）

DUNN Charles J., *Everyday Life in Traditional Japan,* Tuttle Publishing, 1972
IDDITTI Smimasa, *The Life of Marquis Shigenobu Okuma. A Maker of New Japan,* Hokuseido Press, 1940
JINNAI Hidenobu, *The Modernization of Tokyo during the Meiji Period. Typo-logical Questions,* in A. Petruccioli (ed.), *Rethinking XIXth Century City,* The Aga Khan Program for Islamic Architecture, 1998
KONDO Shigekazu, “Kume Kunitake as a Historiographer”（Ian Nish (ed.), *The Iwakura Mission in America and Europe. A New Assessment,* Japan Library, 1998）
MABIE Hamilton Wright, *Japan To-day and To-morrow,* The Macmillan Company, 1914 (Internet Archive: https://archive.org/details/japantodayandto01mabigoog/page/n13)

MANSFIELD Stephen, *Tokyo. A Cultural History,* Oxford University Press, 2009

McCLAIN James L., MERRIMAN John M., UGAWA Kaoru (eds), *Edo and Paris: Urban Life and the State in the Early Modern Era,* Cornell University Press, 1994

MORITA Yoshihiko, "Edmund Morel, a British Engineer in Japan" (Ian Nish (ed.), *Britain & Japan. Biographical Portraits,* Japan Library, vol. 2, 1977)

MURAKAMI Haruki, *Norwegian Wood. Tokyo Blues* (Giorgio Amitrano transl.), Einaudi, 2006

NISHIYAMA Matsunosuke, *Edo Culture. Daily Life and Diversions in Urban Japan, 1600-1868* (translated and edited by Gerald Groemer), University of Hawai'i Press, 1997

OGAWA K., *A Model Japanese Villa,* Ogawa, 1899

SEIDENSTICKER Edward, *Low City, High City. Tokyo from Edo to the Earthquake,* Alfred A. Knopf, 1983

SMITH Henry D. II, "The Edo-Tokyo Transition: In Search of Common Ground" (M.B. Jansen, G. Rozman (eds), *Japan in Transition. From Tokugawa to Meiji,* Princeton University Press, 1986)

The Japan Chronicle, *Two Japanese Statesmen. Marquis Okuma and Prince Yamagata. Biographical Sketches,* Office of the Japan Chronicle, 1922 (Internet Archive: https://archive.org/details/cu31924007687860/page/n1/mode/2up)

TIPTON Elise, *Modern Japan. A Social and Political History,* Routledge, 2002

TSUKAHIRA Toshio G., *Feudal Control in Tokugawa Japan,* Harvard University Press, 1970

TYLER Royall, "The Tokugawa Peace and Popular Religion: Suzuki Shōsan, Kakugyō Tōbutsu, and Jikigyō Miroku" (Peter Nosco (ed.), *Confucianism and Tokugawa Culture,* Princeton University Press, 1984)

WALEY Paul, *Tokyo. City of Stories,* Weatherhill, 1991

著者・訳者紹介

ローザ・カーロリ——Rosa CAROLI

一九六〇年生まれ。ヴェネツィア「カ・フォスカリ」大学教授。

専門は、日本近現代史、沖縄史、江戸・東京の都市史。日本語の主要論文に「この都市を歩く——江戸東京における時間・空間・モダニティ」(『新・江戸東京研究 近代を相対化する都市の未来』法政大学出版局、二〇一九年)、「国宝『琉球国王尚家関係資料』の旅」(『沖縄文化』(第一一九号)二〇一六年)、「抵抗と同化のはざま——尚泰の場合」(『想像の沖縄——その時空間からの挑戦』新宿書房、二〇一五年)、「紛争のアイデンティティ——伊波普猷と柳田国男の思考における沖縄人」(『国際日本学研究叢書一六』二〇一二年)、「オリエントのオリエントへ——情報革命とグローバル化の時代における沖縄史を歩む」(『沖縄文化』(第一〇九号)二〇一一年)などがある。

大内紀彦——Toshihiko ÔUCHI

一九七六年生まれ。ヴェネツィア「カ・フォスカリ」大学大学院修了。特別支援学校教員。

専門は、日伊文化交流史、特別支援教育。訳書に『精神病院のない社会をめざして　バザーリア伝』（共訳、岩波書店、二〇一六年）、『バザーリア講演録　自由こそ治療だ！——イタリア精神保健ことはじめ』（共訳、岩波書店、二〇一七年）、主要論文に「ラグーザ・玉の発見と日本への帰国」（『イタリア図書』（第四八号）二〇一三年）などがある。

フィリッポ・ドルネッティ——Filippo DORNETTI

一九七八年生まれ。慶応義塾大学大学院経済学研究科博士課程修了。博士（経済学）。訪問研究員および兼任講師。

専門は経済史。主要論文に“*Fra Contadini di Errico Malatesta, da Firenze a Tokyo*”（*Annali Ca'Foscari. Serie orientale, n.56,* 2020）、「近代中国東北部における地方水利組織（一九一三～一九四三）」（『三田学会雑誌』（第一一一巻）第二号、二〇一八年）などがある。

土地の記憶から読み解く早稲田
——江戸・東京のなかの小宇宙

2021年4月12日　初版発行
著　者　ローザ・カーロリ
訳　者　大内紀彦
　　　　フィリッポ・ドルネッティ
制　作　㈱勉誠社
発　売　勉誠出版㈱
　　　　〒101-0051　東京都千代田区神田神保町3-10-2
　　　　TEL(03)5215-9021(代)　FAX(03)5215-9025
　　　　出版詳細情報——http://bensei.jp/

印刷・製本　シナノパブリッシングプレス

ISBN978-4-585-22299-6　C0021

スイス使節団が見た幕末の日本
――ブレンワルド日記1862-1867

新聞挿絵、浮世絵、古地図など、横浜開港資料館所蔵の貴重図版資料とともに、幕末日本において政治・経済に奔走した外国人の足取りを紹介する。

横浜市ふるさと歴史財団ほか［編］・本体九八〇〇円（＋税）

決定版　東京空襲写真集
――アメリカ軍の無差別爆撃による被害記録

一四〇〇枚を超える写真を集成。これまで紹介されていなかった写真もふくめ、写真を日付ごとに網羅。詳細な解説と豊富な関連資料を付す。監修・早乙女勝元。

東京大空襲・戦災資料センター［編］・本体一二〇〇〇円（＋税）

東京復興写真集 1945～46
――文化社がみた焼跡からの再起

高度な写真技術を駆使して撮影された大量の写真から、復興する東京を活写した八〇〇枚超を集成。多数の未公開写真、充実した解説・地図を収録する。

東京大空襲・戦災資料センター［編］・本体一〇〇〇〇円（＋税）

武蔵武士を歩く
――重忠・直実のふるさと　埼玉の史跡

中世史の中枢に足跡を残した「武蔵武士」。かれらが武蔵の各地に残した様々な史跡を、膨大な写真・図版資料とともに解説。史跡や地名から歴史を読み取る。

北条氏研究会［編］・本体二七〇〇円（＋税）

ビジュアル資料でたどる文豪たちの東京

夏目漱石、森鷗外、樋口一葉、芥川龍之介、太宰治、泉鏡花…。彼らは東京のどこに住み、どんな生活を送っていたのか。文豪たちの生きた東京を探す。

日本近代文学館［編］・本体二八〇〇円（＋税）

江戸川乱歩大事典

死後五〇年を経て、未だ我々を魅了し続ける乱歩。その創作・思考の背景にあるものはいったい何か。総勢70人に及ぶ豪華執筆陣によるエンサイクロペディア。

落合教幸・阪本博志・藤井淑禎ほか［編著］・本体一二〇〇〇円（＋税）

『坊っちゃん』事典

登場人物、作中の地名・施設・風俗から、漱石の生い立ち・家族交友関係・前後の著作物、松山の史蹟など周辺の事実まで、『坊っちゃん』のすべてを精査。

今西幹一［企画］佐藤裕子・増田裕美子ほか［編］・本体四五〇〇円（＋税）

Tokyo1／4が提案する東京文化資源区の歩き方
――江戸文化からポップカルチャーまで

東京のルーツは、「TOKYO1／4」＝都心北地域にある！　それぞれの街を結びつけて、江戸からポップカルチャーまで、日本が誇る文化の発信地を作り出す。

東京文化資源会議［編］・本体二七〇〇円（＋税）